Fotografie di Fabio Proverbio

Introduzione di padre Pierbattista Pizzaballa
Custode di Terra Santa

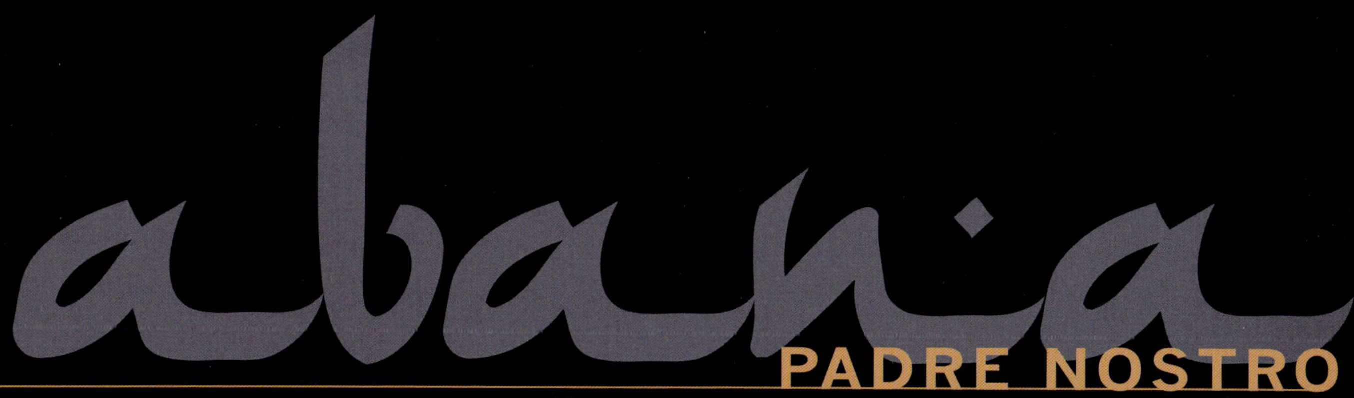

PADRE NOSTRO

Sguardi sui cristiani del Medio Oriente

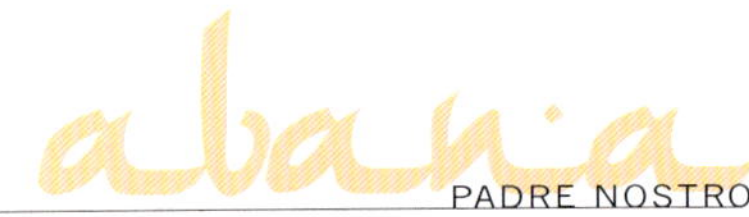

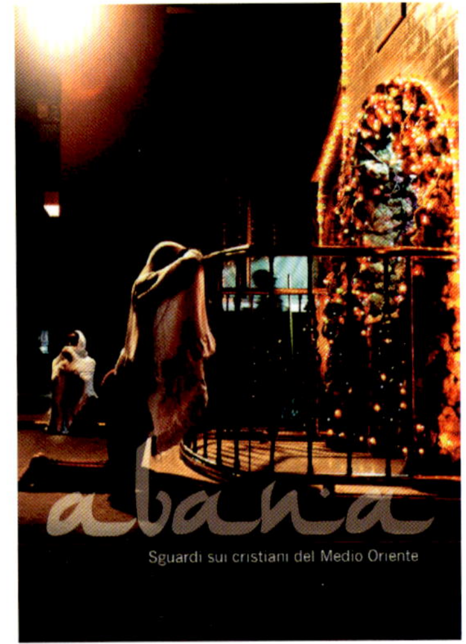

ABANA · Padre nostro
Sguardi sui cristiani del Medio Oriente

Mostra fotografica mobile promossa da Edizioni Terra Santa
Fotografie: Fabio Proverbio
Curatori: Carlo Giorgi, Giuseppe Caffulli, Giulia Ceccutti
Progetto grafico: Elisa Agazzi
Realizzazione: Deshion

Catalogo della mostra acquistabile su www.edizioniterrasanta.it
oppure nelle librerie (Messaggero Distribuzione)

Per informazioni e prenotazioni: eventi@edizioniterrasanta.it

Promotori

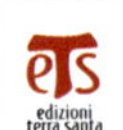
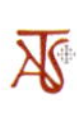
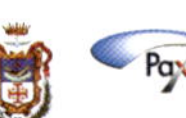

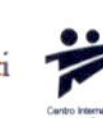
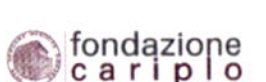

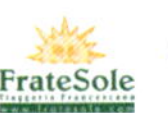

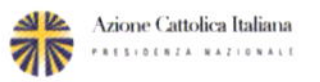

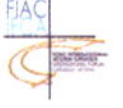

Patrocinio

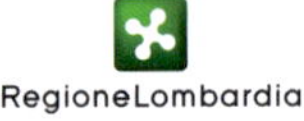

Media Partner

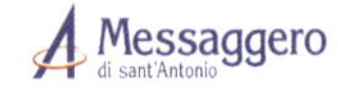

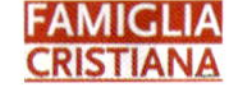

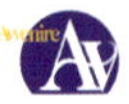
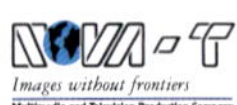

ABANA · Padre nostro
Sguardi sui cristiani del Medio Oriente

ISBN 978-88-6240-104-3

Fotografie: Fabio Proverbio
Cura editoriale: Carlo Giorgi, Giuseppe Caffulli, Giulia Ceccutti
Progetto grafico: Elisa Agazzi

Finito di stampare nel settembre 2010 da Corpo 16 · Bari

Edizioni Terra Santa s.r.l
via Gherardini 5 · 20145 Milano (Italy)
tel.: +39 02 34592679 fax: +39 0231801980
www.edizioniterrasanta.it
e-mail: editrice@edizioniterrasanta.it

In copertina: donne etiopi di confessione copta in preghiera davanti
alla statua della Vergine Maria nella parrocchia cattolica di Abu Dhabi
(Emirati Arabi Uniti, gennaio 2007)

INDICE

«Gesù ci ha detto di non avere paura di nulla. Solo di una cosa bisogna avere paura: di non essere cristiani, di essere un "sale senza sapore", una luce spenta o un lievito senza vita».
Ripenso spesso a queste parole di don Andrea Santoro, ucciso a Tabzon, Turchia, il 5 febbraio 2006, quando mi si chiede un giudizio sulla presenza cristiana in Medio Oriente. Una presenza difficile, tormentata, marginale, segnata da tanti problemi (discriminazioni, persecuzioni, conflitti). Eppure una presenza viva, e che tale deve restare, proprio per «dare sapore» ed «essere lievito» in un mondo dominato da valori che poco o nulla hanno a che fare con la persona di Cristo. Un mondo che ha bisogno che i cristiani siano più che mai «un cuor solo e un'anima sola», e che da questo desiderio d'unità scaturisca un segno forte, una novità, in grado di «fare nuove tutte le cose». A partire dalla capacità di perdonare, di accogliere il fratello, di versare il balsamo della misericordia sulle ferite che ciascuno di noi si porta dentro. Riconoscendoci figli, piccoli e fragili, dell'unico Padre che è nei cieli.
Questo catalogo fotografico e la mostra che lo accompagna non a caso si intitolano «Abana» (Padre, in arabo), una parola che suona ugualmente dolce in tutte le lingue. E che vuole richiamare proprio quest'unico destino al quale siamo chiamati.
La galleria di immagini che viene offerta in questo volume si propone di dare qualche significativo sguardo alla realtà delle comunità cristiane del Medio Oriente: da Israele ai Territori Palestinesi, passando per la tormentata Striscia di Gaza, dall'Iran (dove i cristiani sono una piccola minoranza all'interno del mondo musulmano sciita) alla Penisola arabica, la «terra santa dell'islam», dove invece è cresciuta una consistente comunità di immigrati cristiani, che si trovano a vivere tutte le limitazioni previste dalla legge coranica (che è anche legge dello Stato). Sono situazioni tra loro molto differenti, quelle proposte dall'autore, ma che ci aiutano a cogliere i diversi

Introduzione

contesti e i tratti comuni della presenza cristiana nella regione.
La Custodia di Terra Santa, in virtù della sua storia e della sua missione in Medio Oriente (dove si trova fin dal tempo di san Francesco) ha un rapporto particolare con le Chiese della regione, siano esse di tradizione ortodossa che cattoliche di rito orientale. Ma soprattutto ha un rapporto speciale con il popolo cristiano, con il quale e a fianco del quale i frati di san Francesco si sono posti fin dagli albori della loro presenza, condividendone le tragedie (una su tutte «il Grande Male», il genocidio degli armeni dell'inizio del Novecento) e le speranze.
La documentazione fotografica che il volume presenta non esaurisce la complessità della cristianità in Medio Oriente. Non ne ha la pretesa.
Resta escluso l'Egitto, con la sua antica tradizione copta e una Chiesa, anche nella componente cattolica, che si rifà ai Padri del deserto e al loro straordinario insegnamento. Resta esclusa la Siria, dove la comunità cristiana è viva e vitale nella sua varietà di Chiese e di riti. E la Giordania, parte della nostra Chiesa di Gerusalemme, Paese desideroso di aprirsi, dove il dialogo con il mondo musulmano è fatto anche di opere concrete: scuole, opere assistenziali, associazioni... Resta escluso il Libano, che è stato definito da Giovanni Paolo II un esempio di convivenza da seguire per le società mediorientali. Resta esclusa la Turchia, dove la presenza cristiana è ridotta ormai allo 0,15 per cento della popolazione (probabilmente meno di 150 mila unità) su una popolazione di quasi 80 milioni di abitanti. E dove il sangue dei martiri (don Santoro appunto e il vescovo cappuccino mons. Luigi Padovese) non smette di bagnare quella che è indubbiamente la «terra santa» della Chiesa.
Nonostante queste «omissioni» (che sono piuttosto scelte editoriali), gli «sguardi» offerti su Terra Santa, Iran e Penisola arabica ricapitolano la gran parte delle questioni oggi sul tappeto per la cristianità mediorientale: il tema della libertà religiosa, il conflitto israelo-palestinese, l'emigrazione e la diaspora, il rapporto con islam ed ebraismo, le relazioni ecumeniche tra le Chiese delle diverse confessioni cristiane, la difesa e la salvaguardia della presenza cristiana nei Paesi a maggioranza musulmana, la tutela dei santuari cristiani, la responsabilità della testimonianza e dell'annuncio cristiano nel delicato contesto mediorientale.
Scriveva a proposito della testimonianza mons. Padovese: «Particolarmente oggi, in epoca di pluralismo, va ravvivata la consapevolezza che la testimonianza fonda e precede l'annuncio, anzi è il primo annuncio. È sempre vero che il primo passo nel diventare cristiani si fonda nell'incontro di uomini che vivono da cristiani convinti. Ci conforta in questa convinzione il metodo missionario che Francesco d'Assisi consigliava ai suoi frati "che non facciano liti e dispute... e confessino d'essere cristiani". È in sintonia con questo modo di sentire quanto leggiamo nell'*Evangelii nuntiandi* dove si parla della testimonianza senza parole che suscita domande in quanti vedono. Già questa - leggiamo - "è una proclamazione silenziosa ma molto forte ed efficace della buona novella... un gesto iniziale di evangelizzazione"».
Sostenere questo «gesto iniziale di evangelizzazione» che è la presenza, spesso silenziosa, dei cristiani in Medio Oriente; mettersi al fianco del loro «ostinato esserci» non tralasciando di informarsi circa le difficoltà; pregare perché si perseveri nella fede durante le tante prove a cui siamo sottoposti: sono queste le prime e più importanti forme di cooperazione che chiediamo alle Chiese e alle comunità di tutto il mondo.
Per questa ragione credo che il volume che avete tra le mani, e la mostra ad esso collegata, siano strumenti oltremodo utili, che mi auguro possano servire per gruppi, comunità e parrocchie (italiane e non solo) come occasione di vicinanza e di fraternità concreta verso i cristiani del Medio Oriente.

Fra Pierbattista Pizzaballa, ofm
Custode di Terra Santa

TERRA SANTA

Israele, Territori Palestinesi

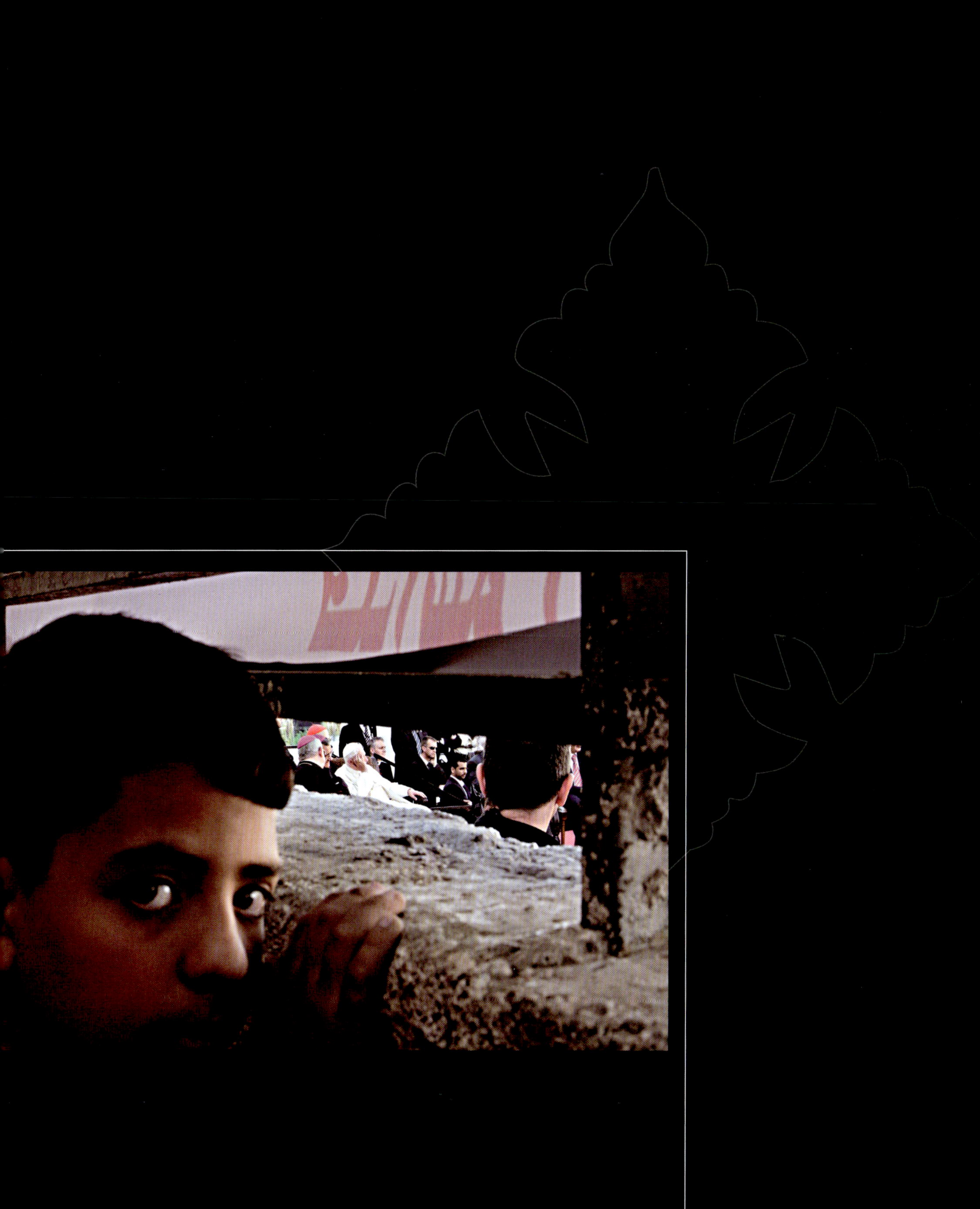

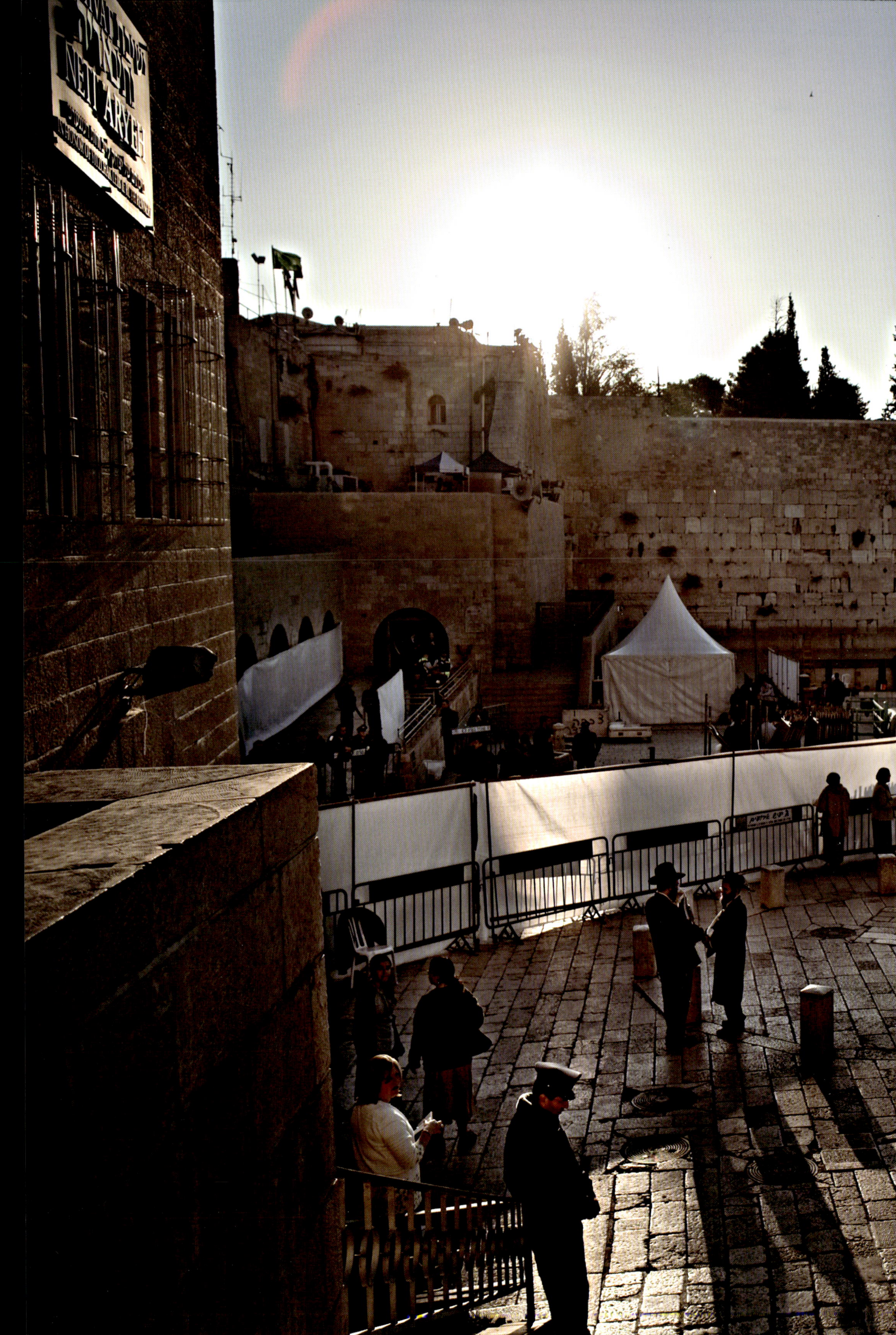
ARYEH

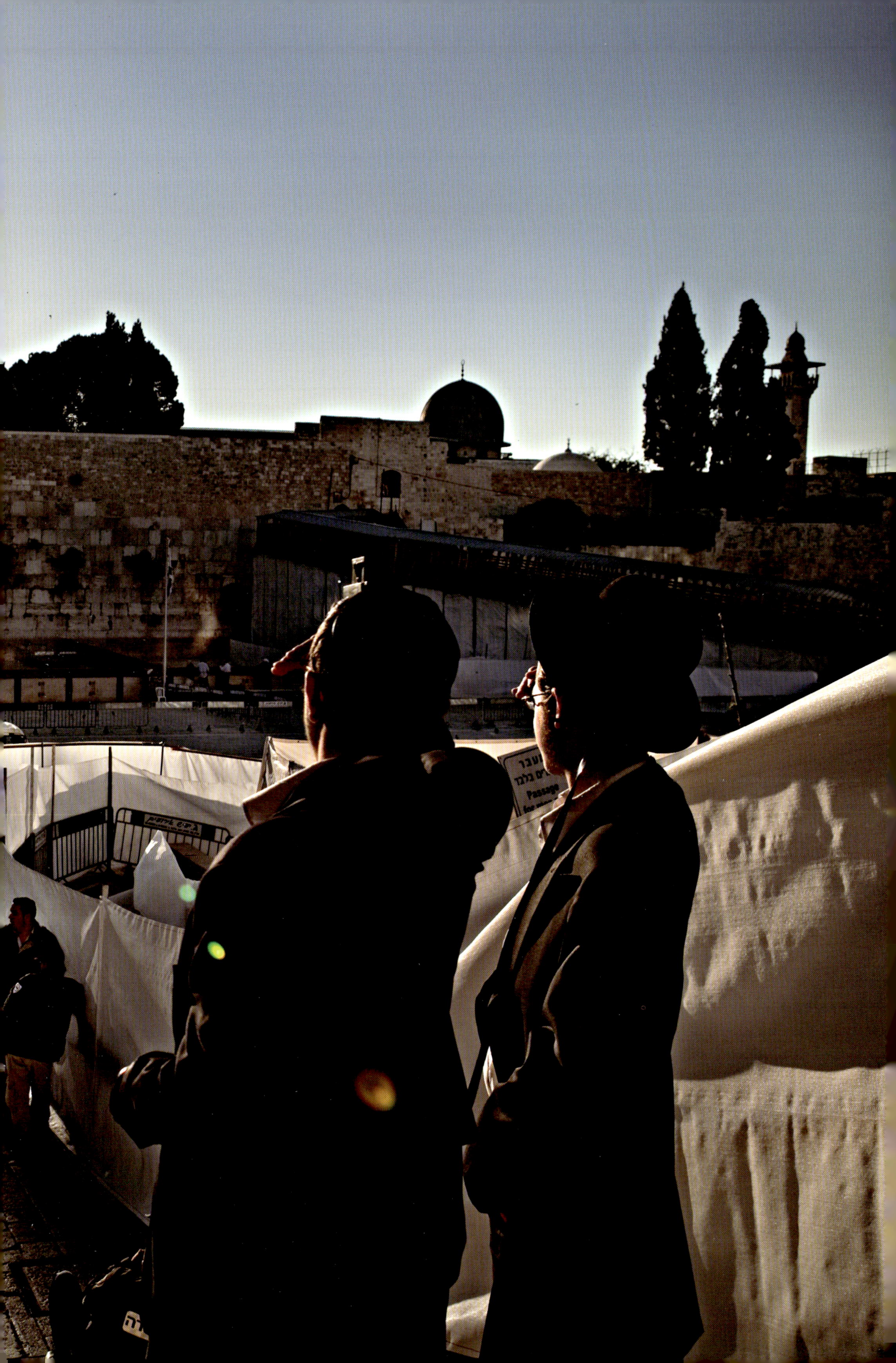

בלבד
Passage

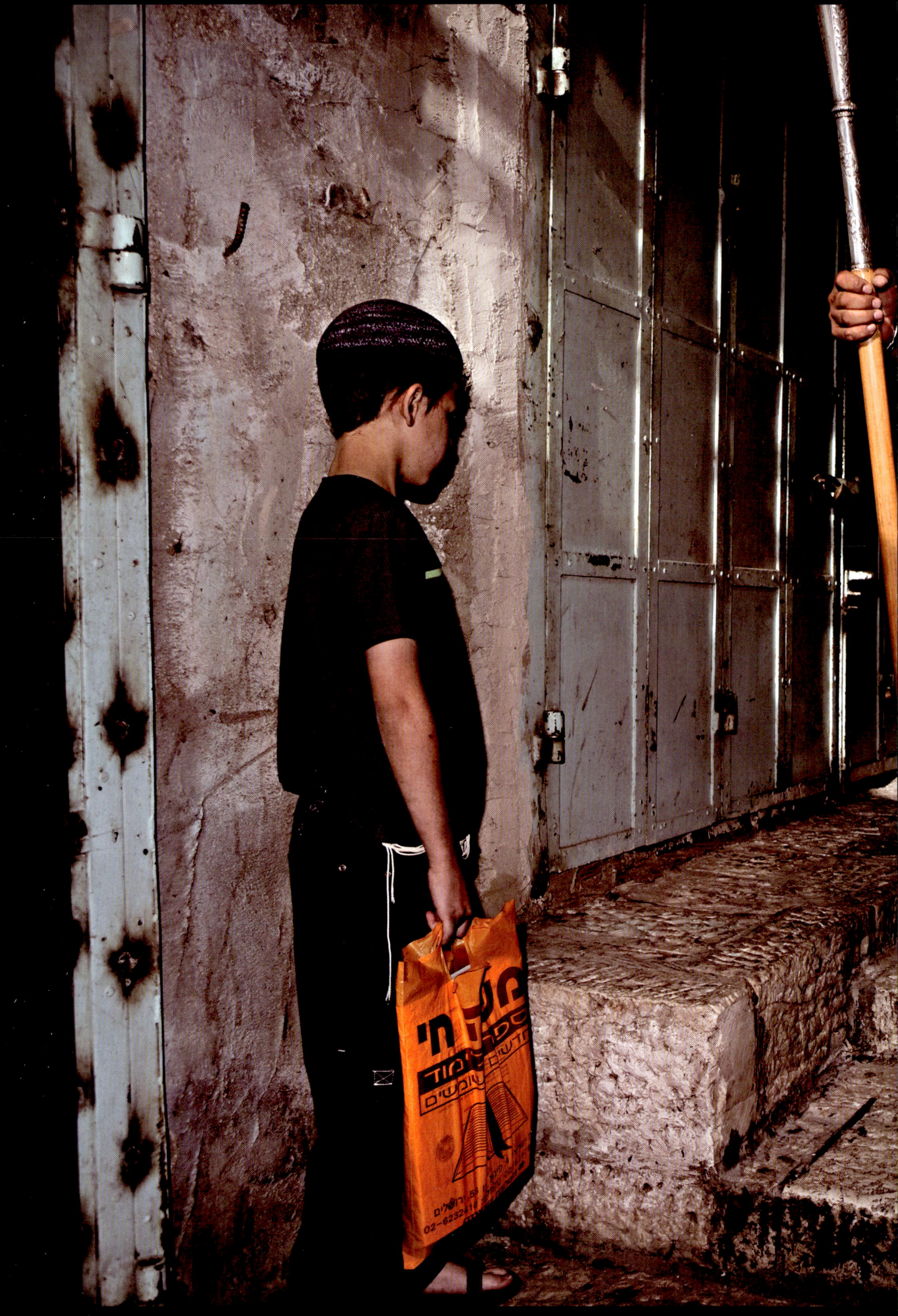
ירושלים

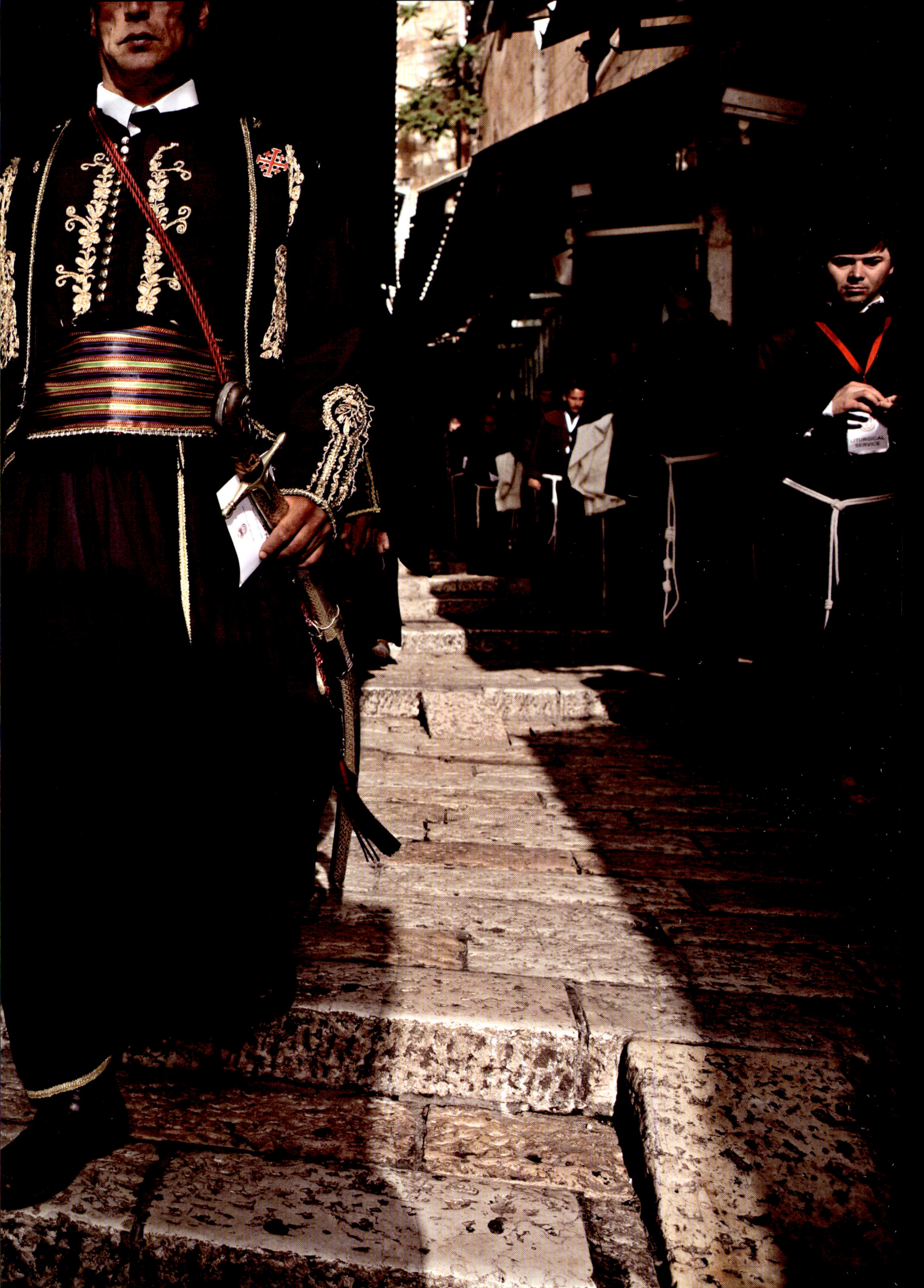

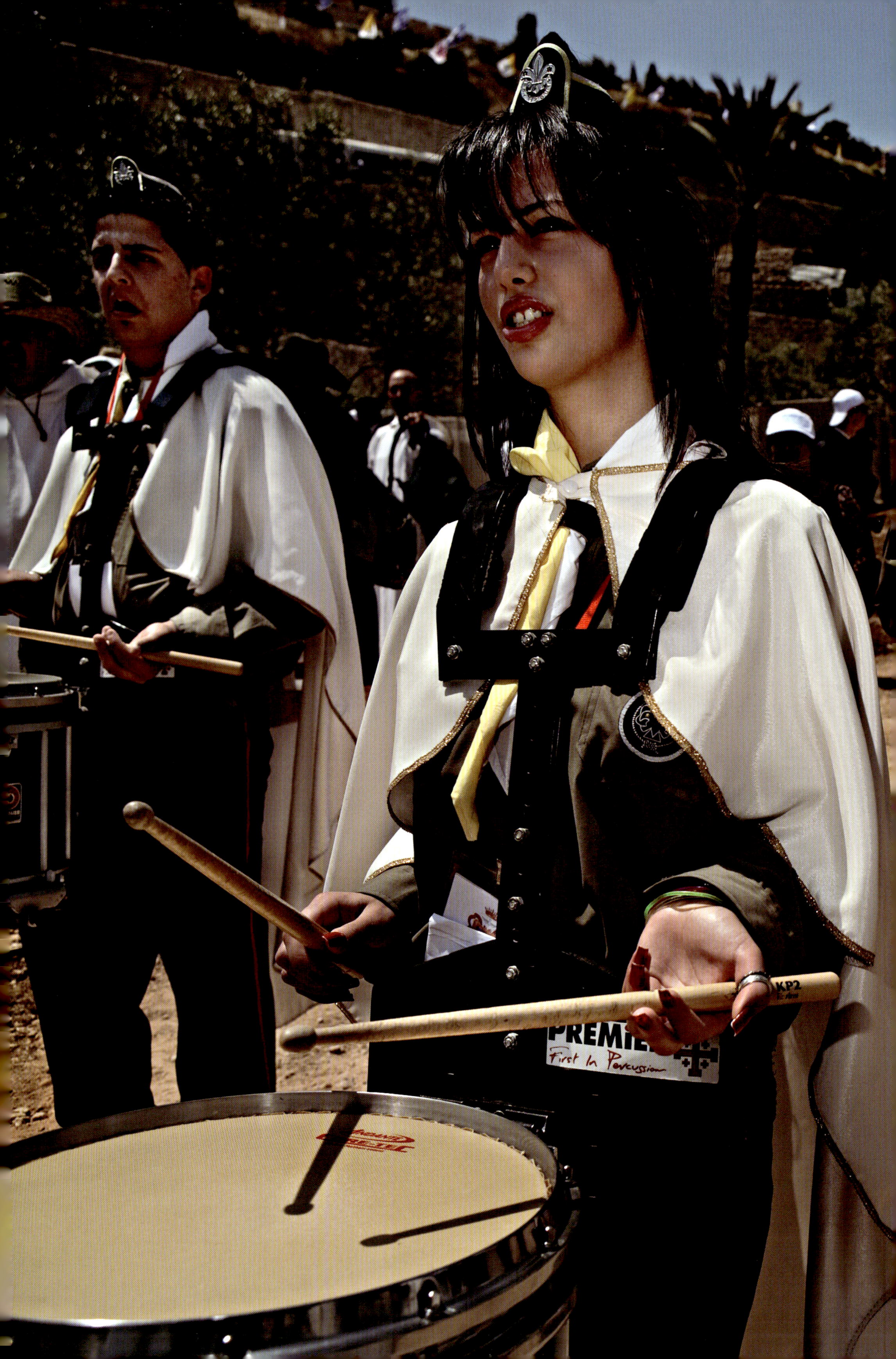
KP2
First In Percussion

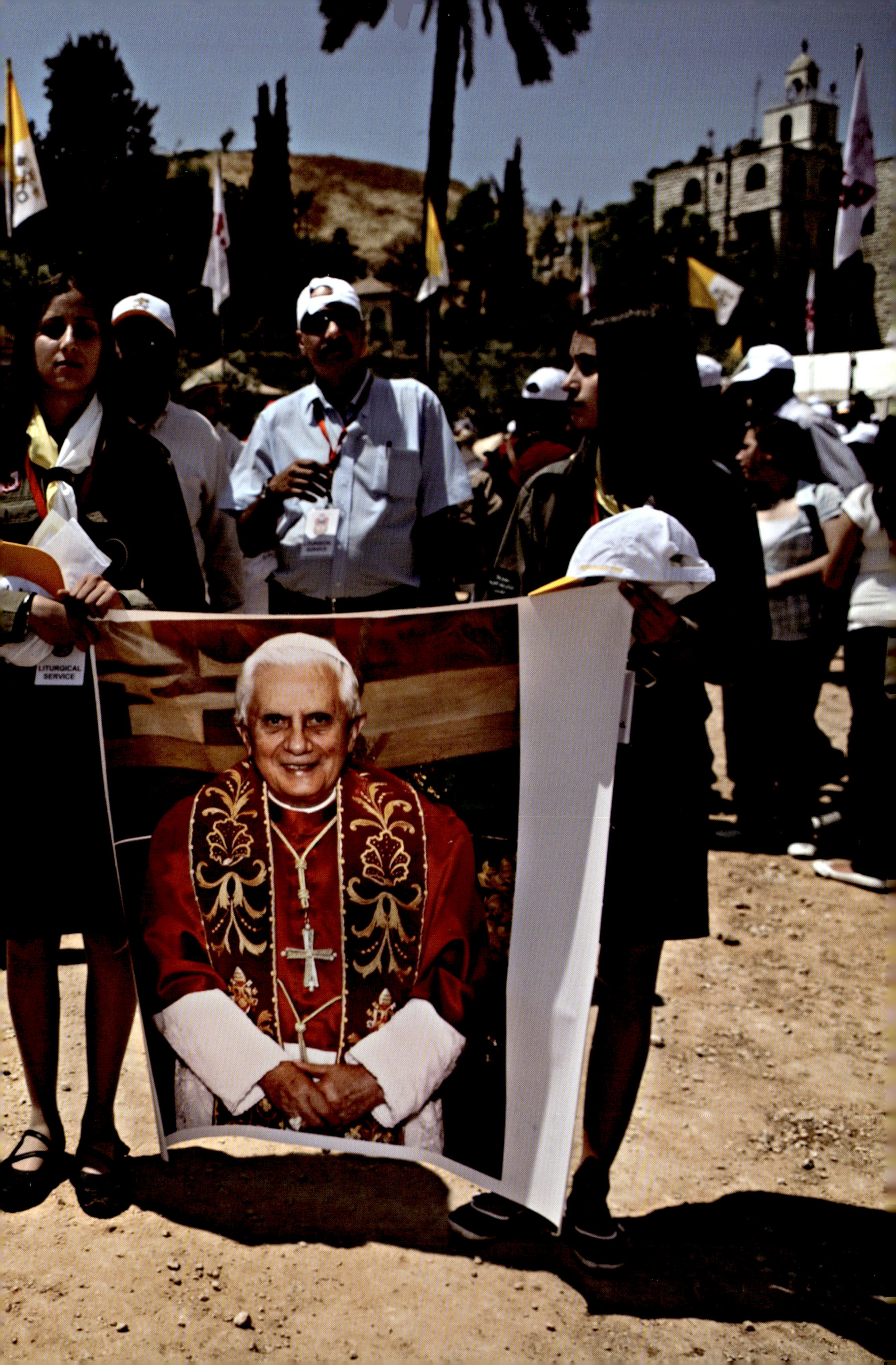
LITURGICAL
SERVICE

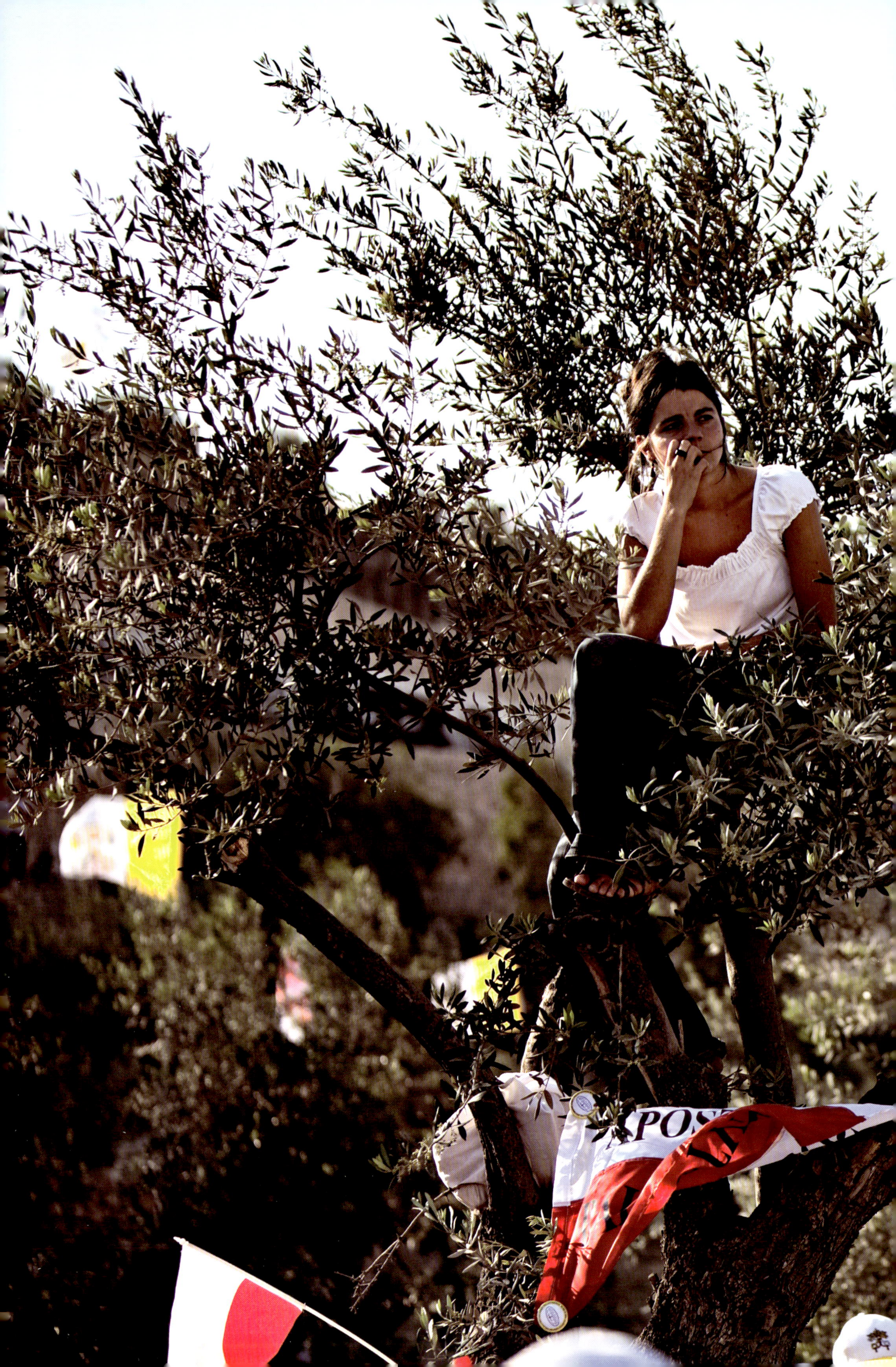

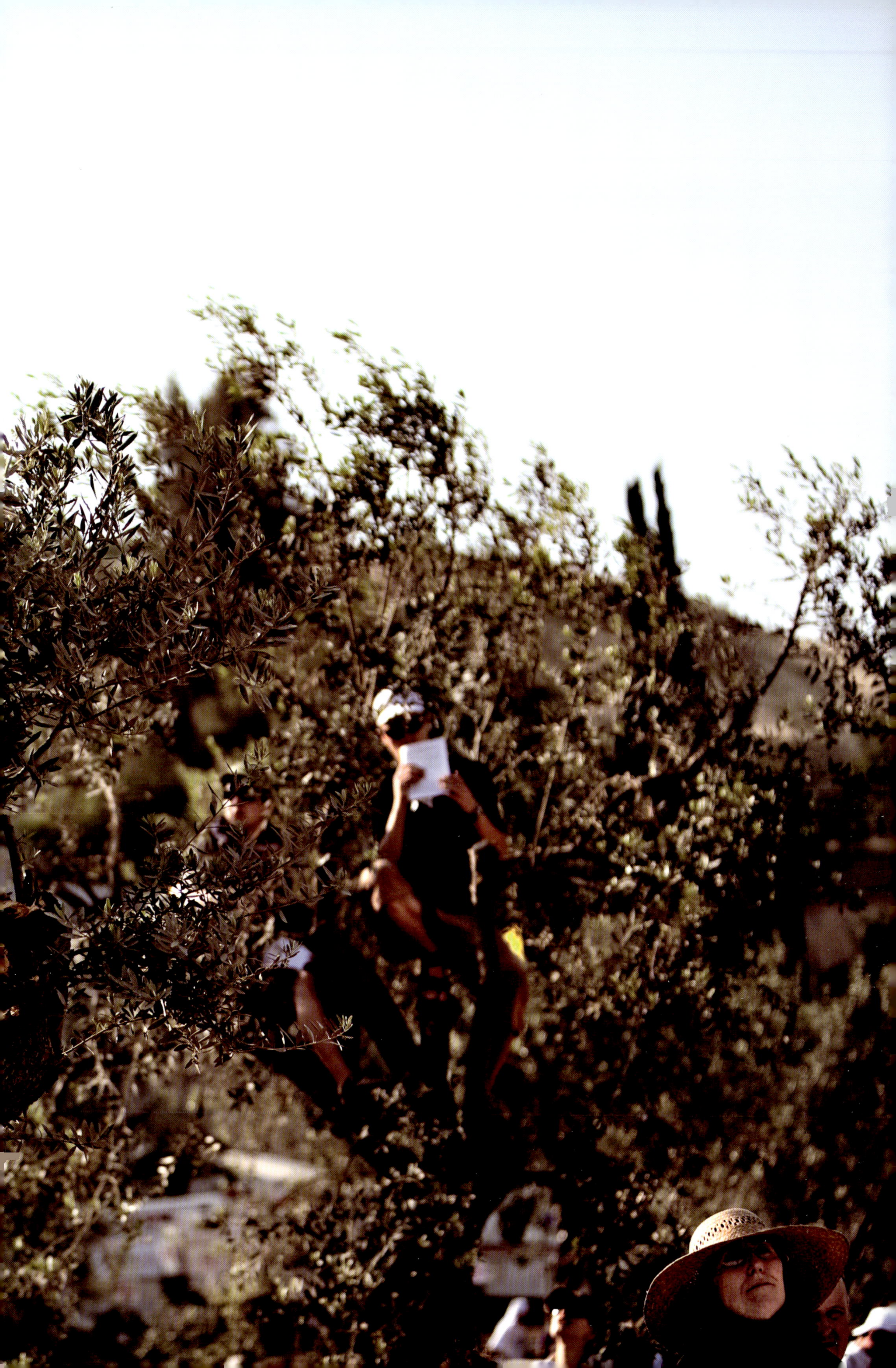

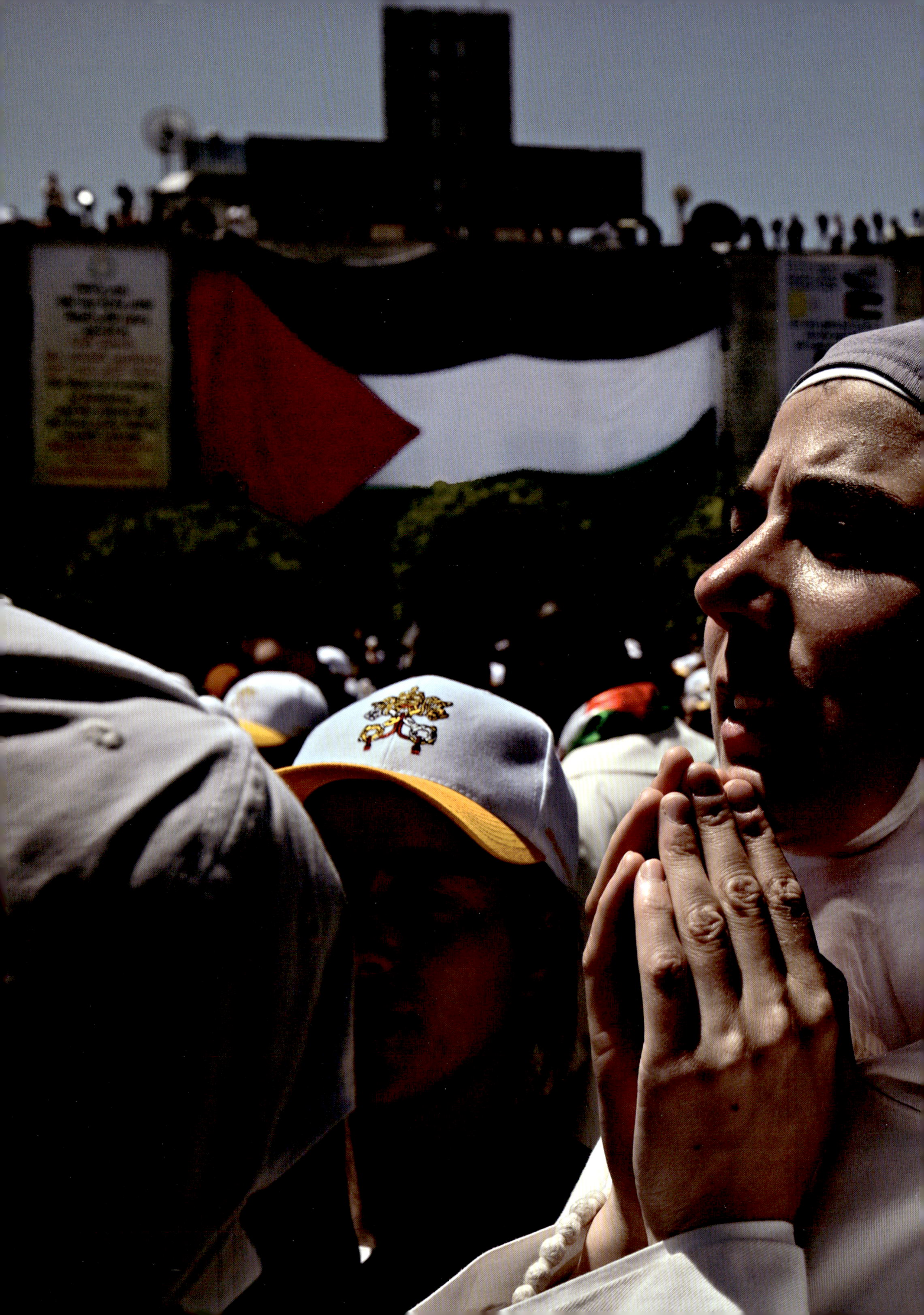

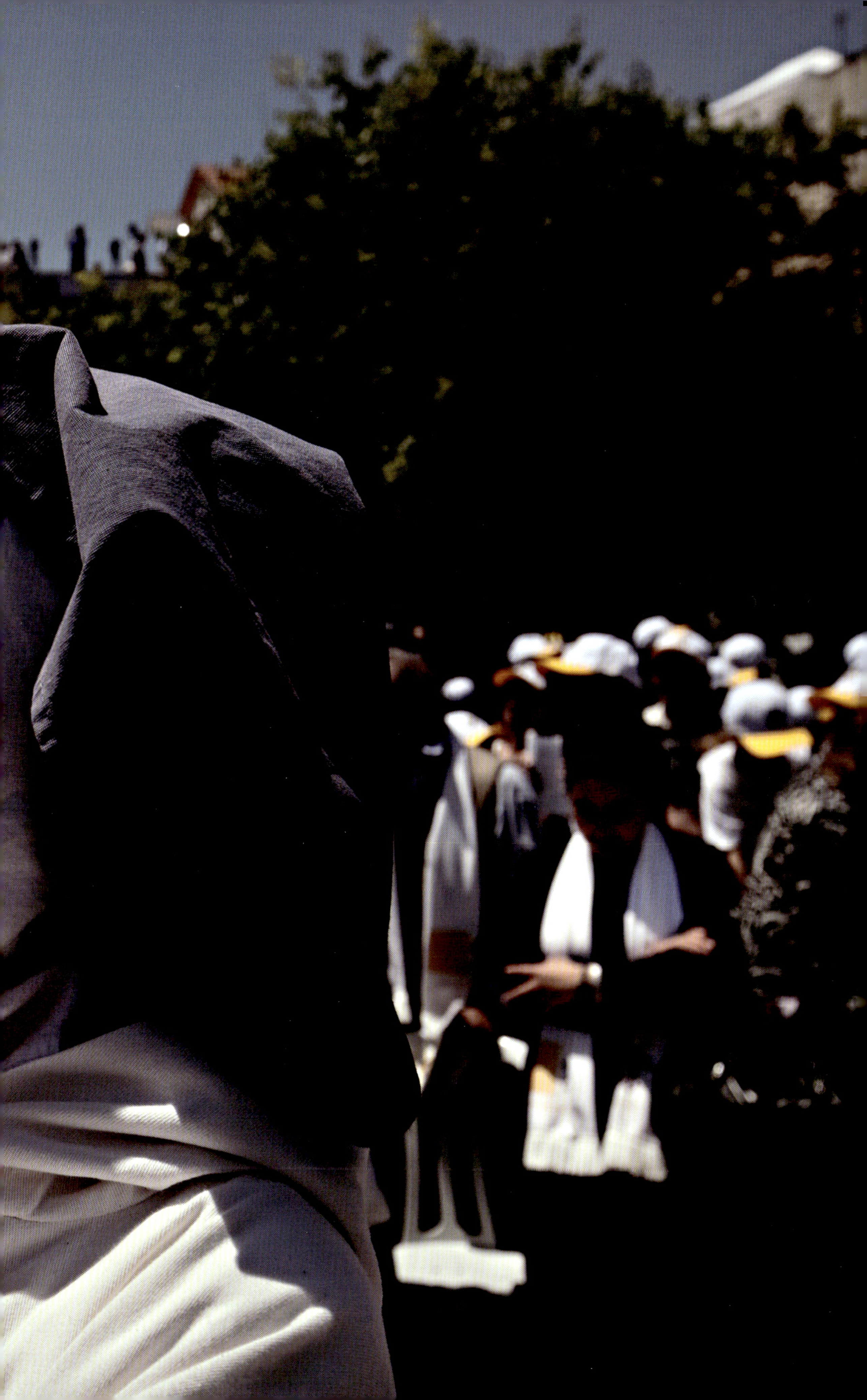

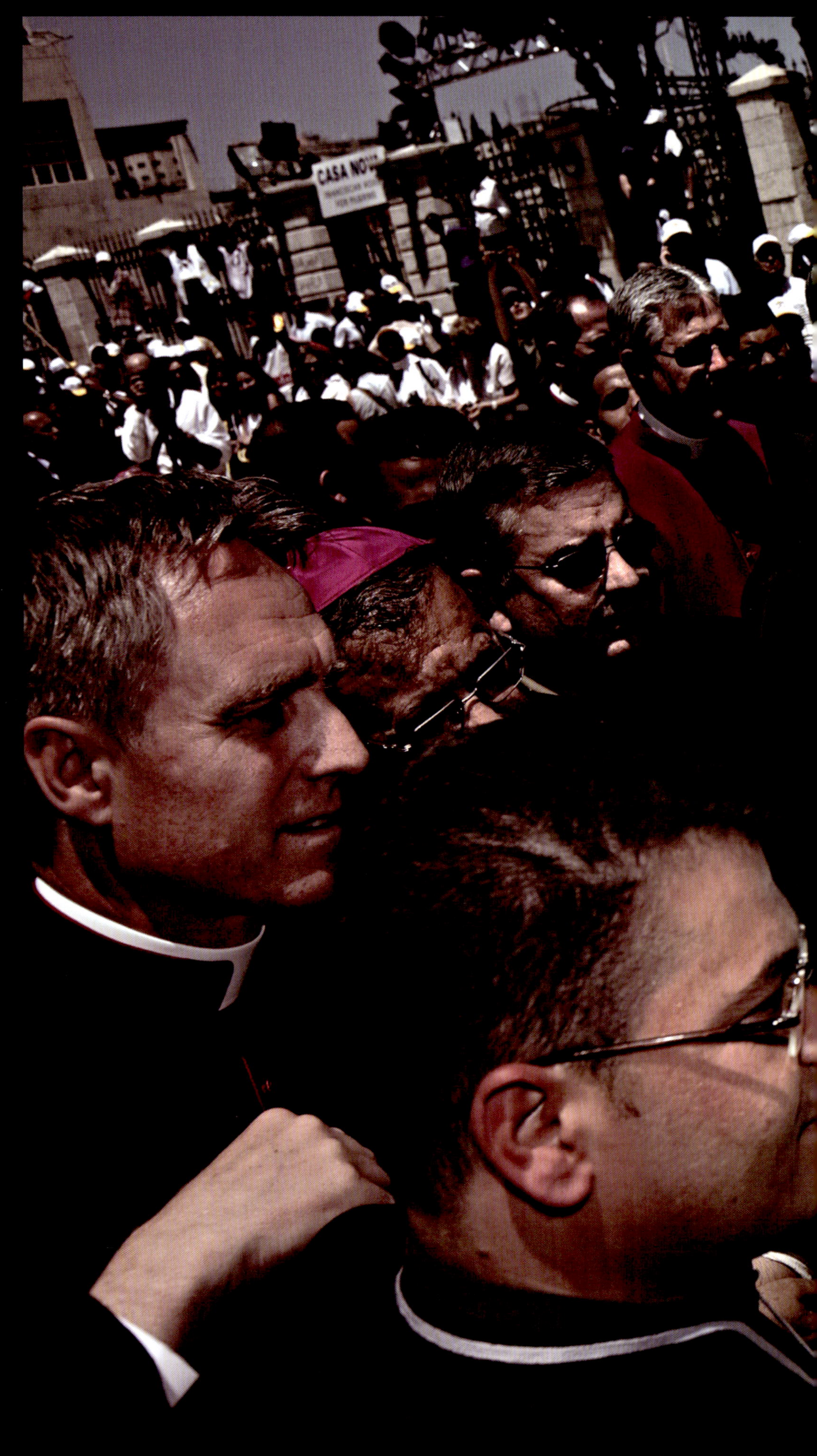
CASA

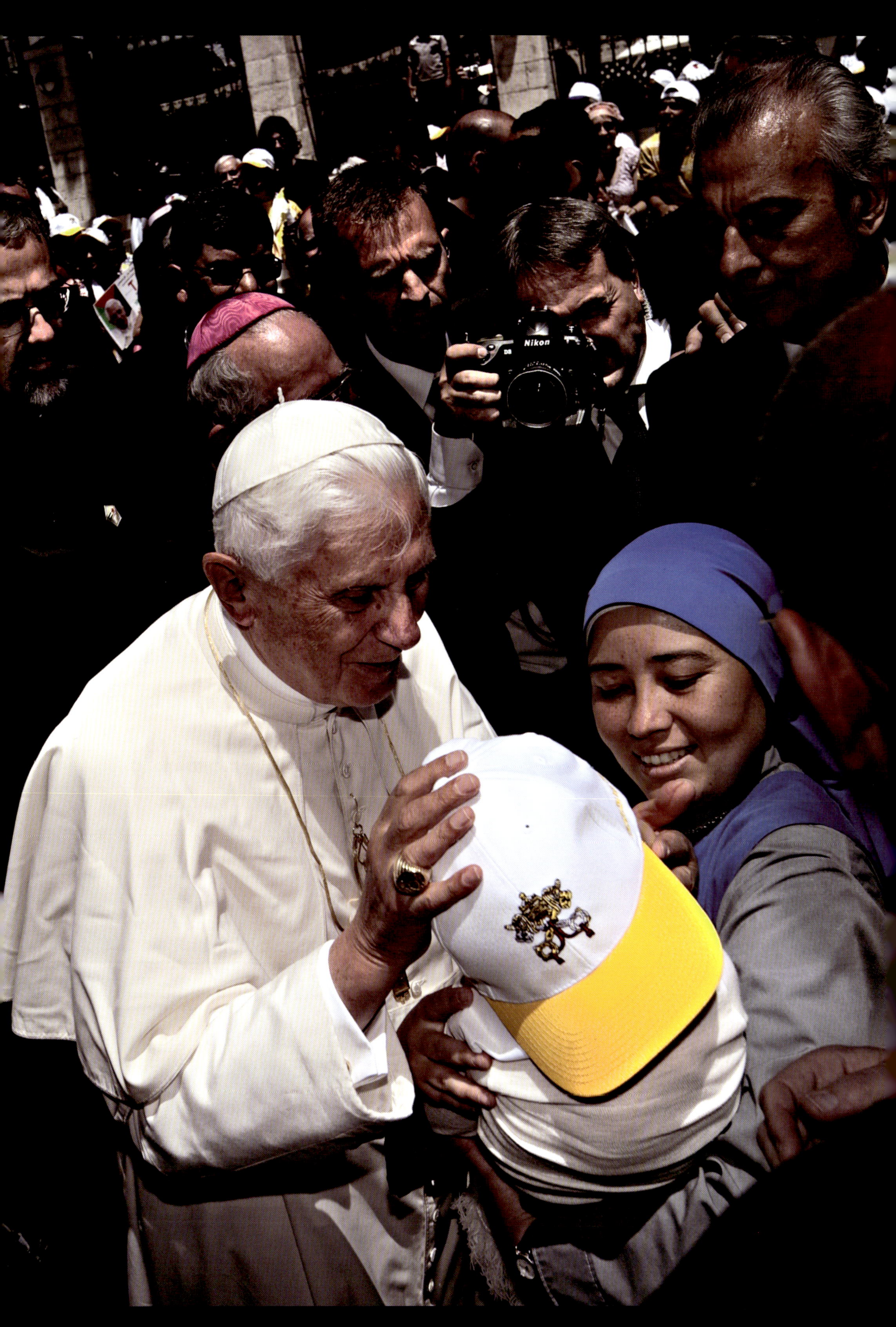
Nikon

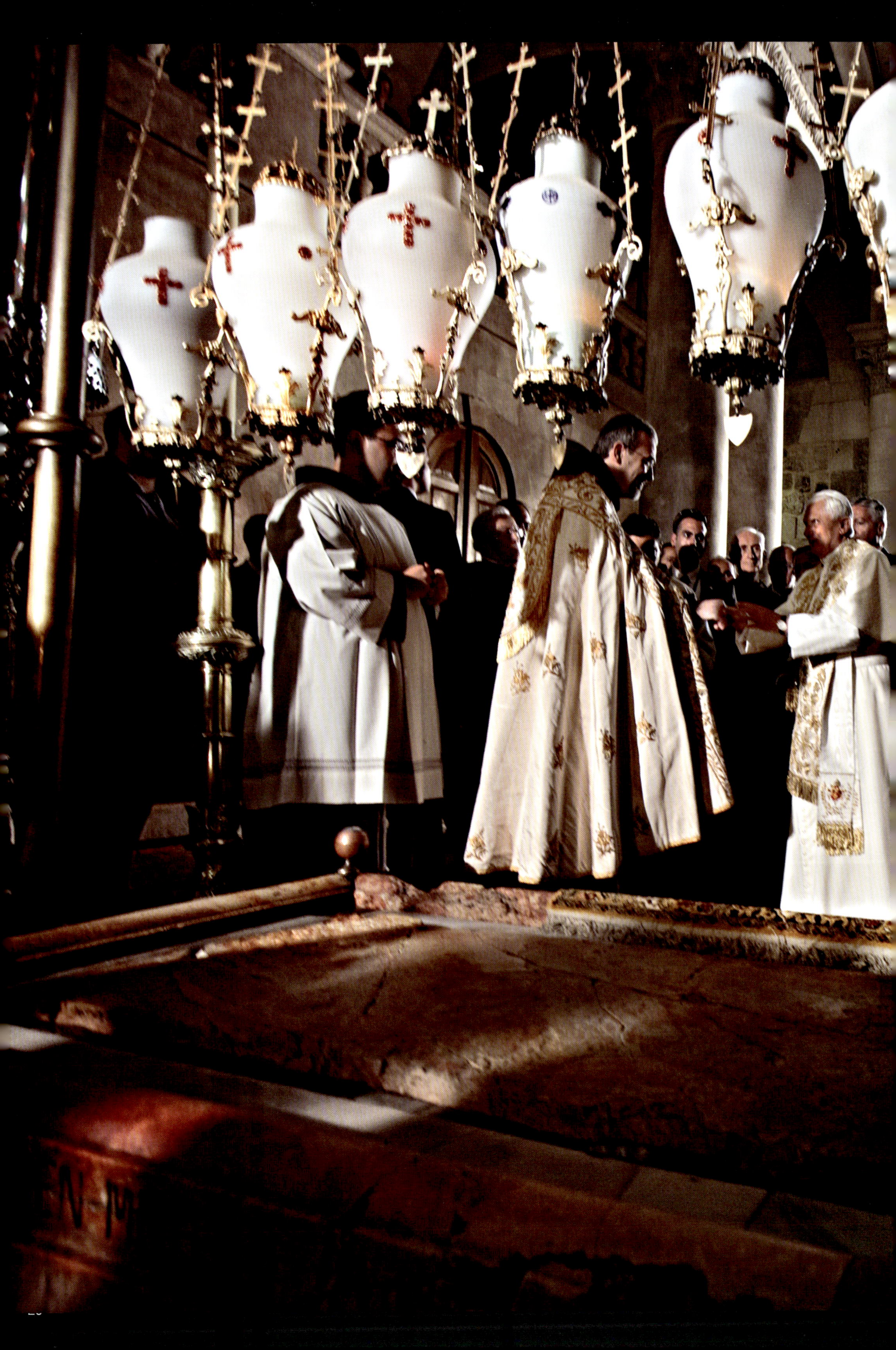

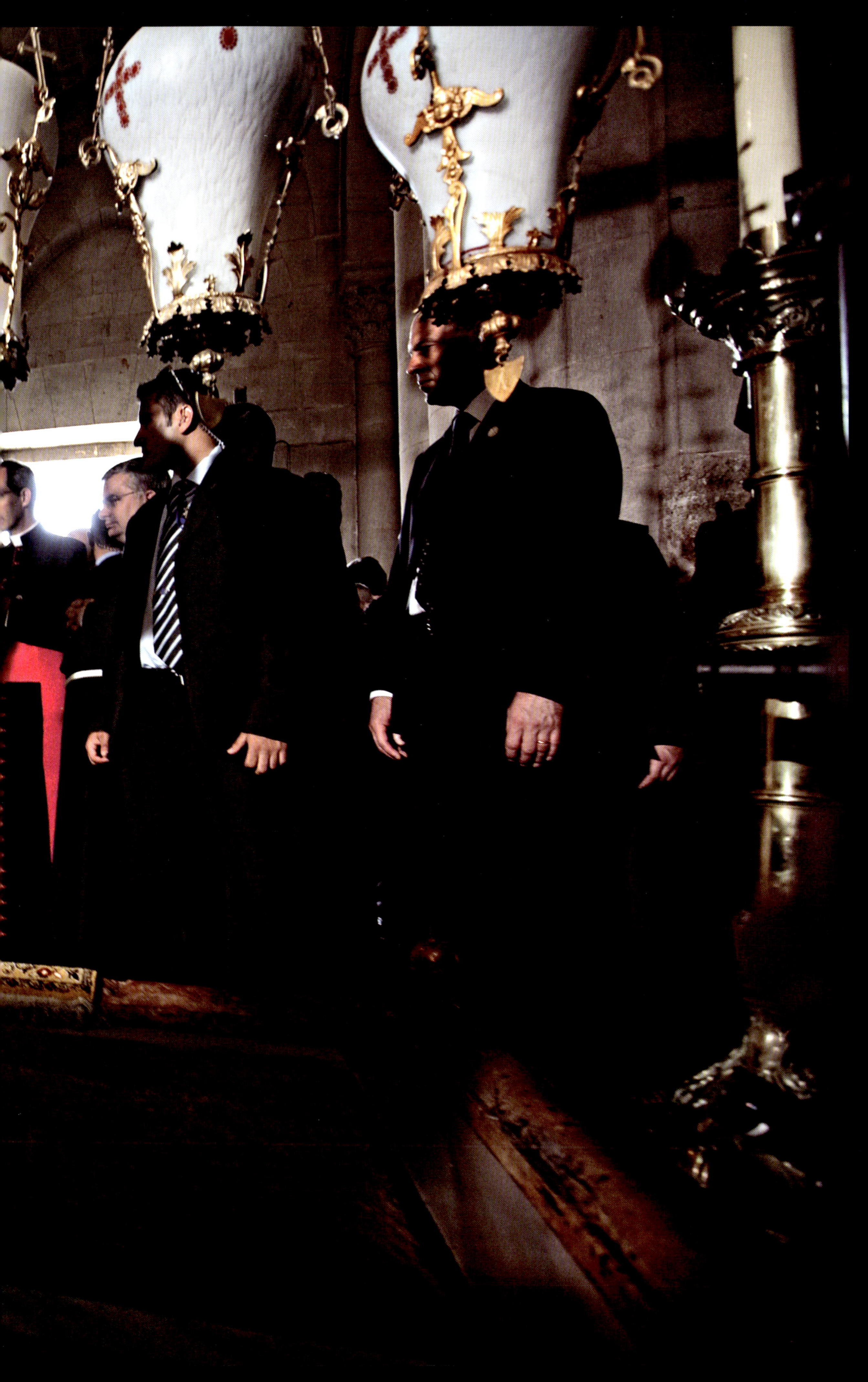

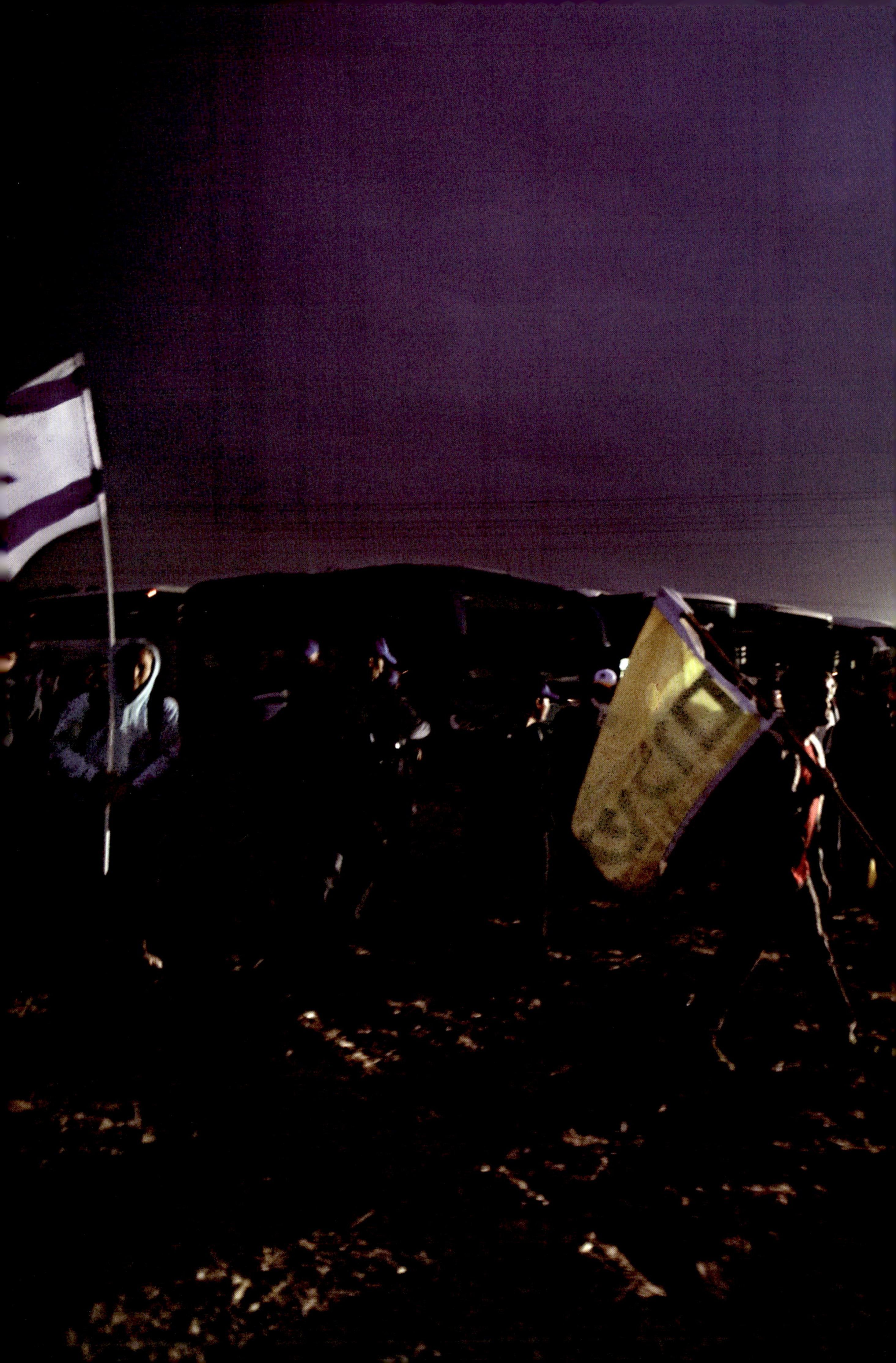

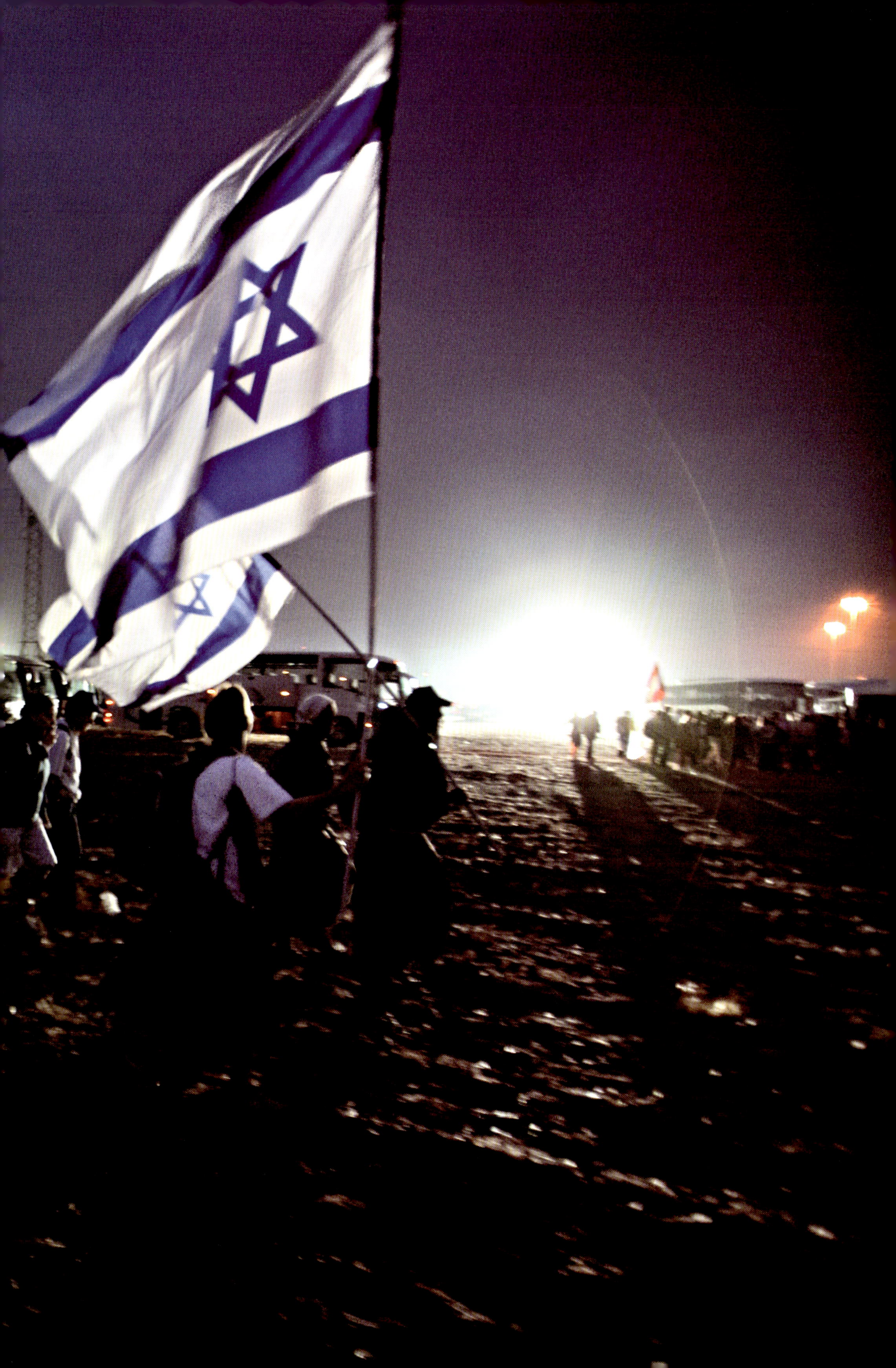

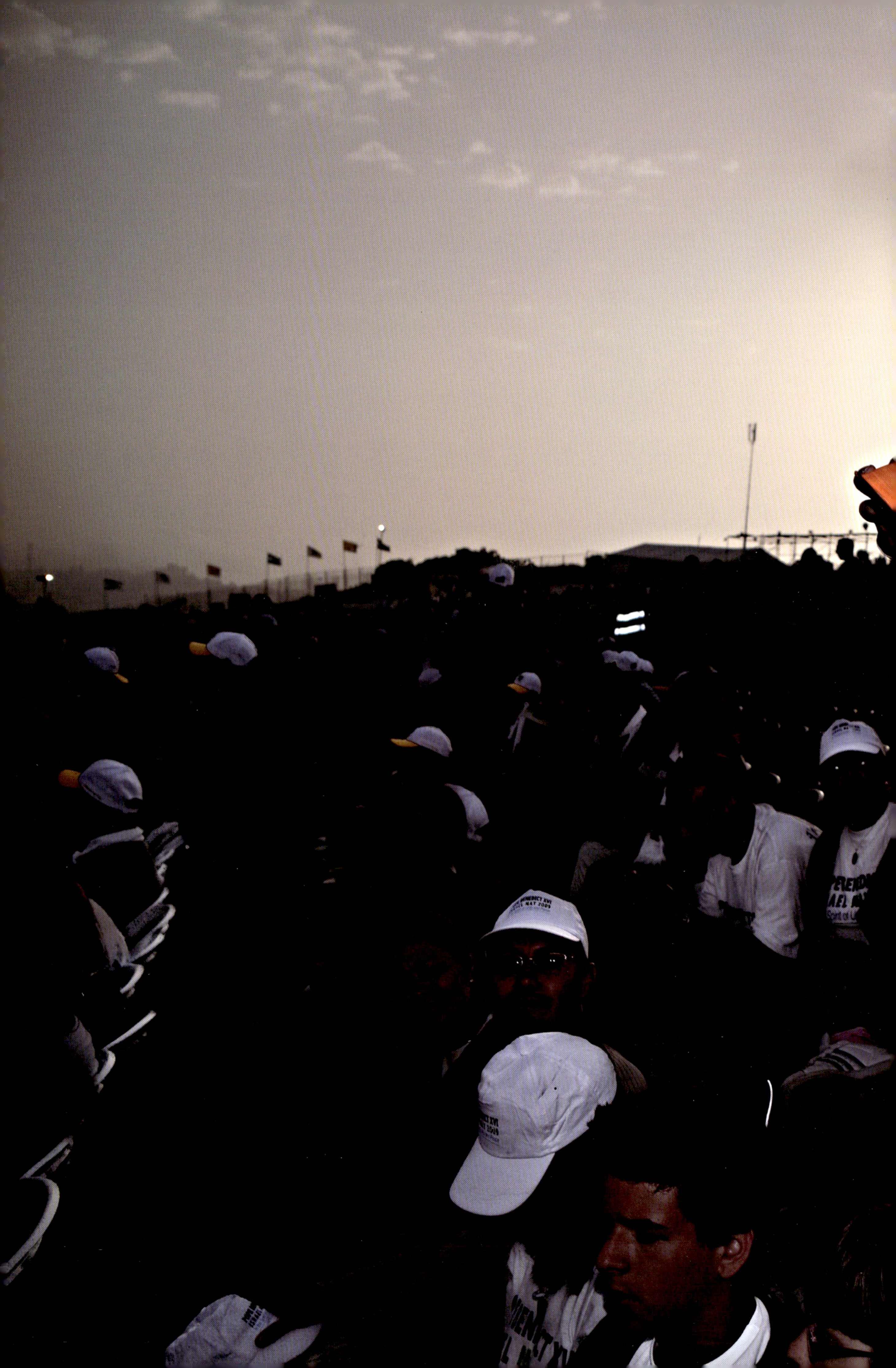

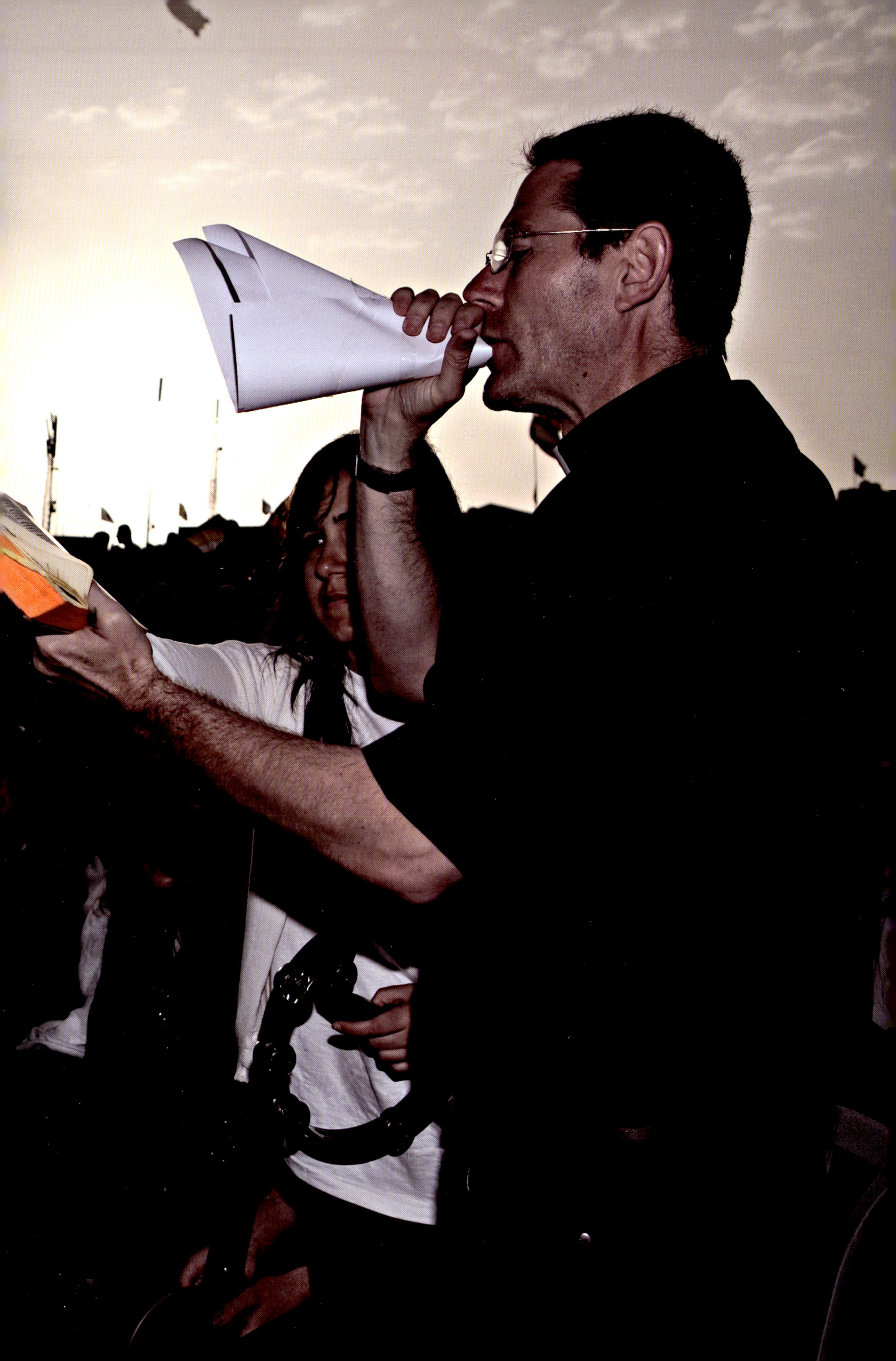

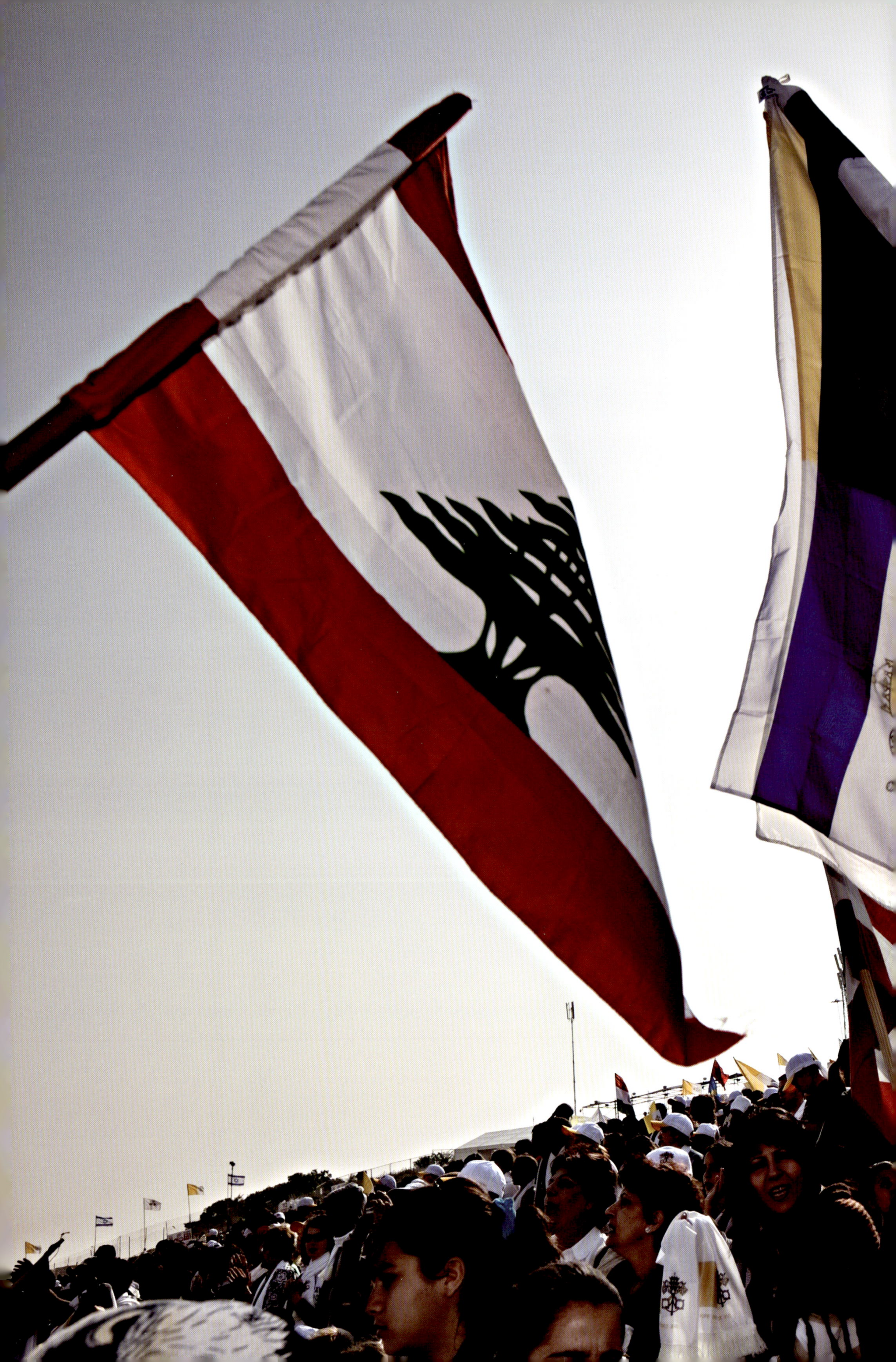

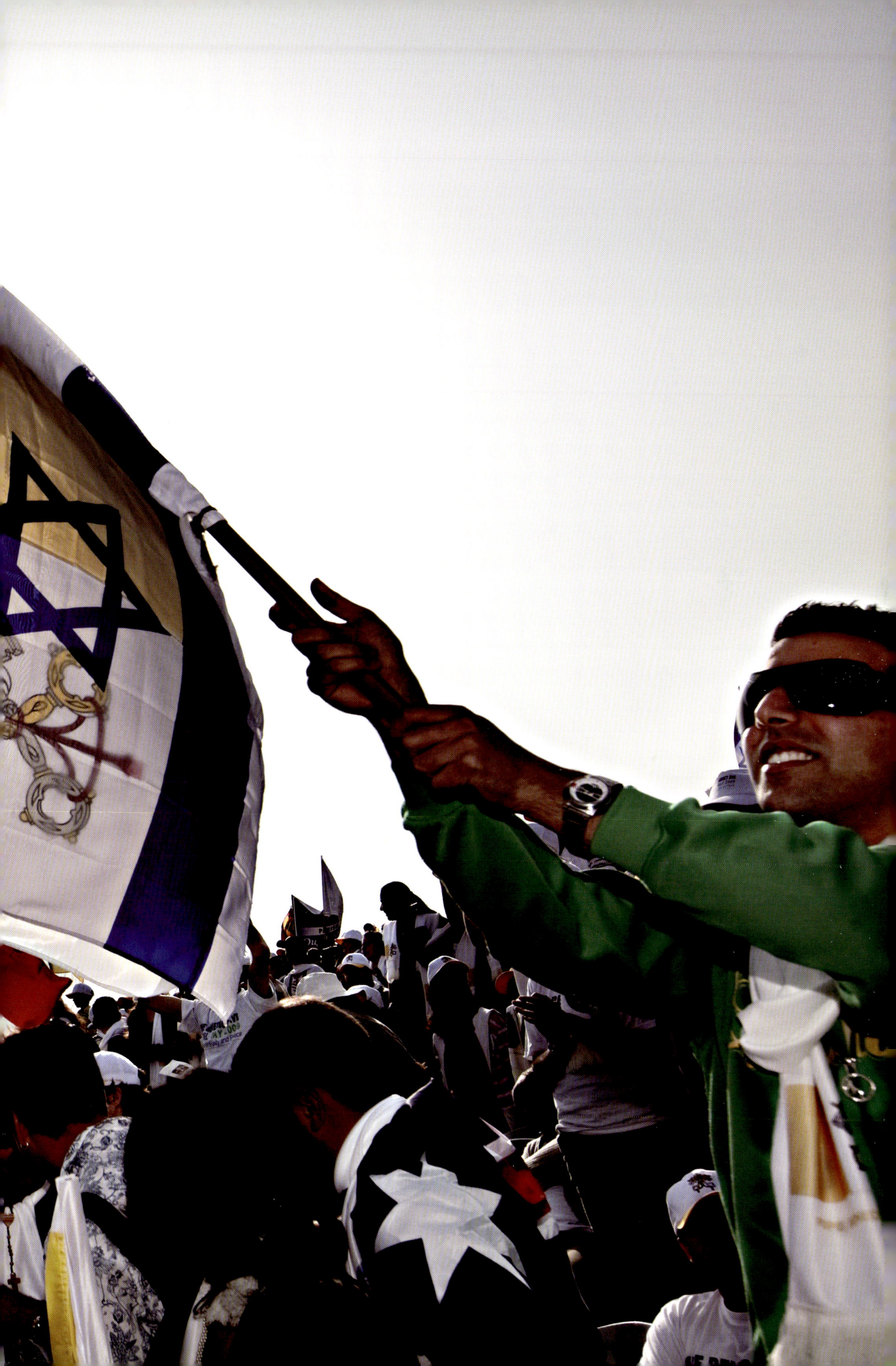

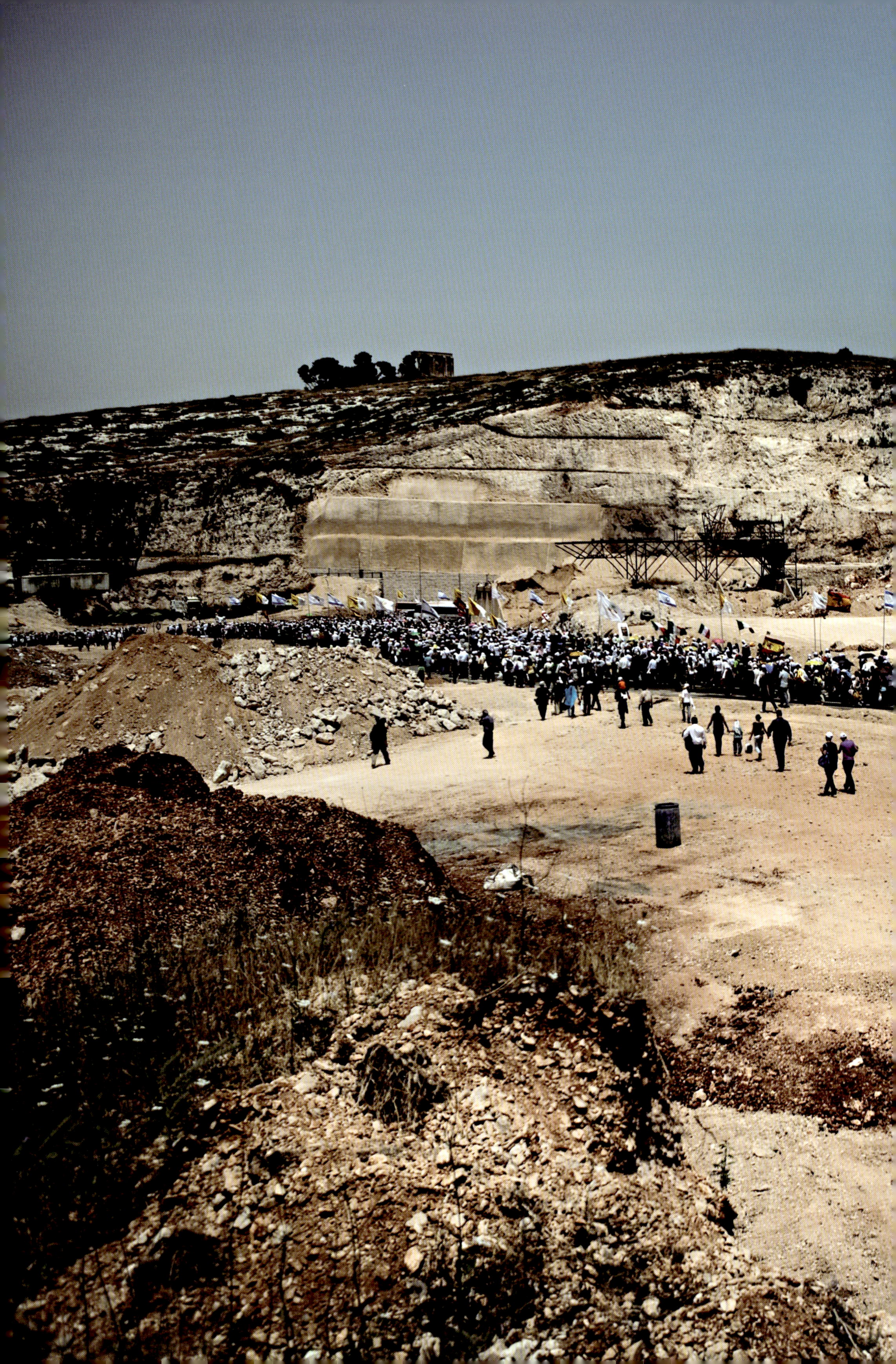

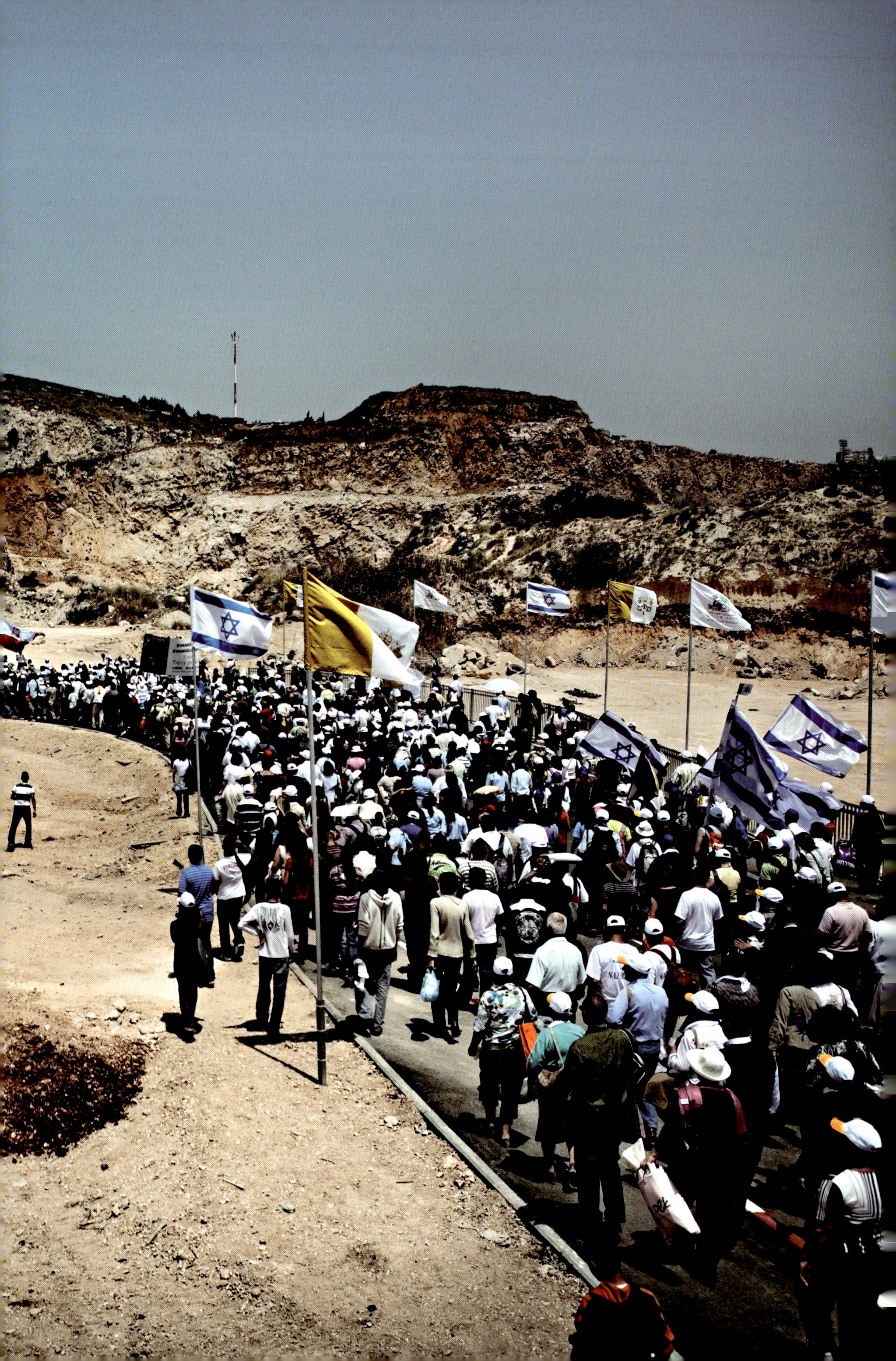

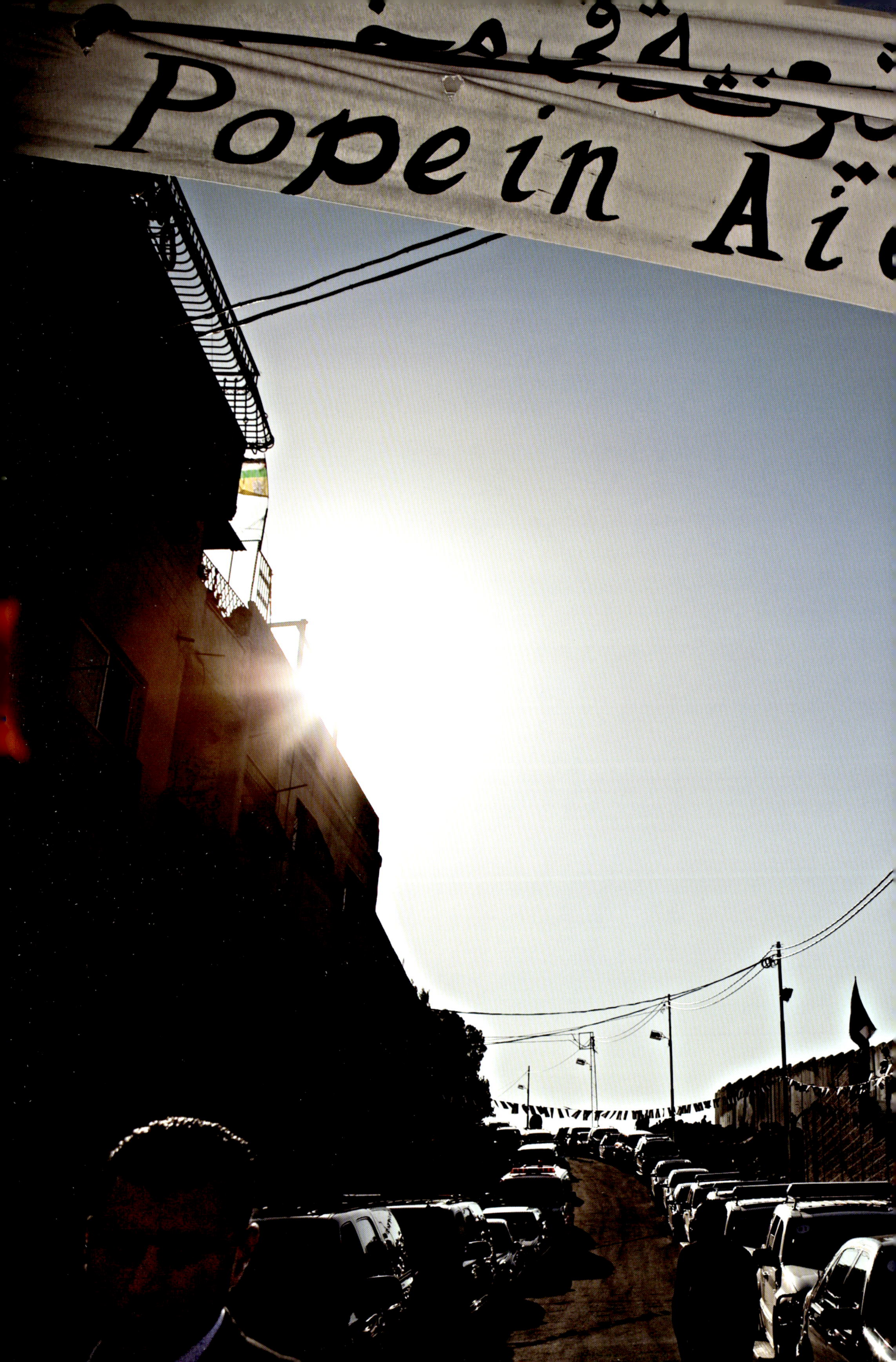
Pope in

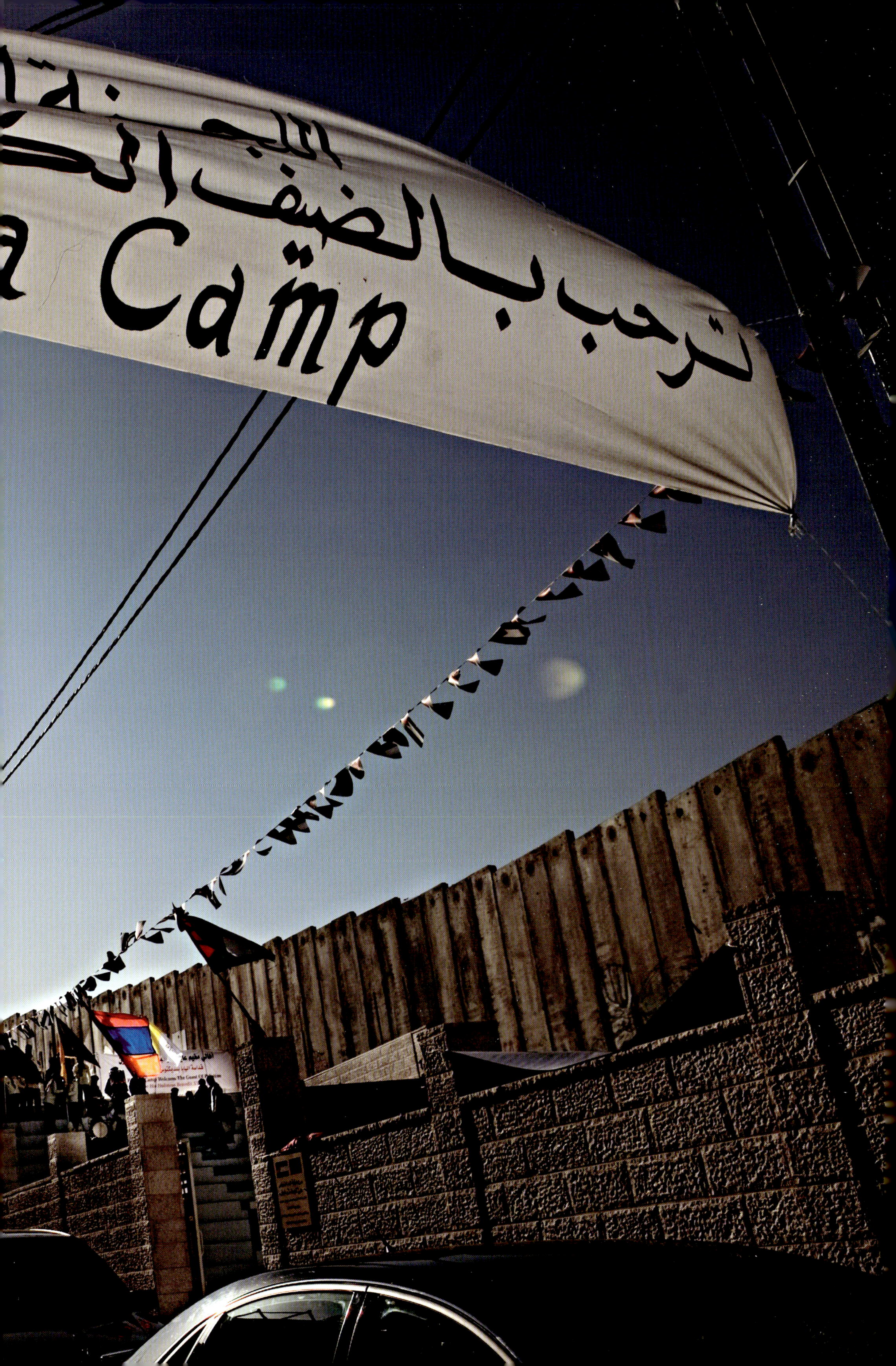
ترحب بالضيف
a Camp

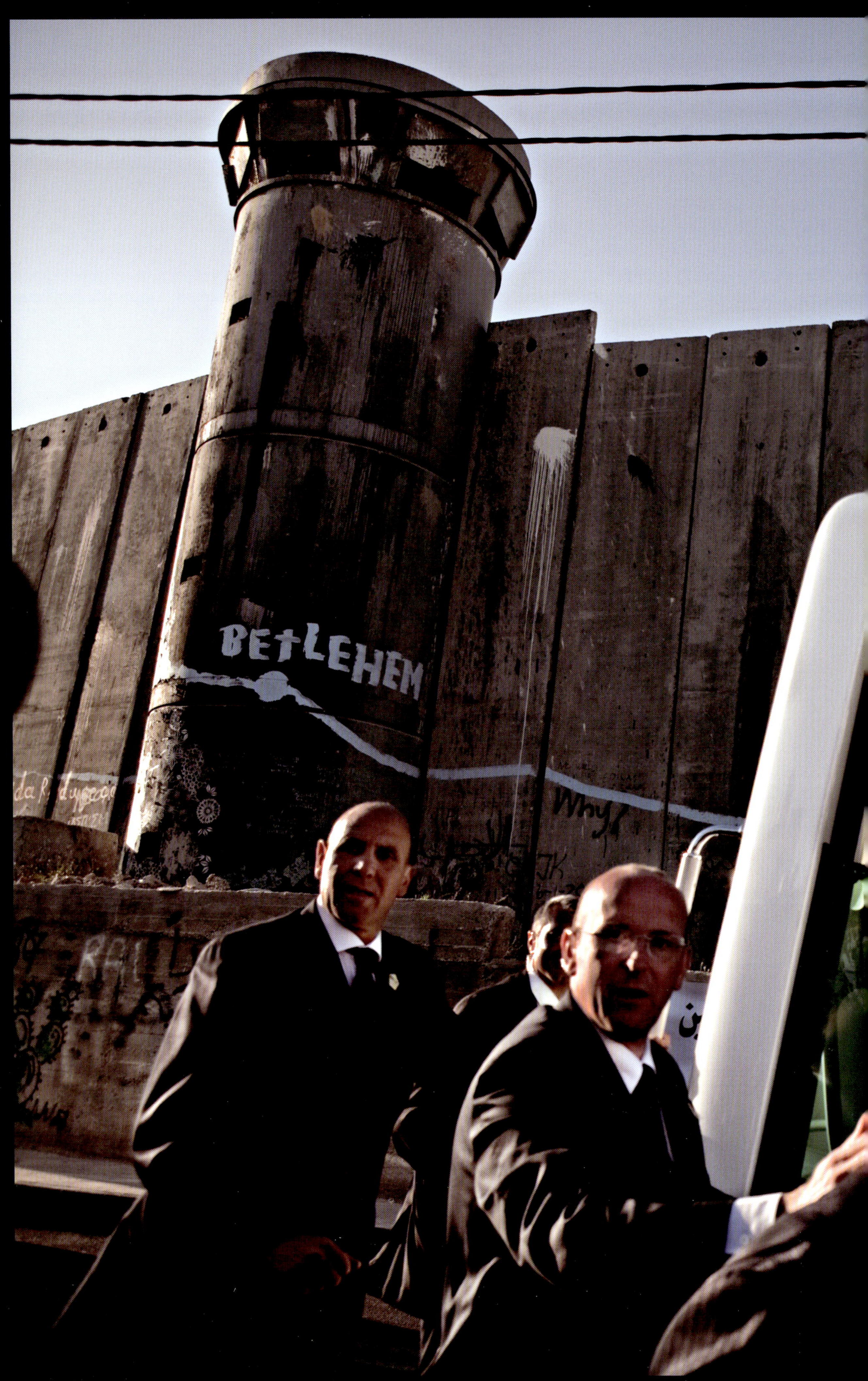
BETLEHEM
Why

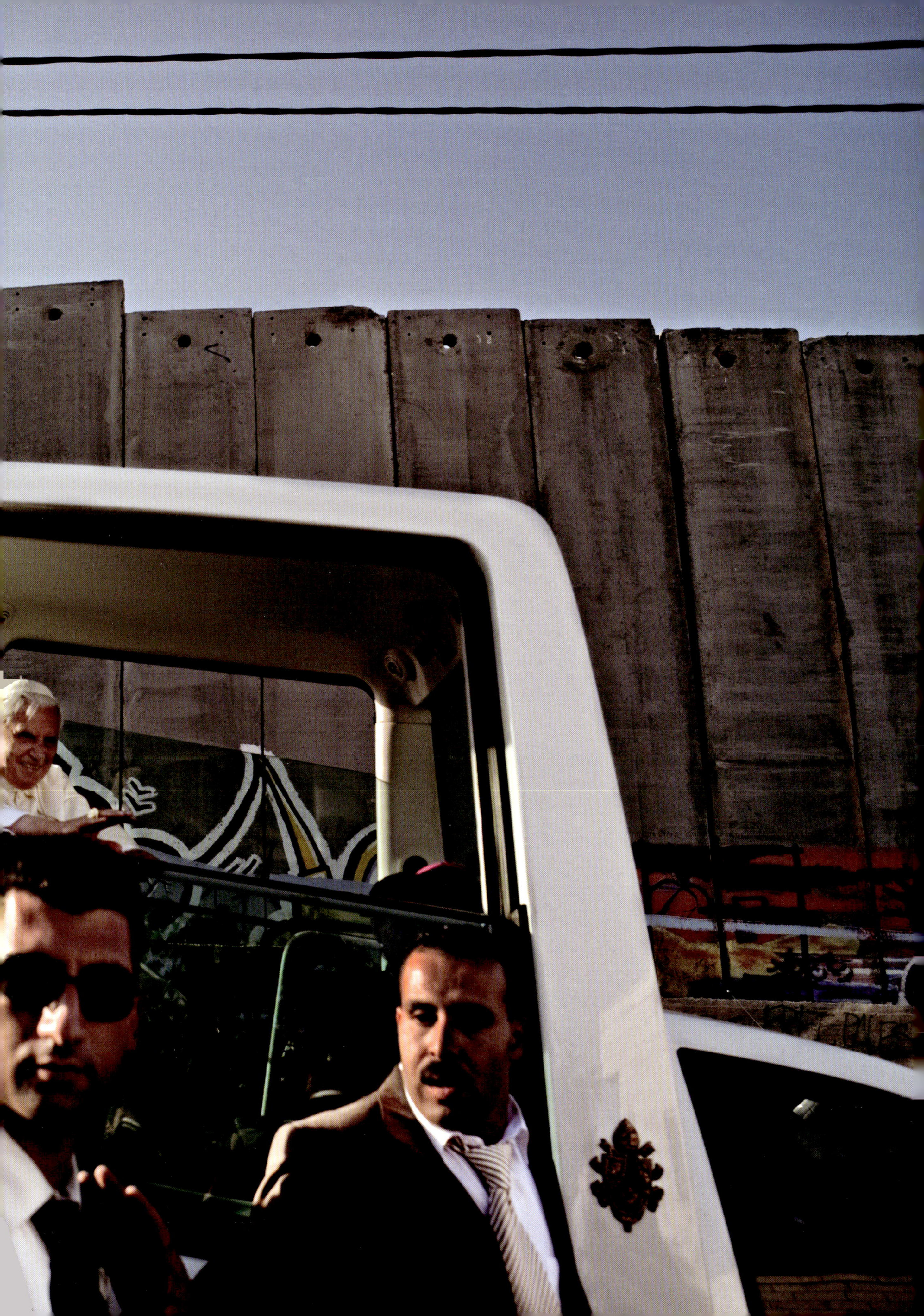

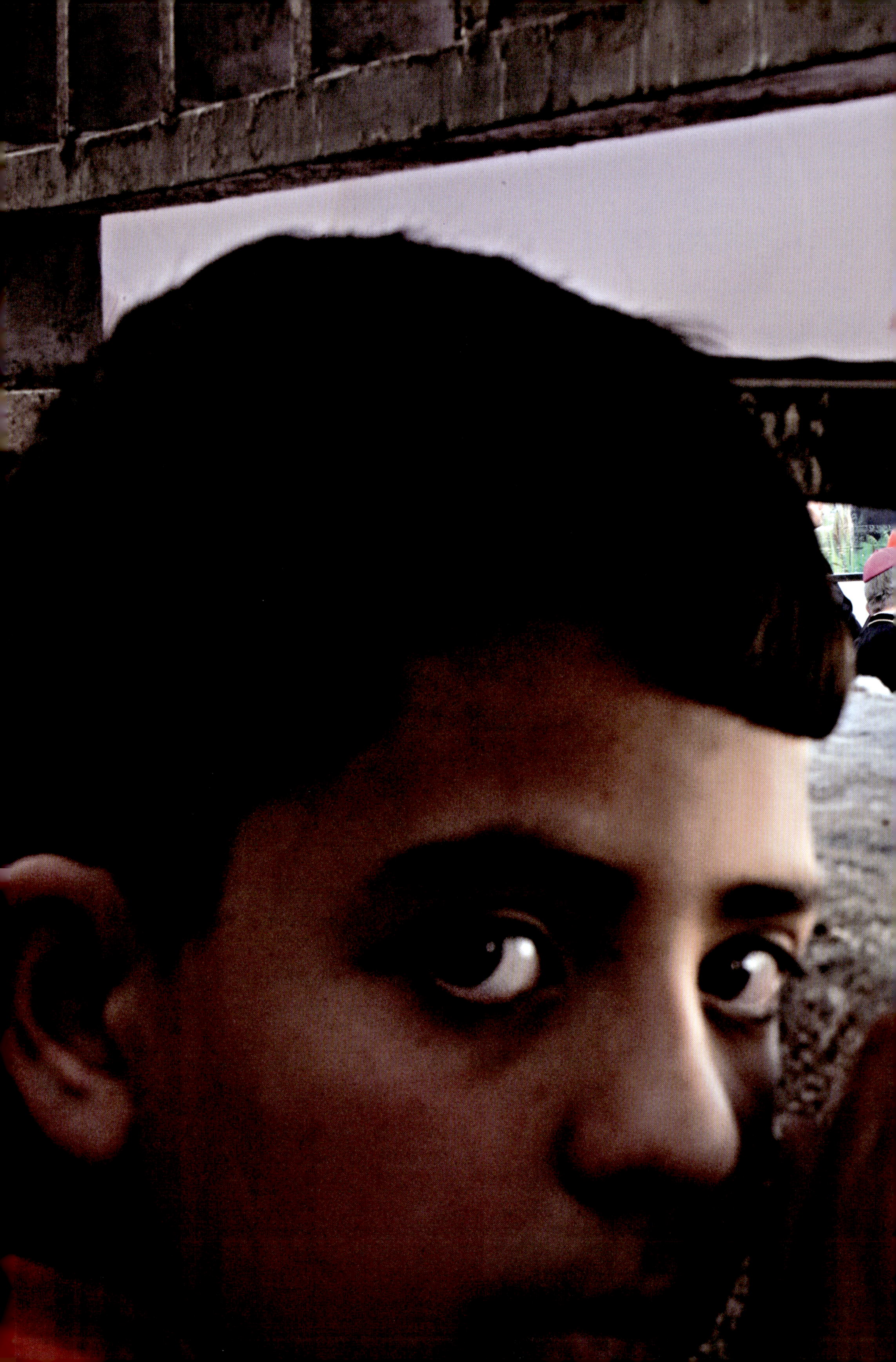

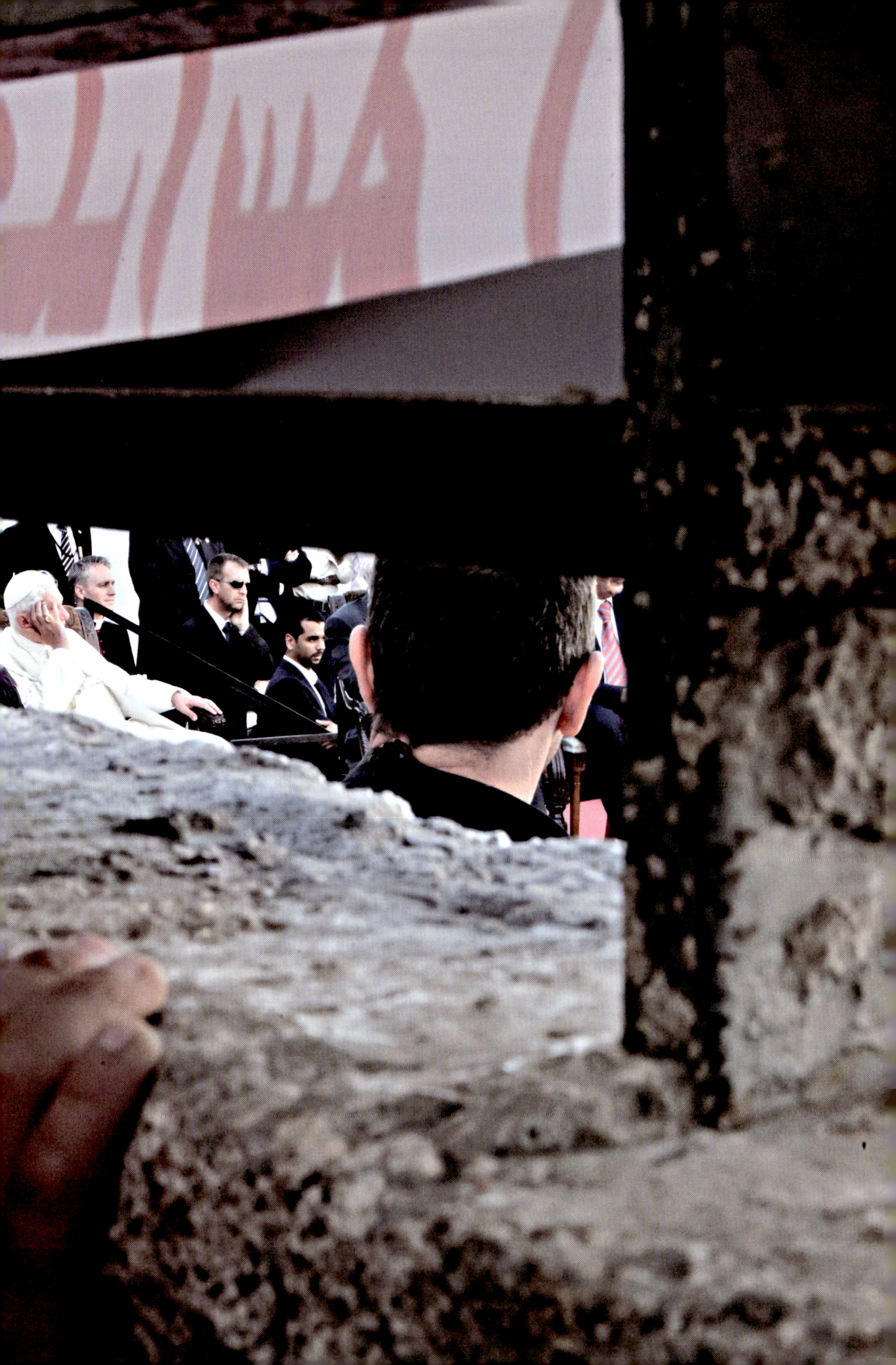

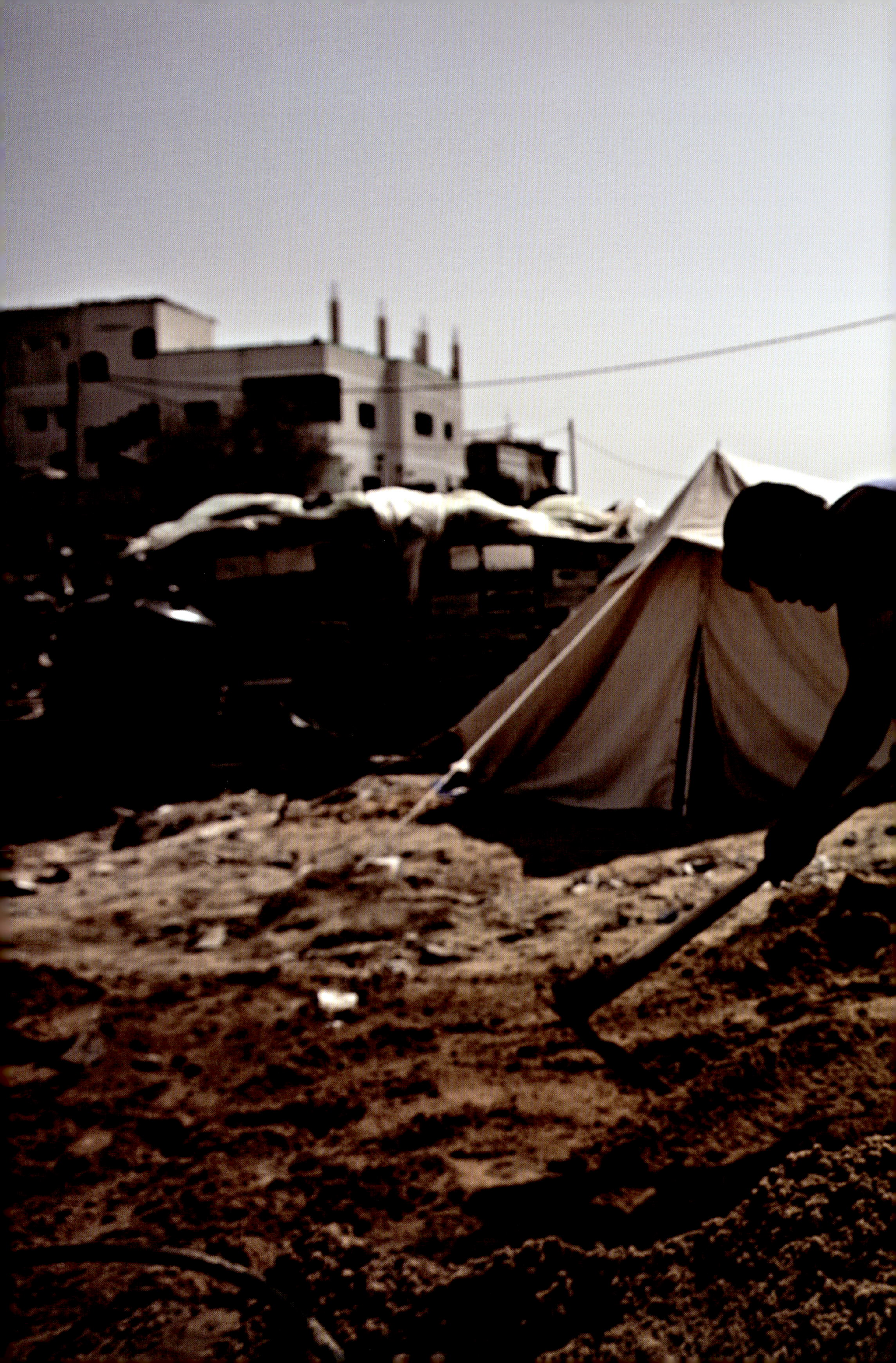

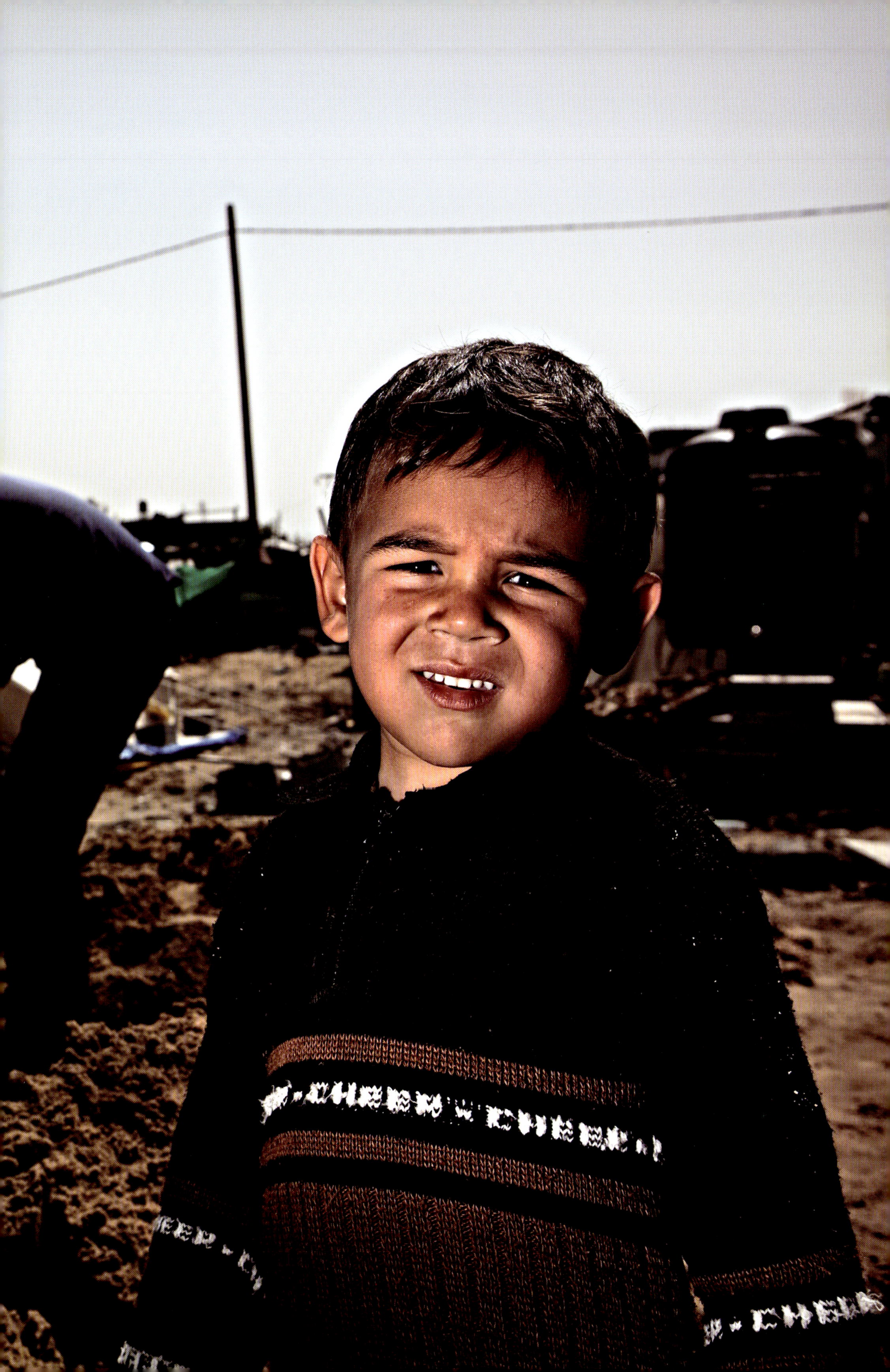

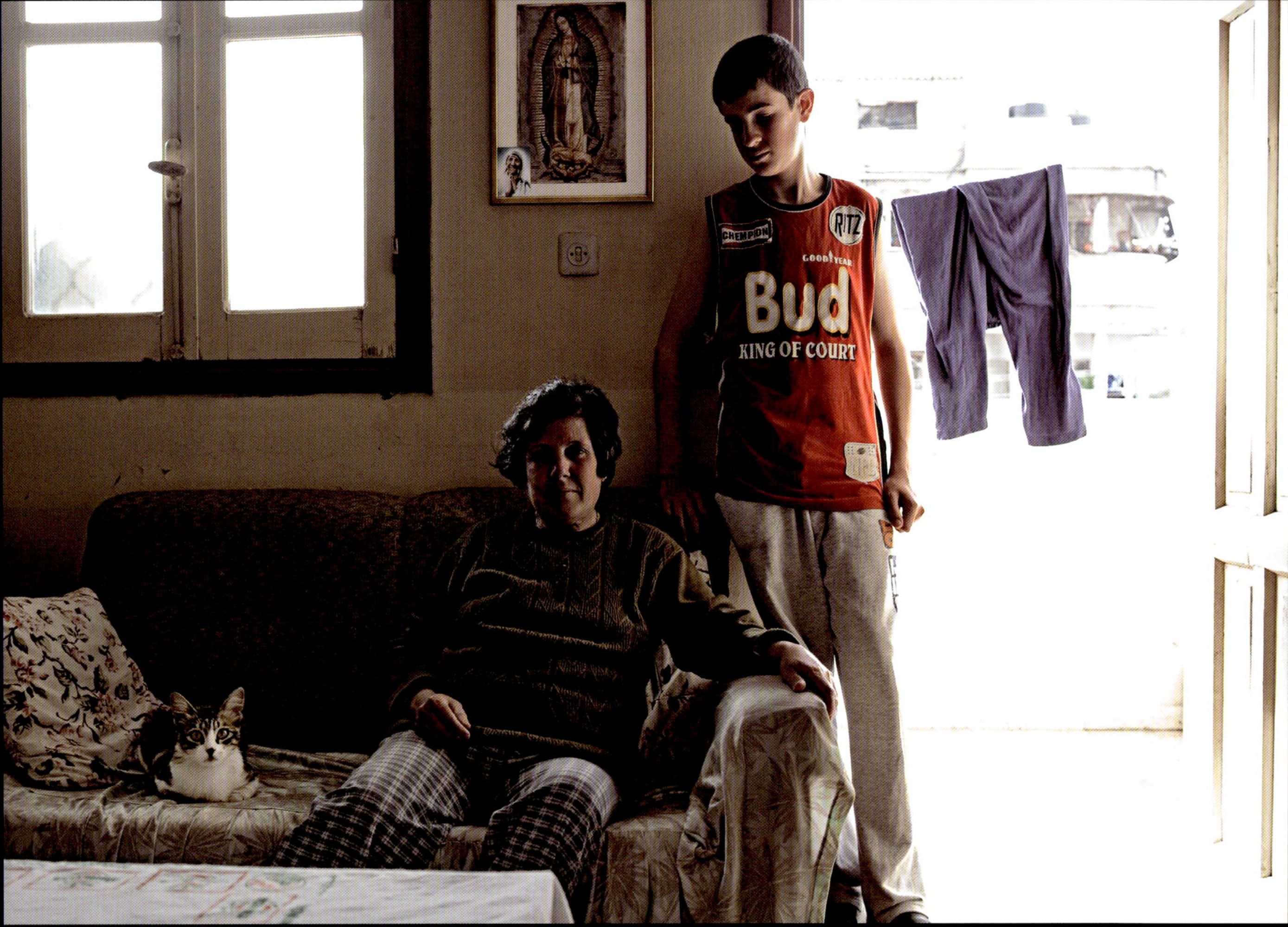

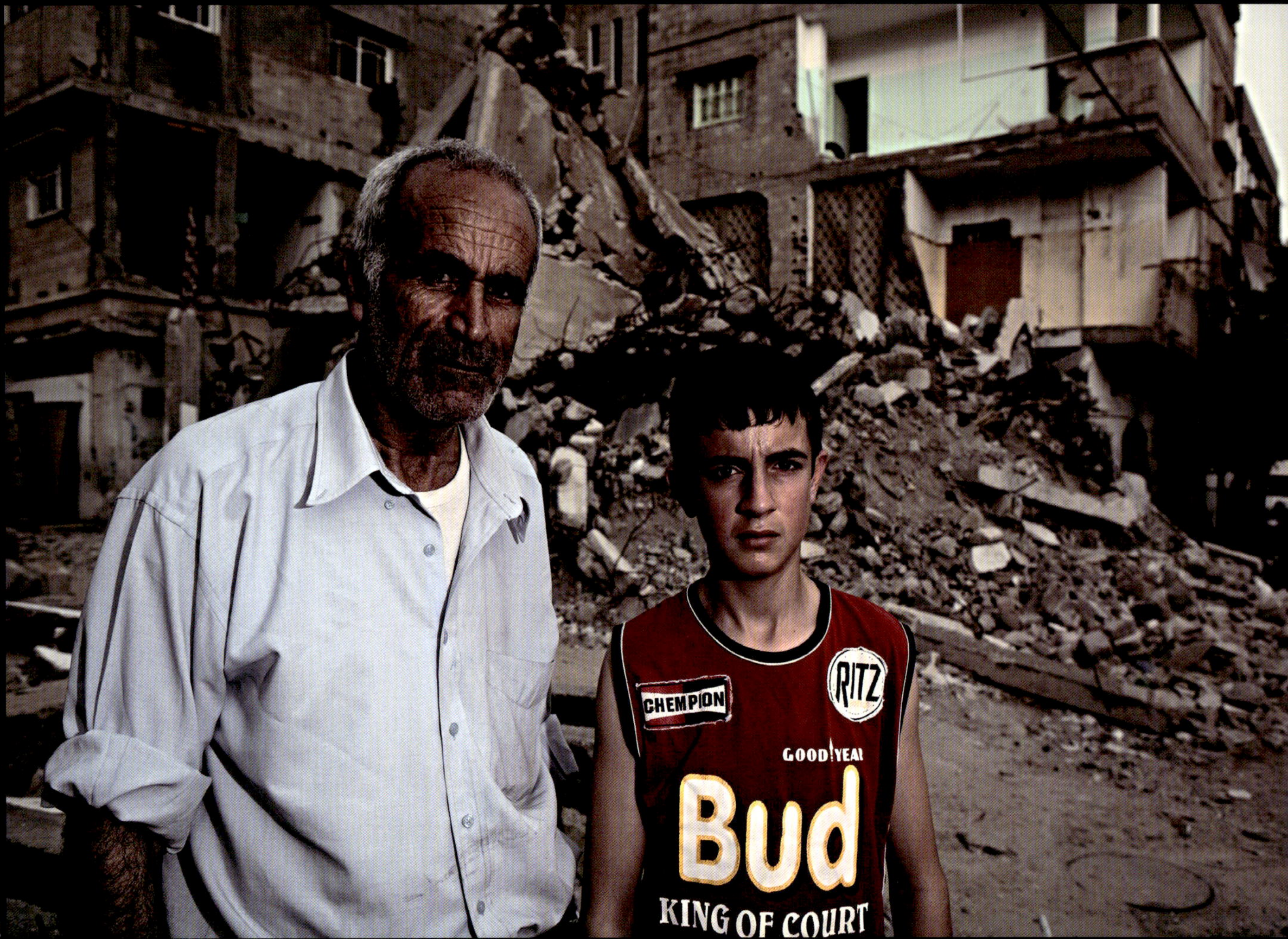

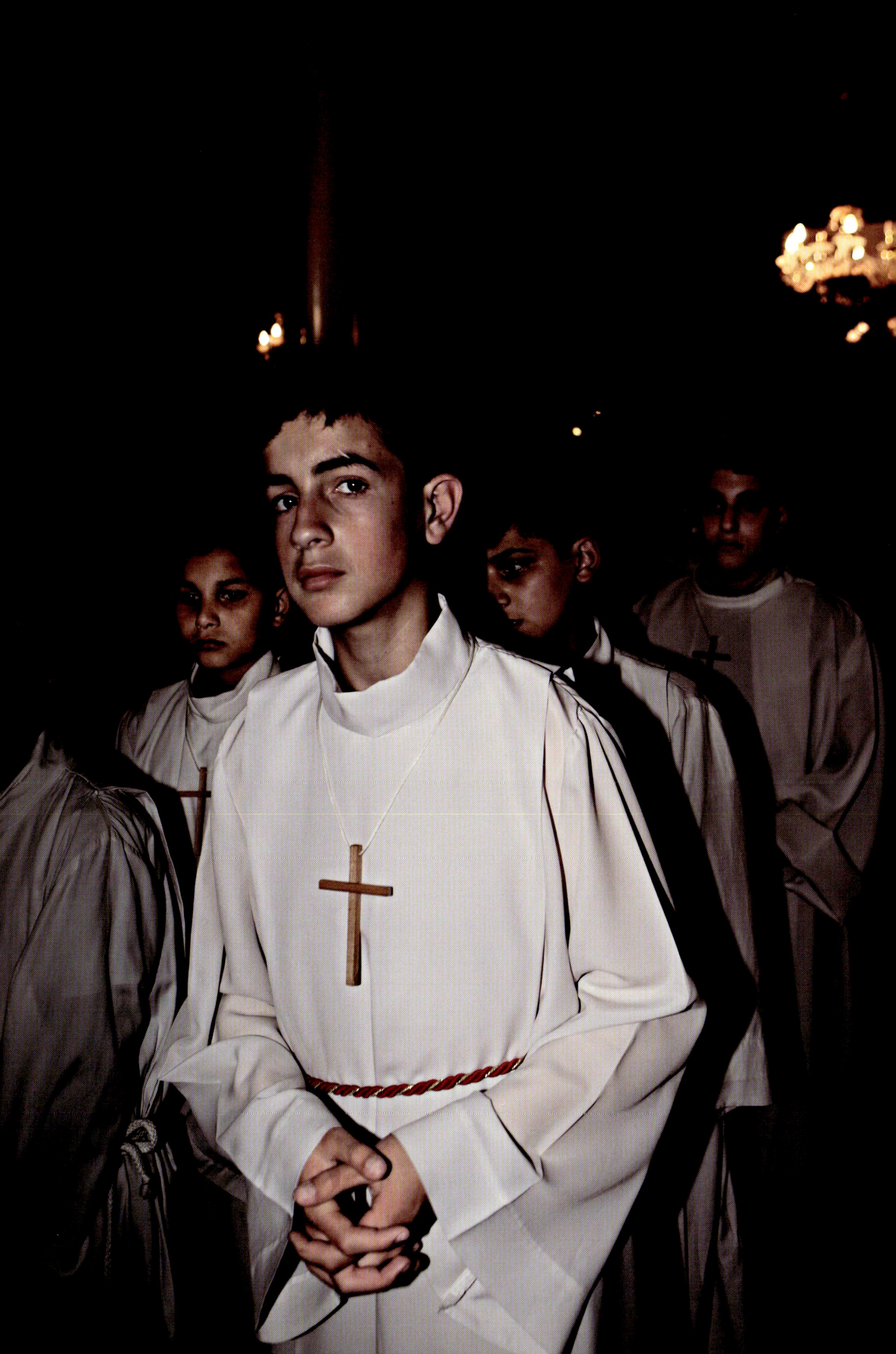

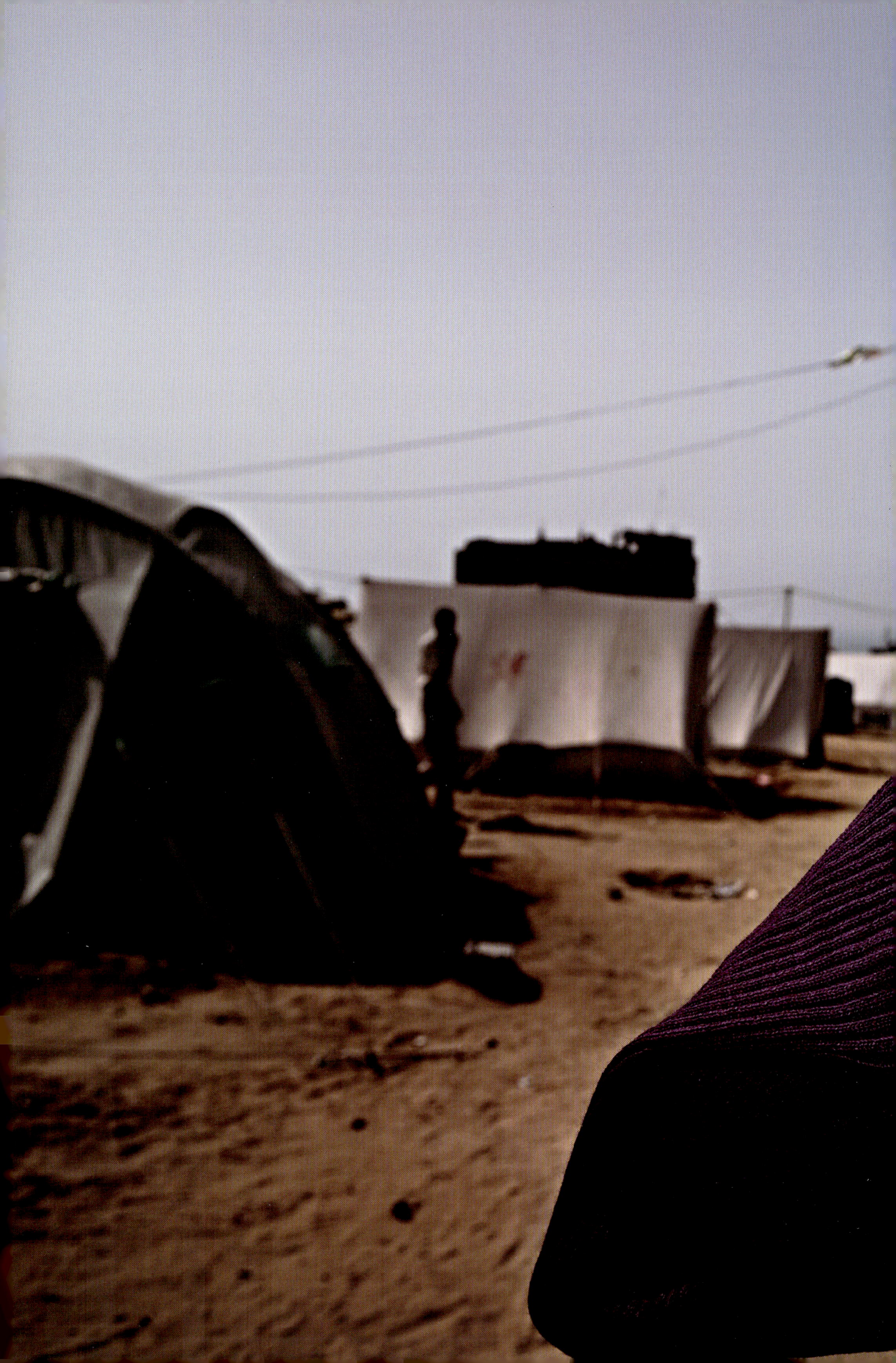

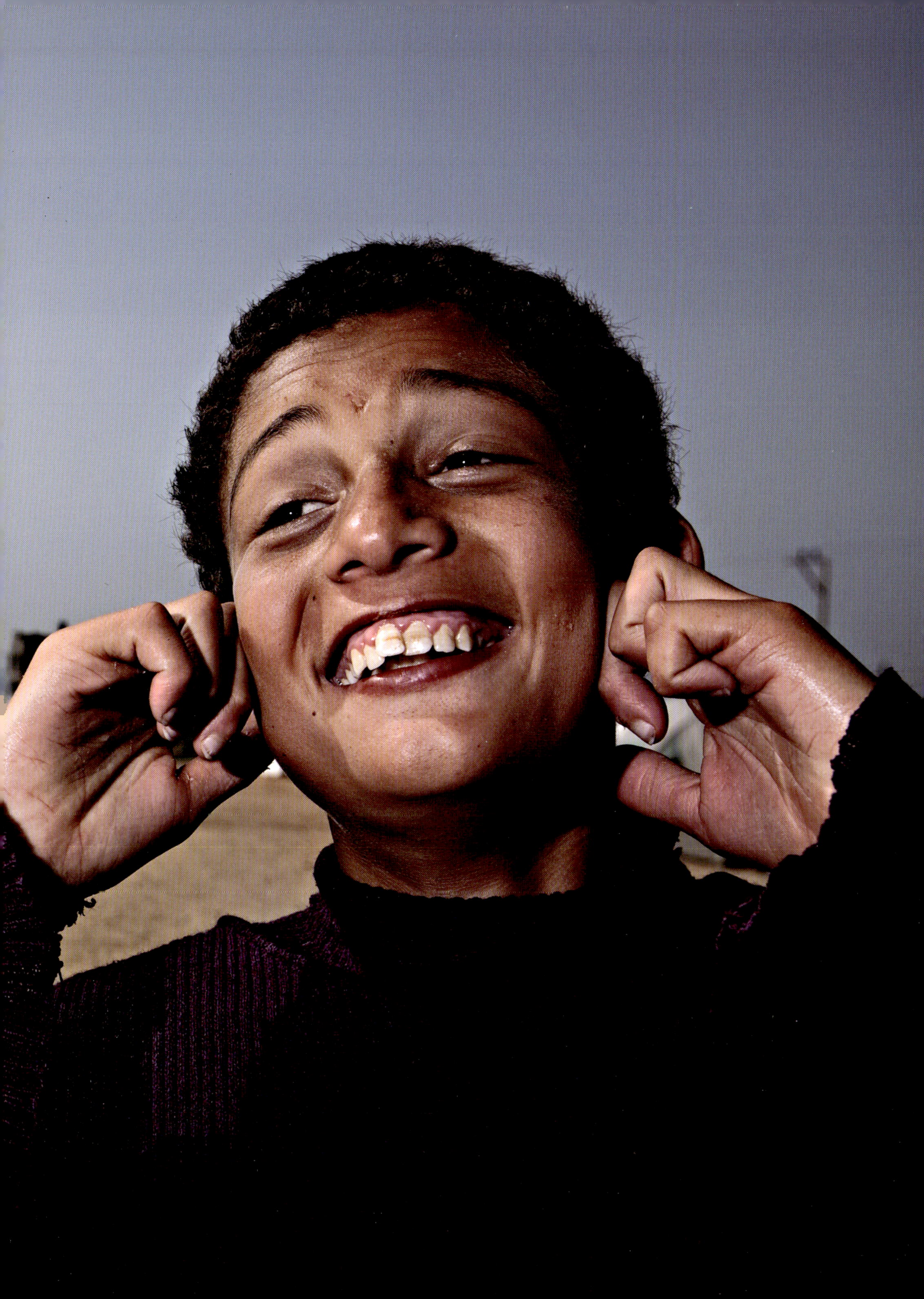

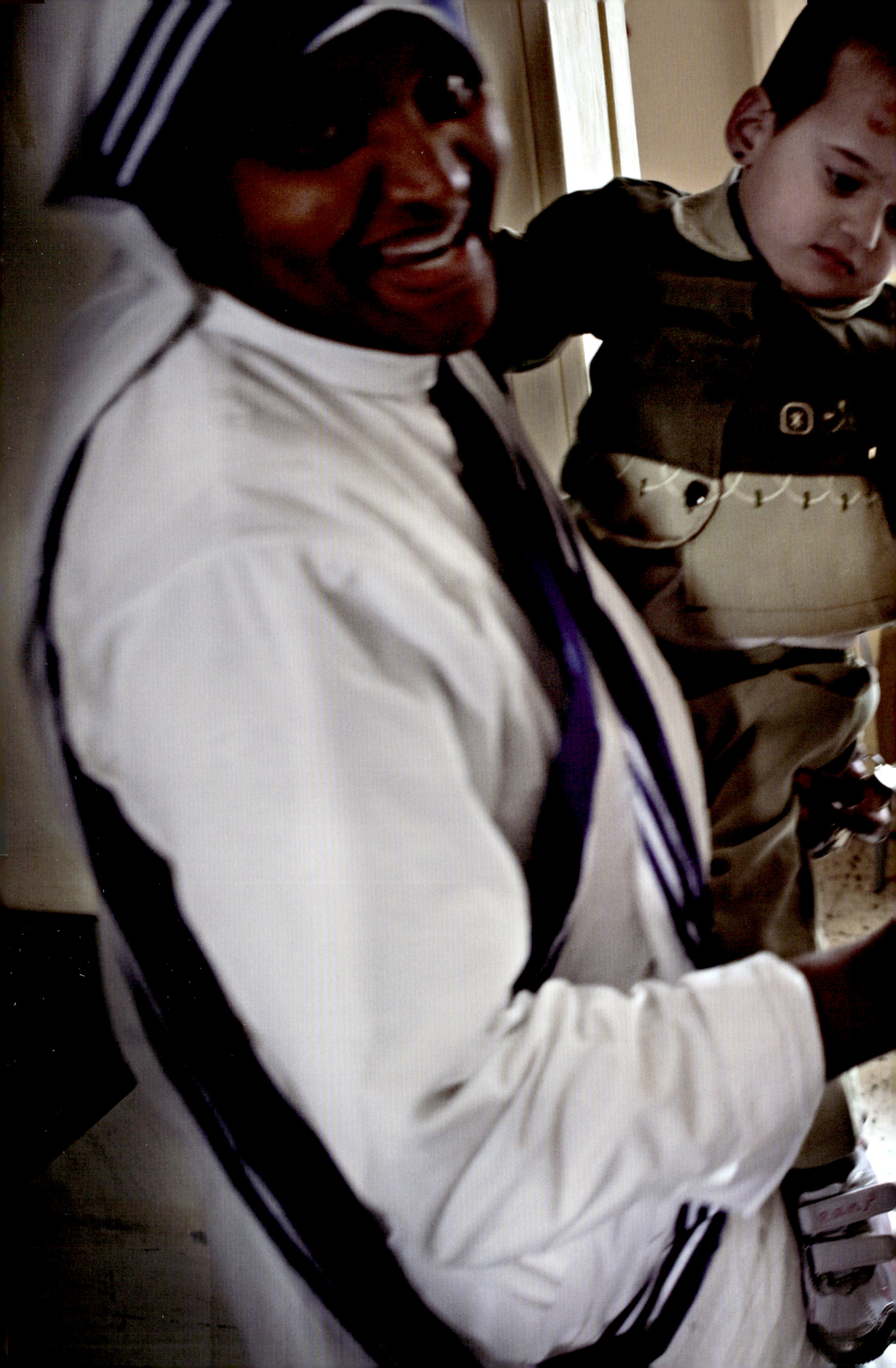

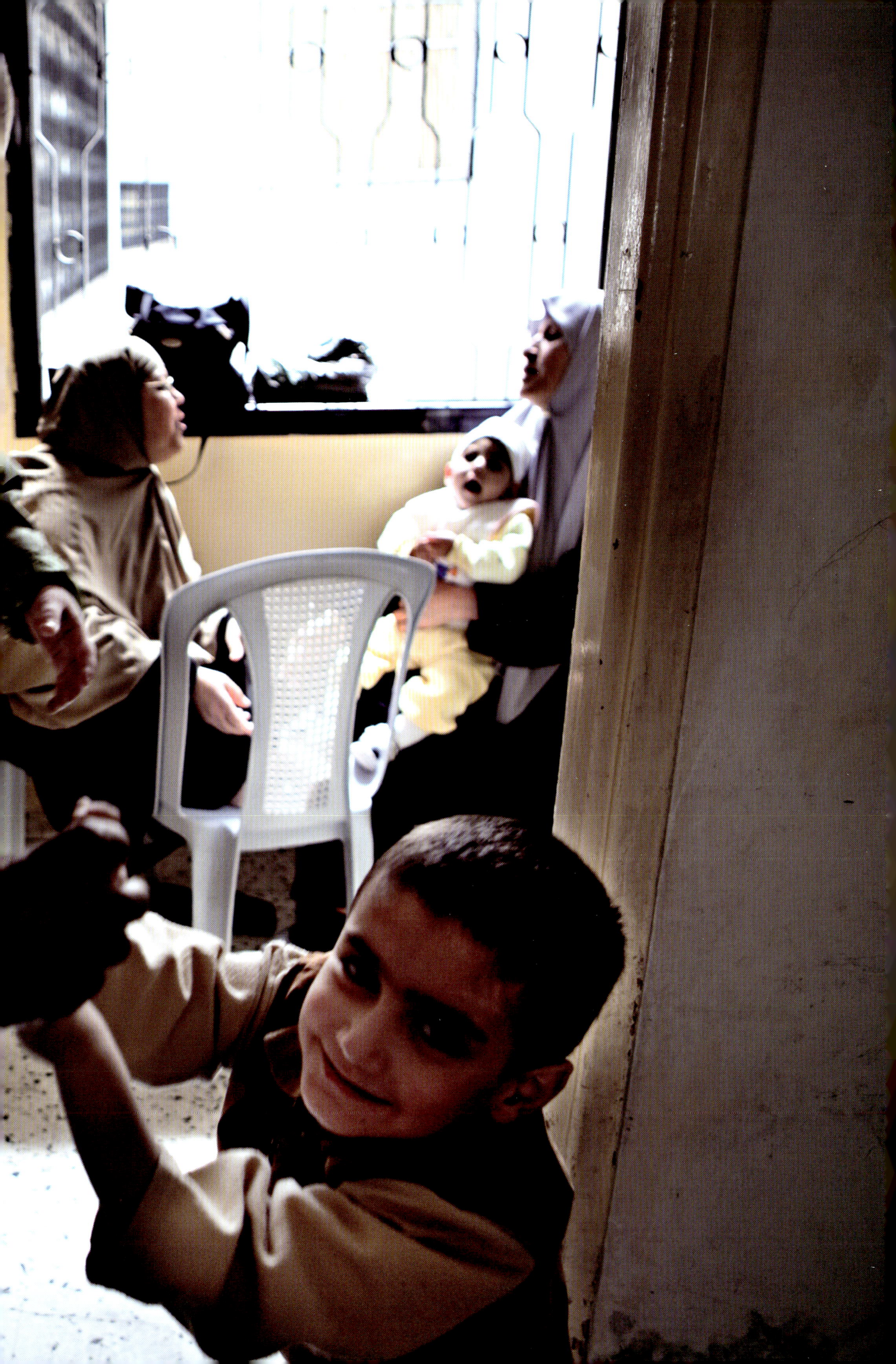

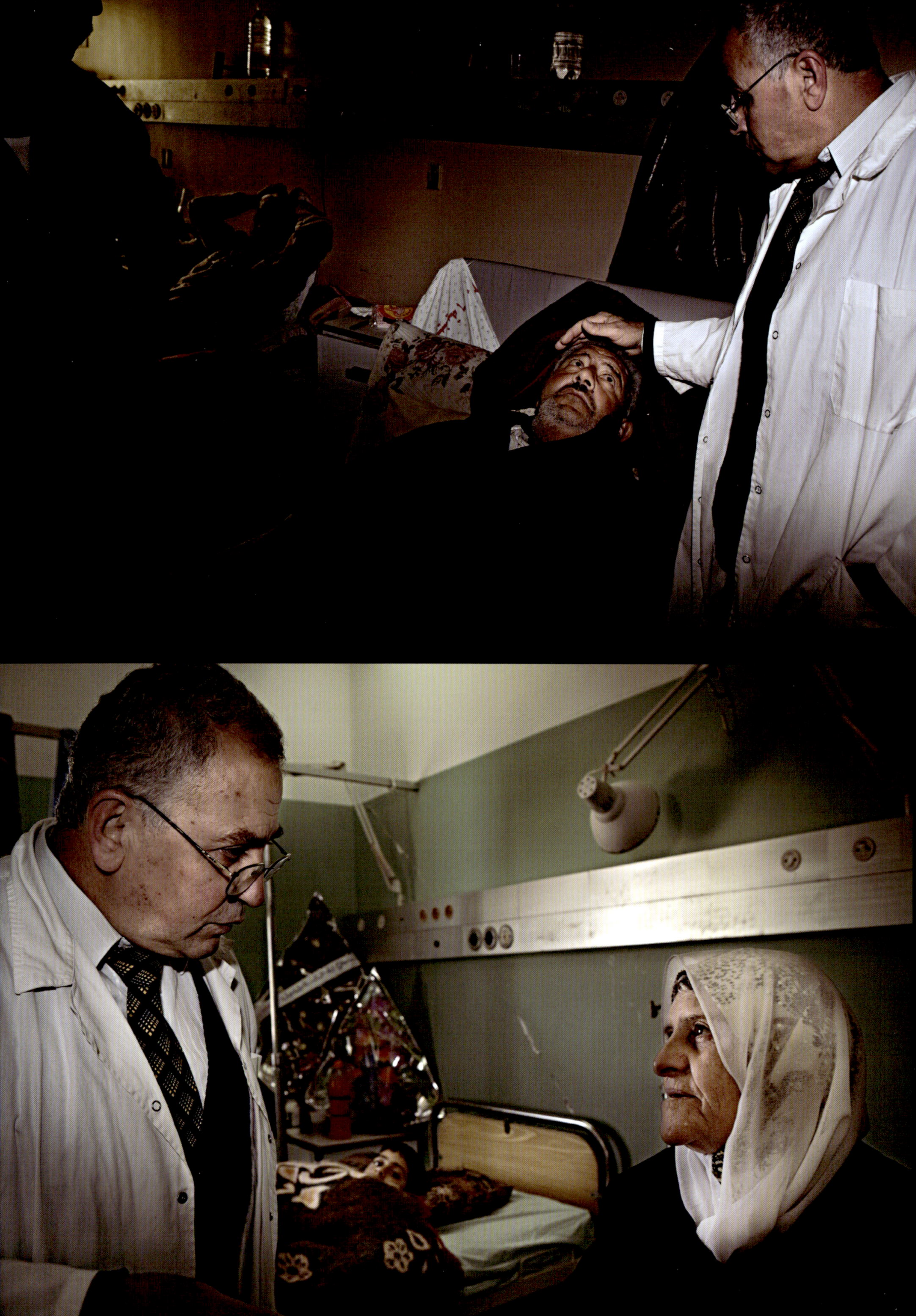

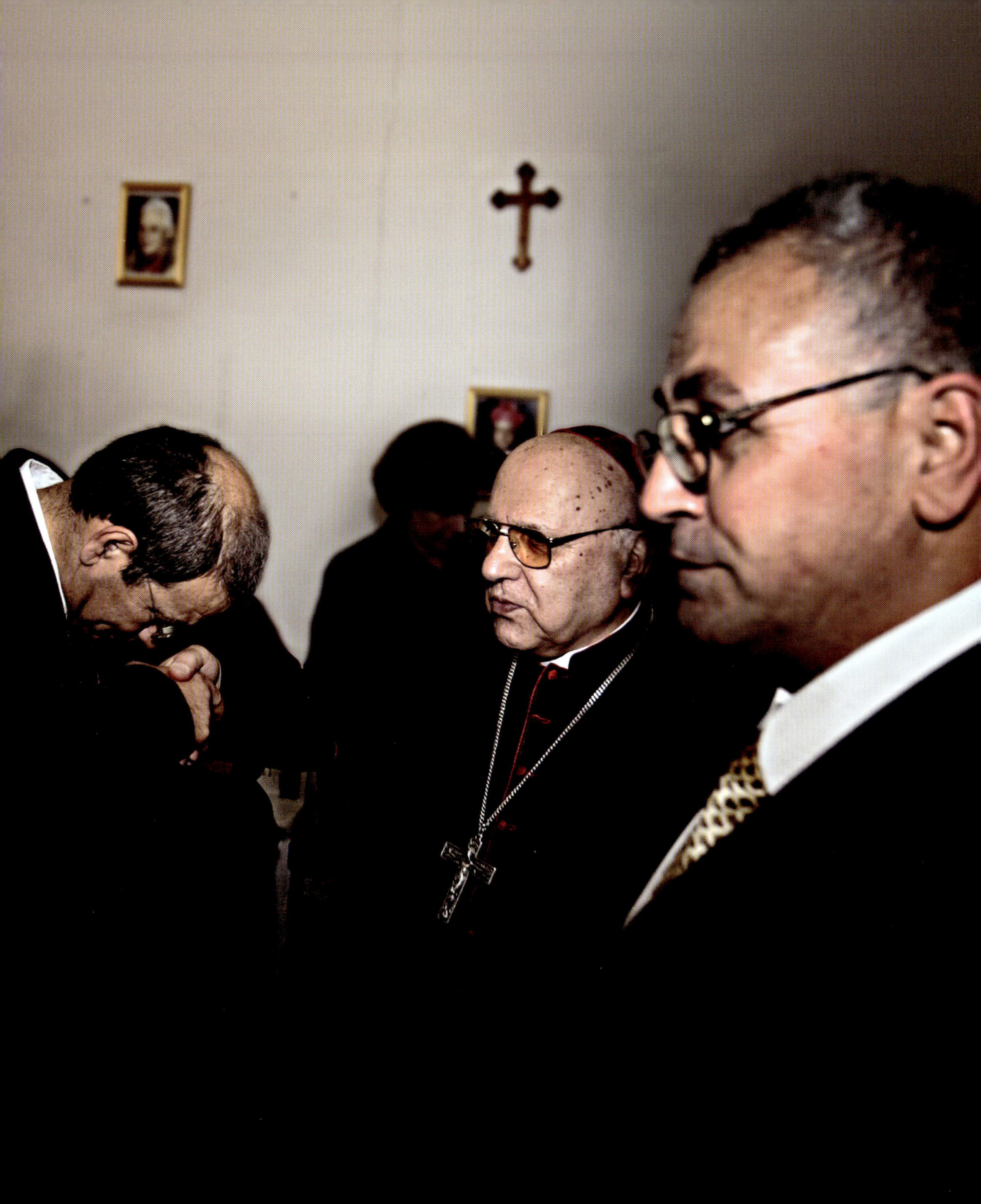

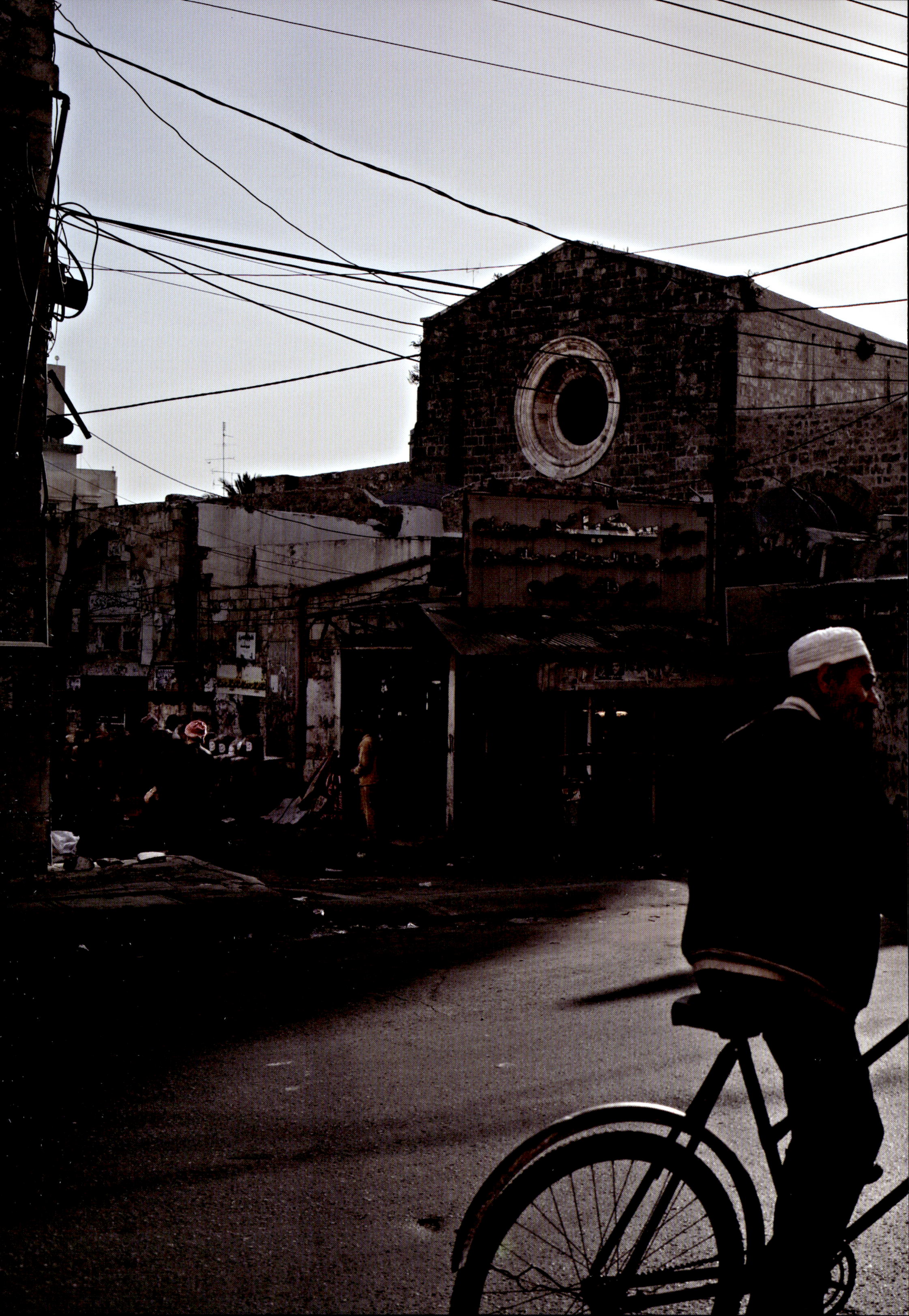

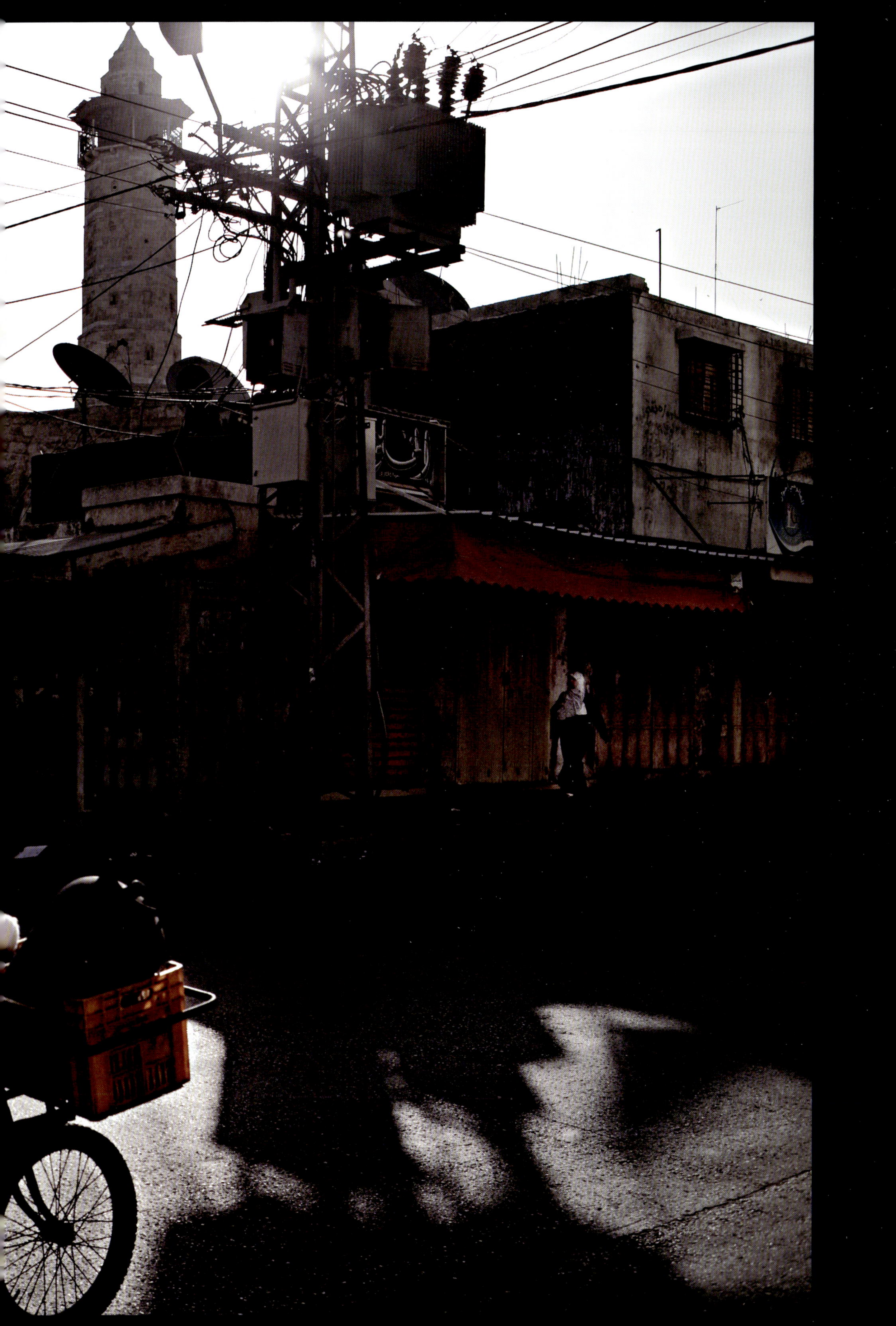

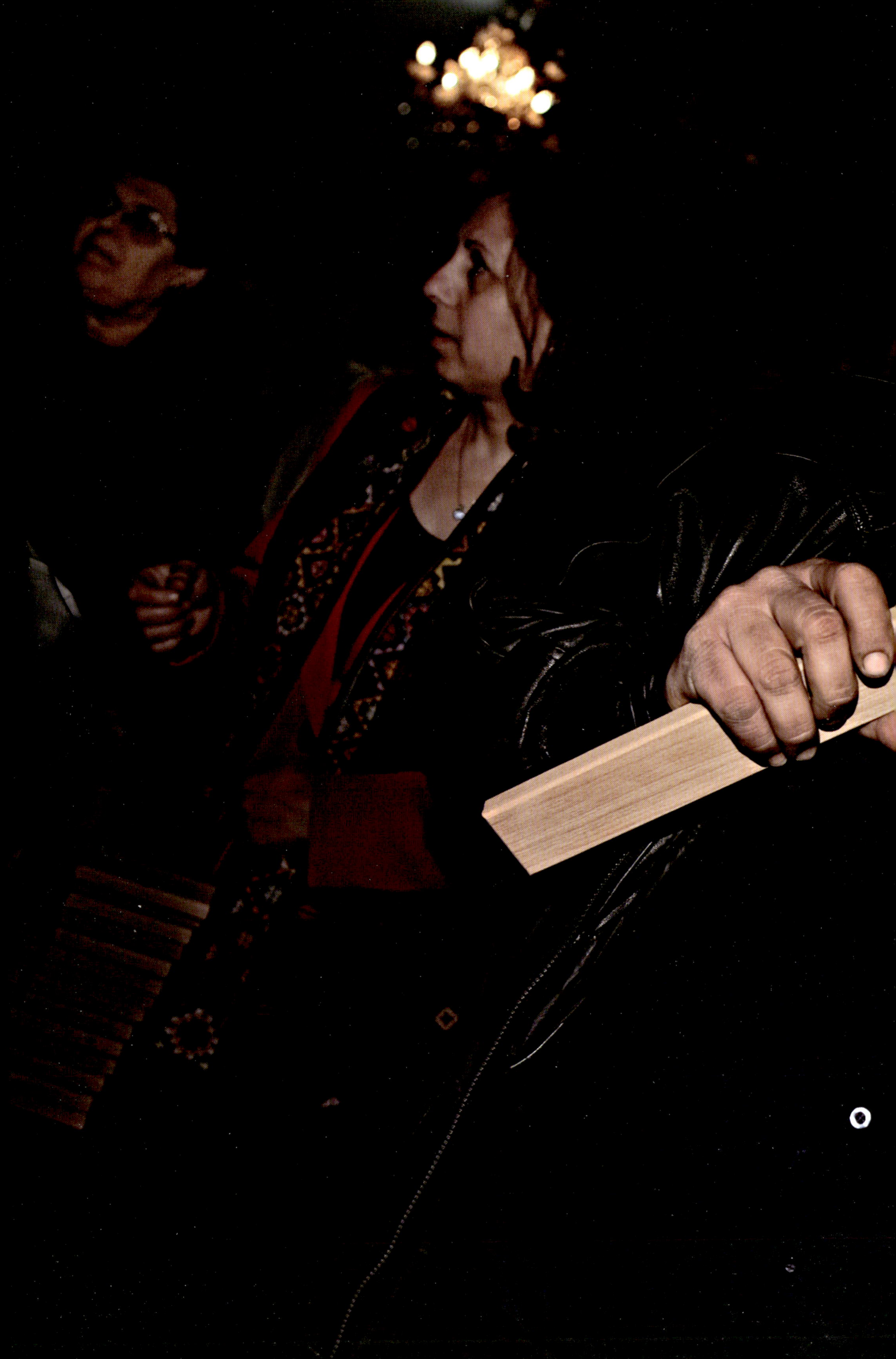

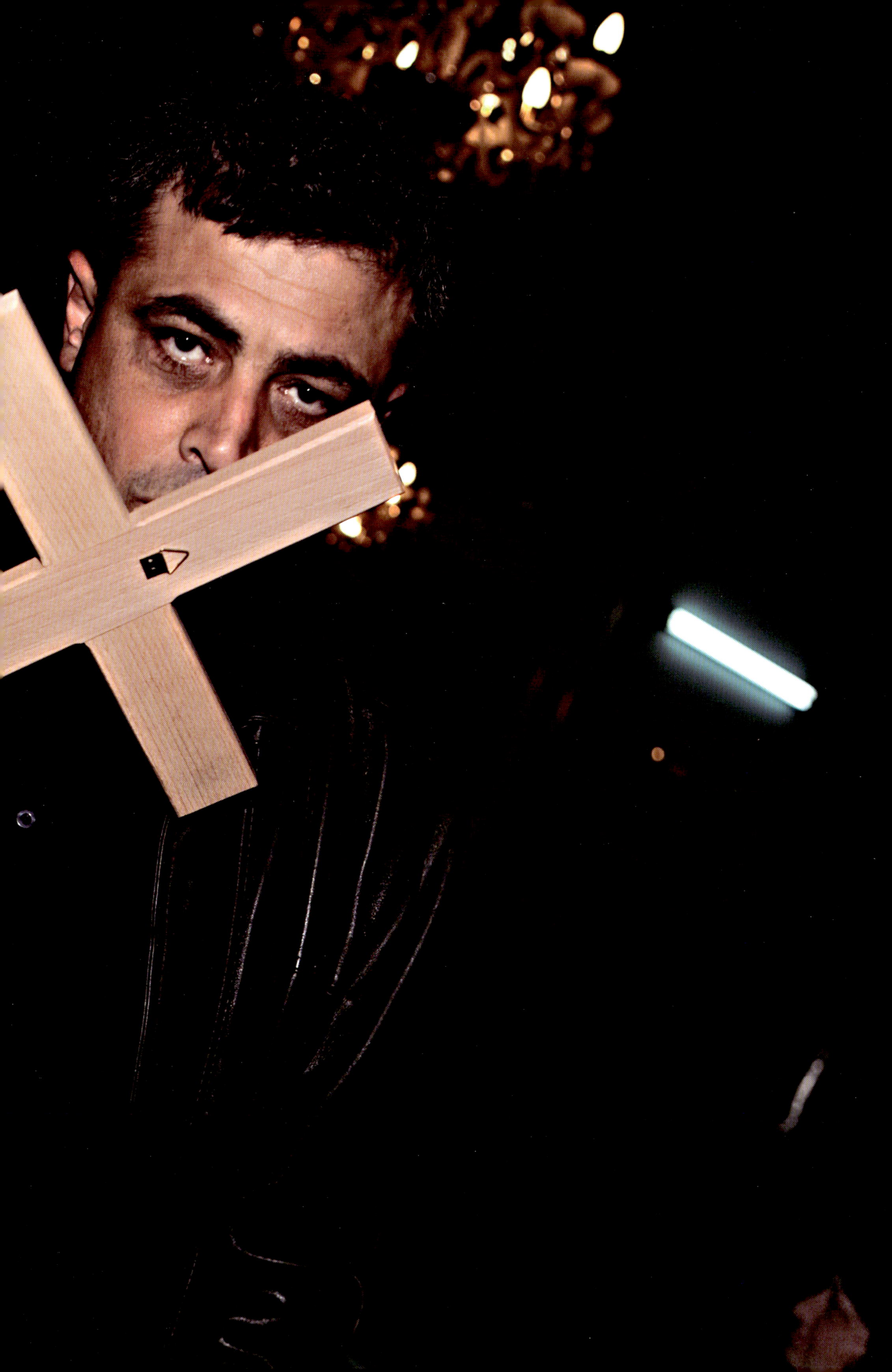

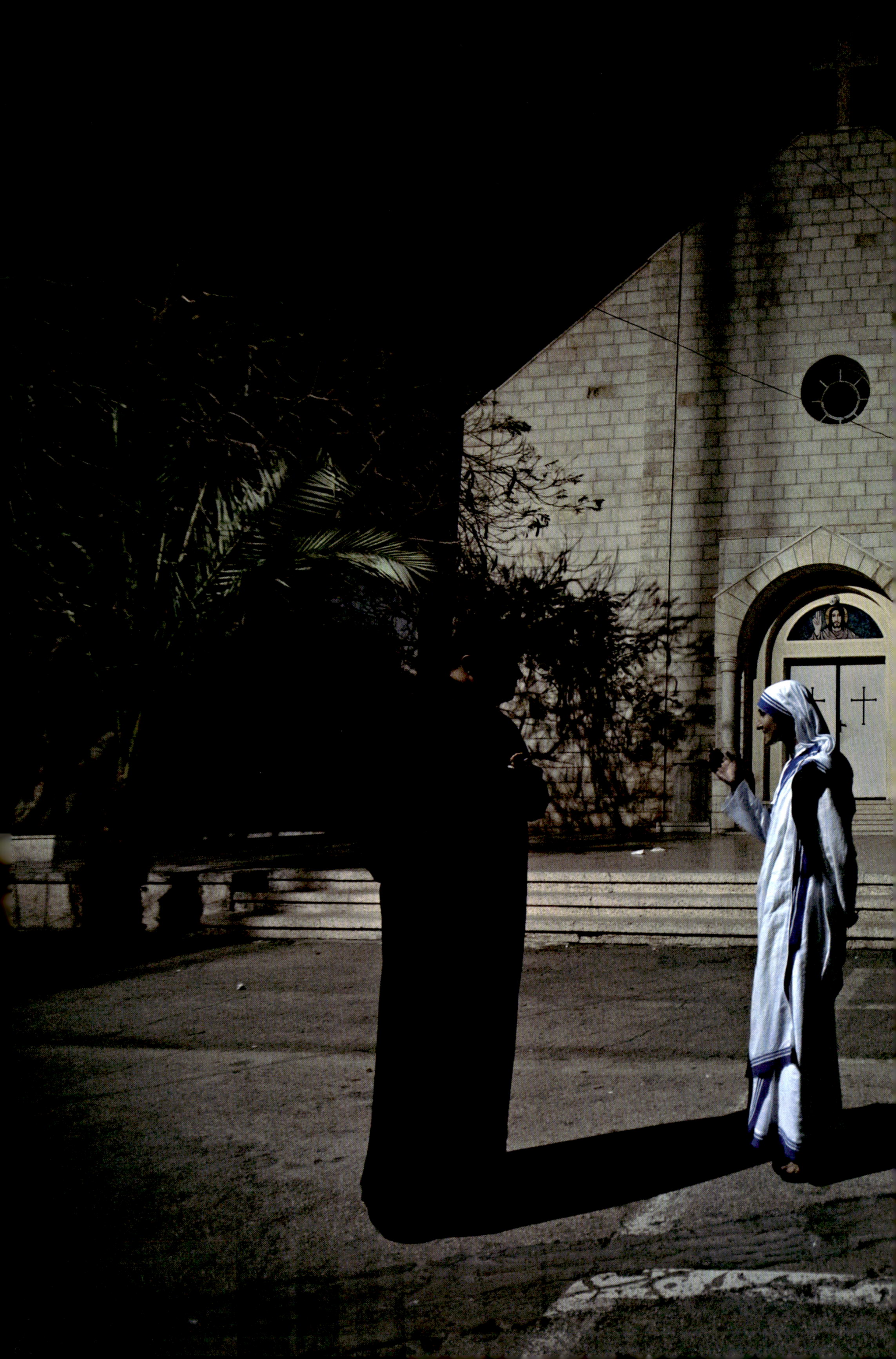

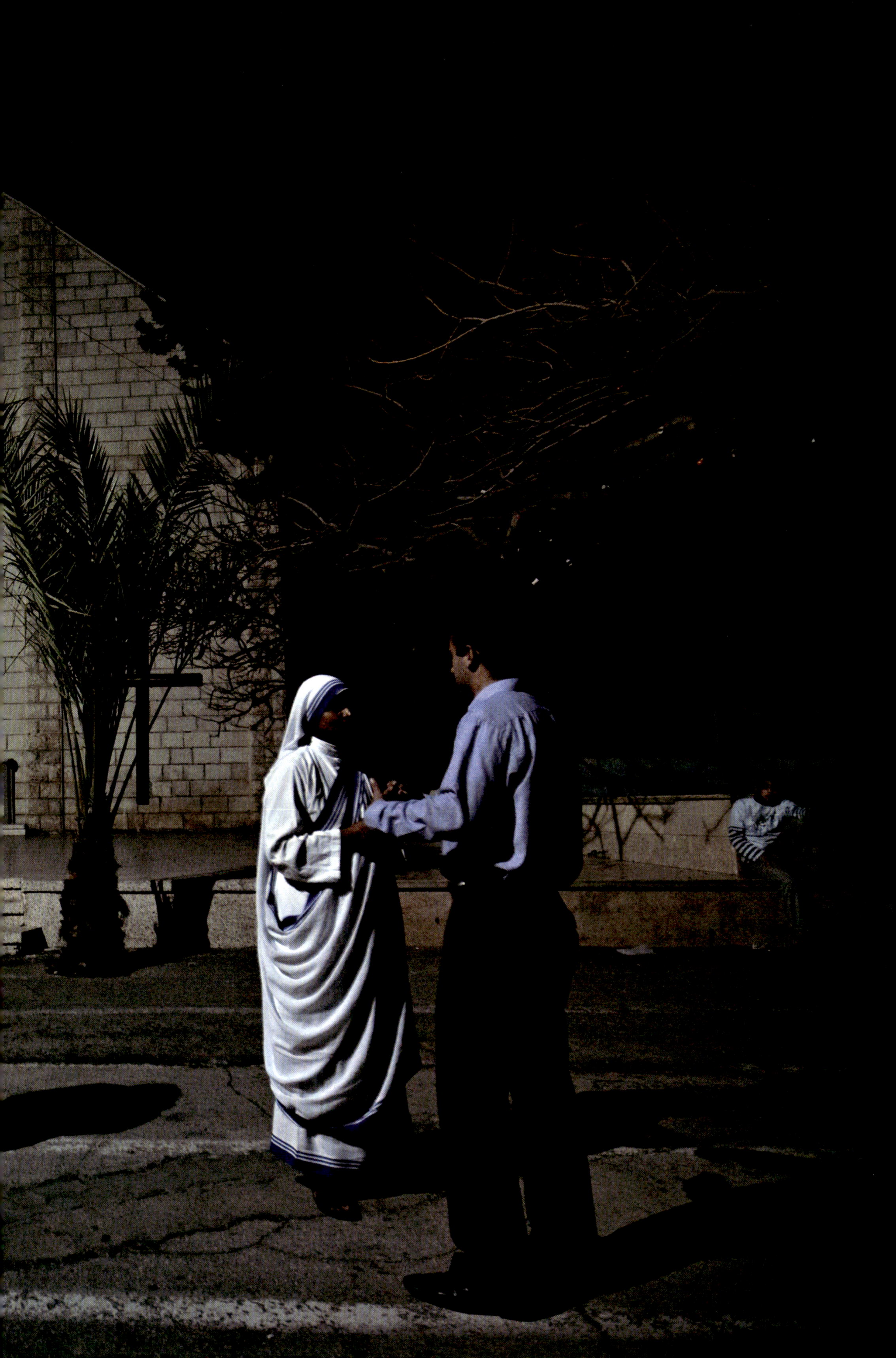

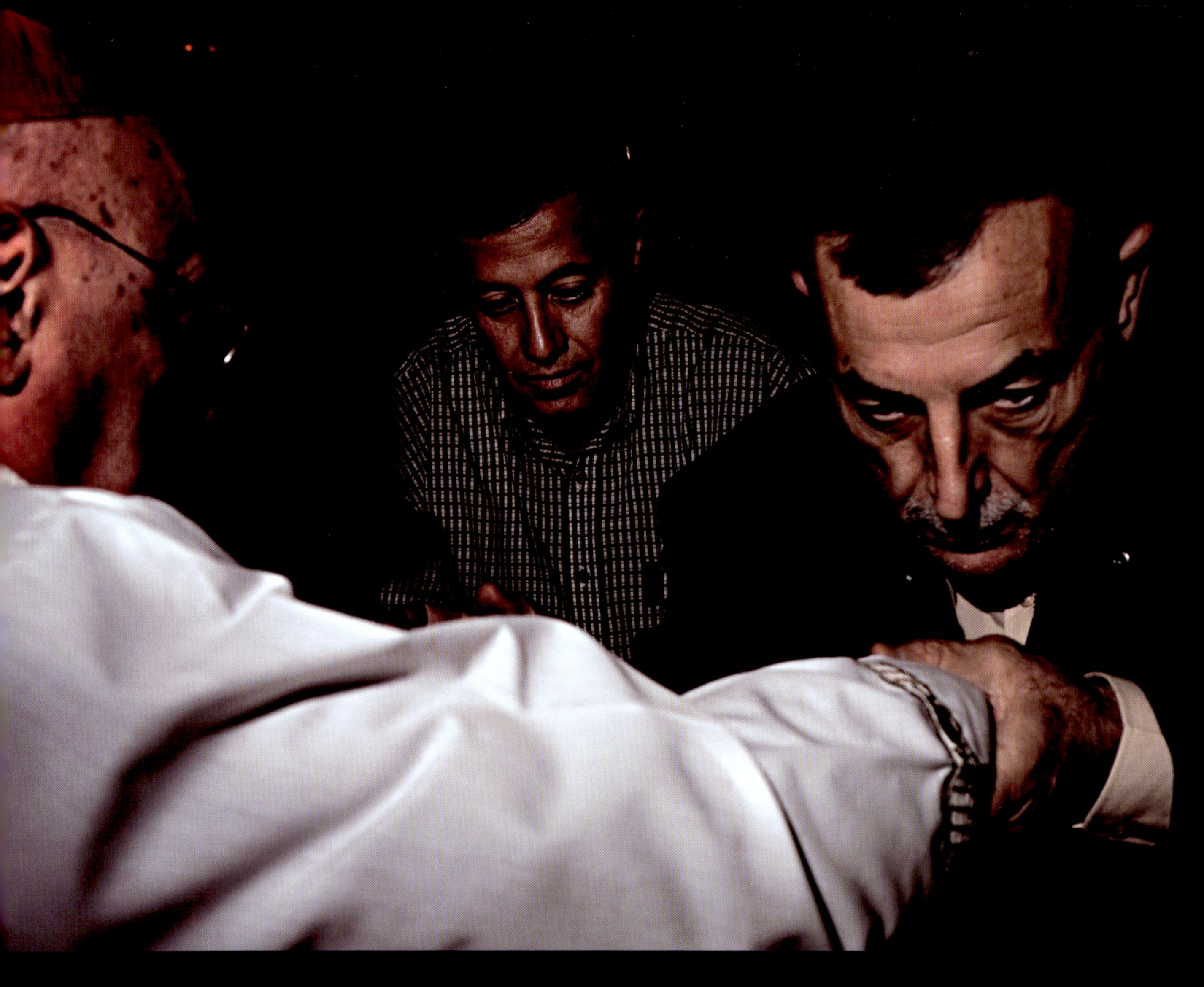

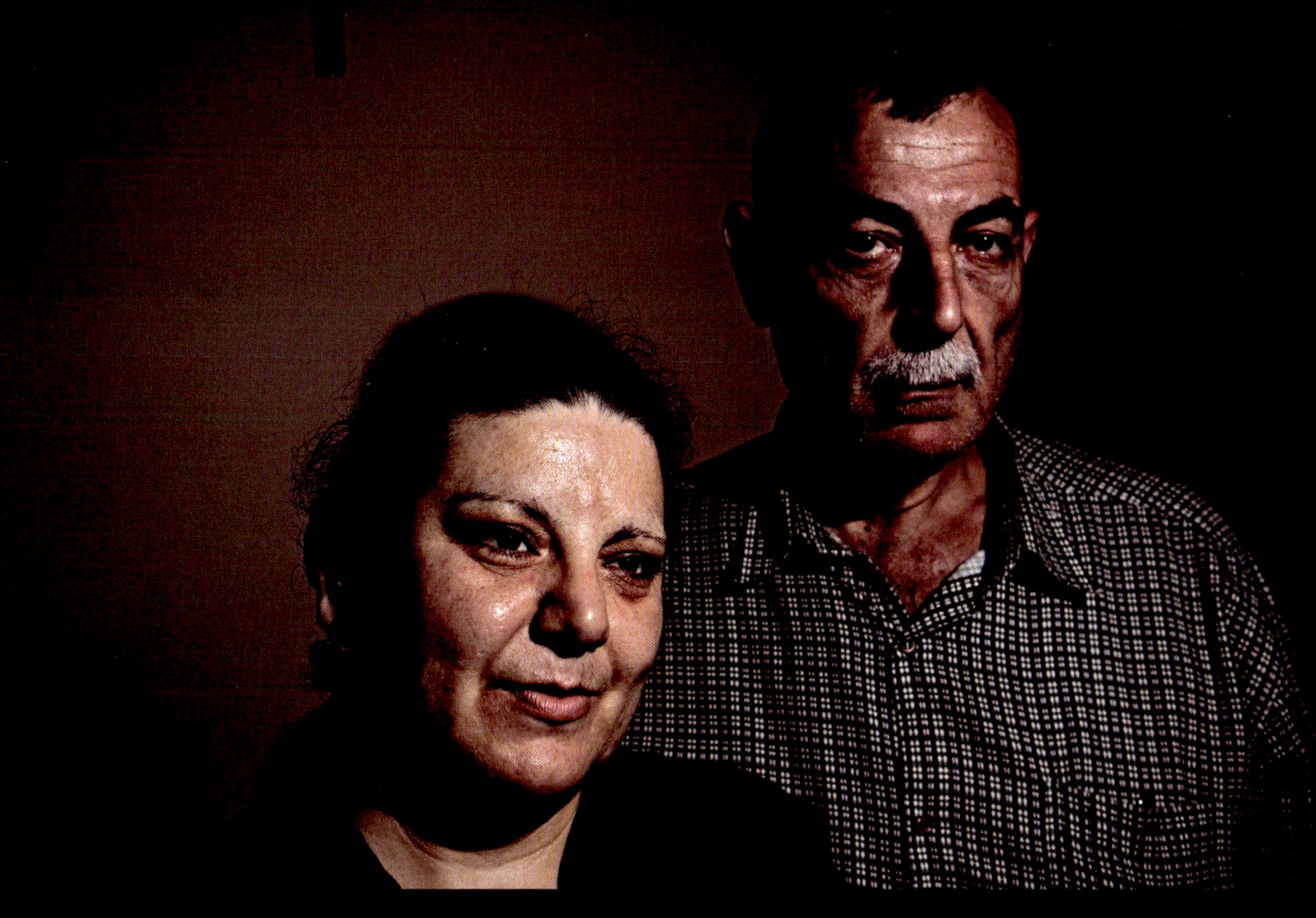

“Il mio cuore si volge in maniera speciale ai pellegrini provenienti dalla martoriata Gaza a motivo della guerra: vi chiedo di portare alle vostre famiglie e comunità il mio caloroso abbraccio, le mie condoglianze per le perdite, le avversità e le sofferenze che avete dovuto sopportare. Siate sicuri della mia solidarietà con voi nell'immensa opera di ricostruzione che ora vi sta davanti e delle mie preghiere che l'embargo sia presto tolto.”

Benedetto XVI ai cristiani di Terra Santa
13 maggio 2009

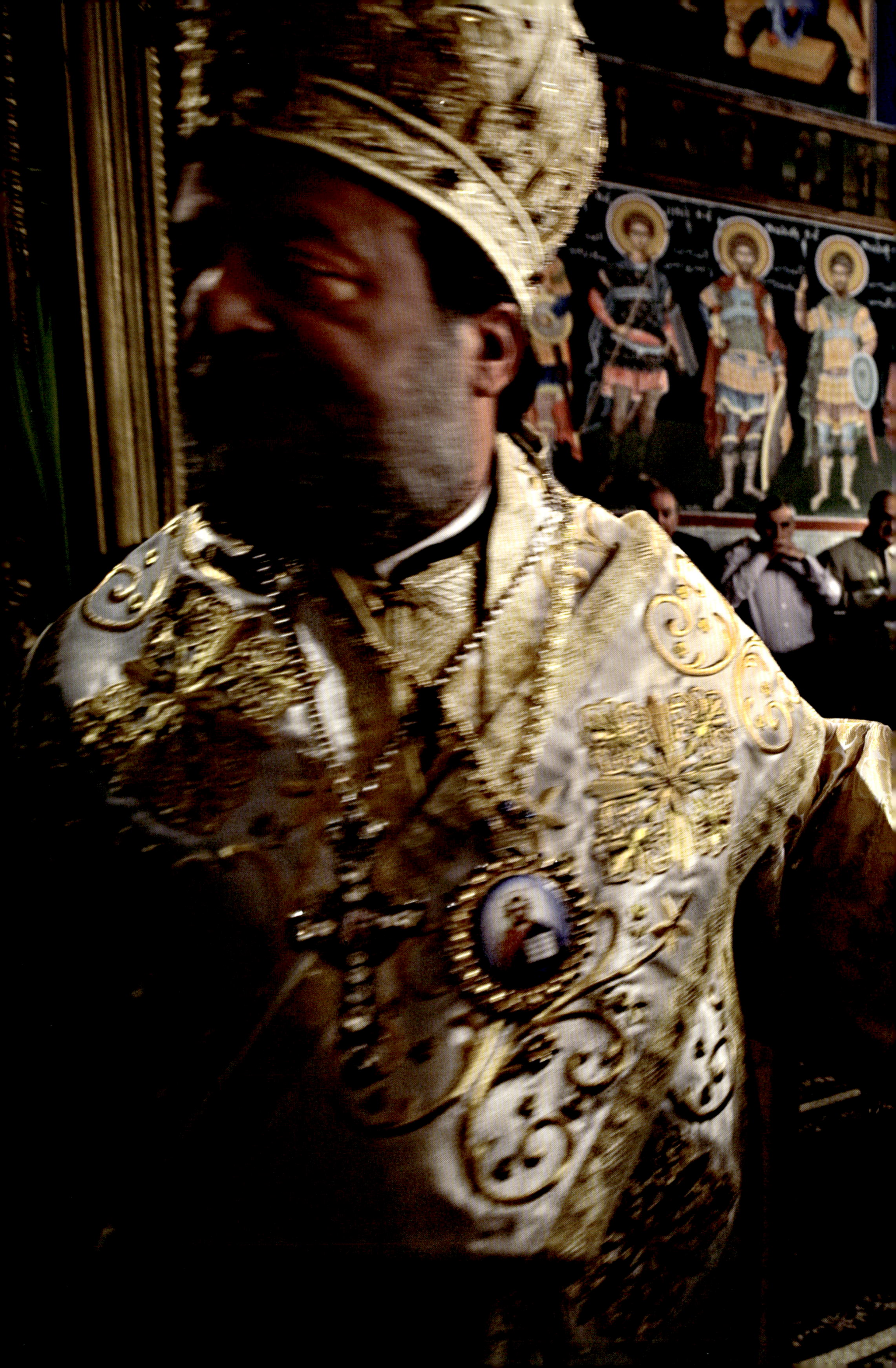

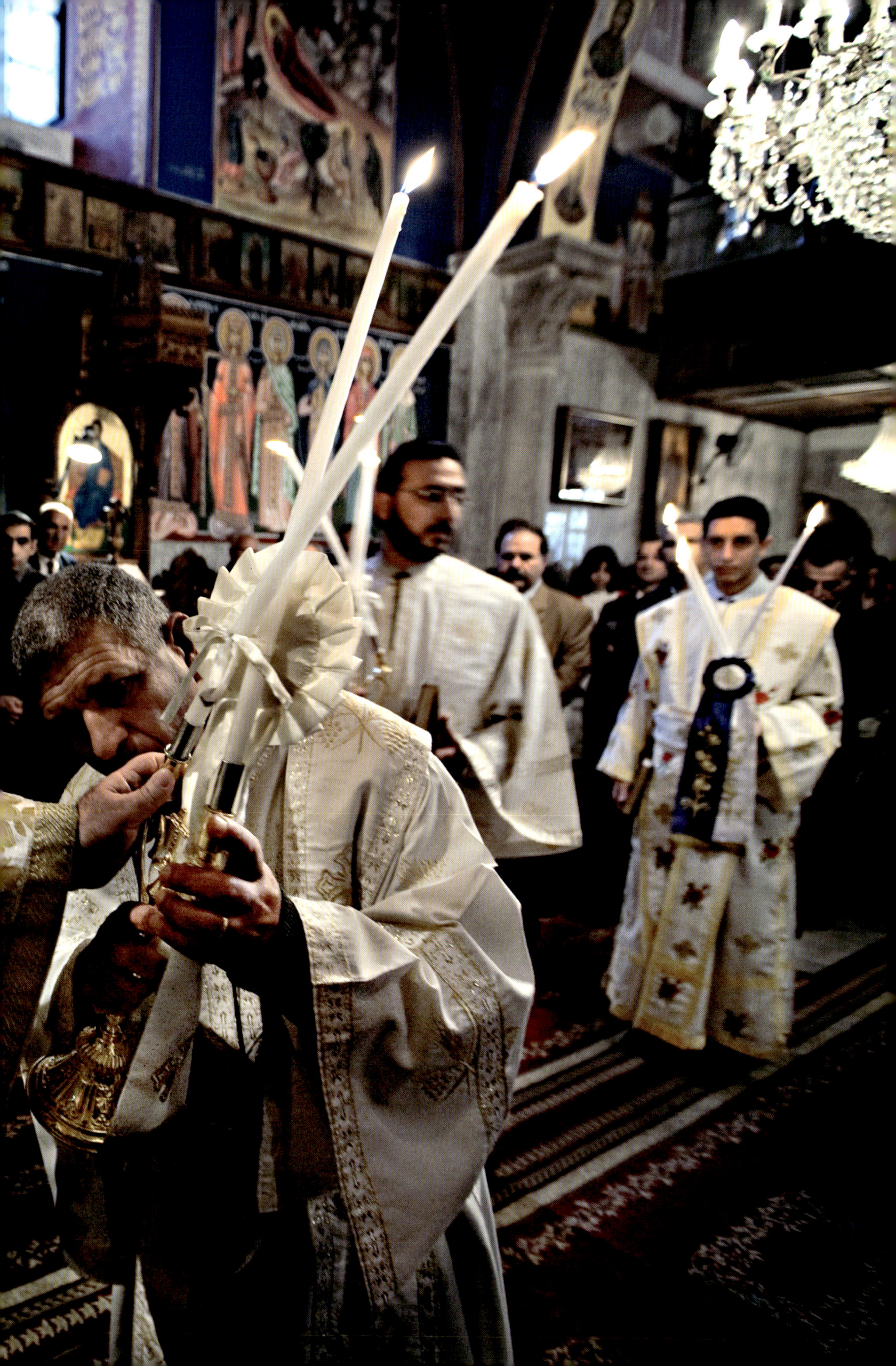

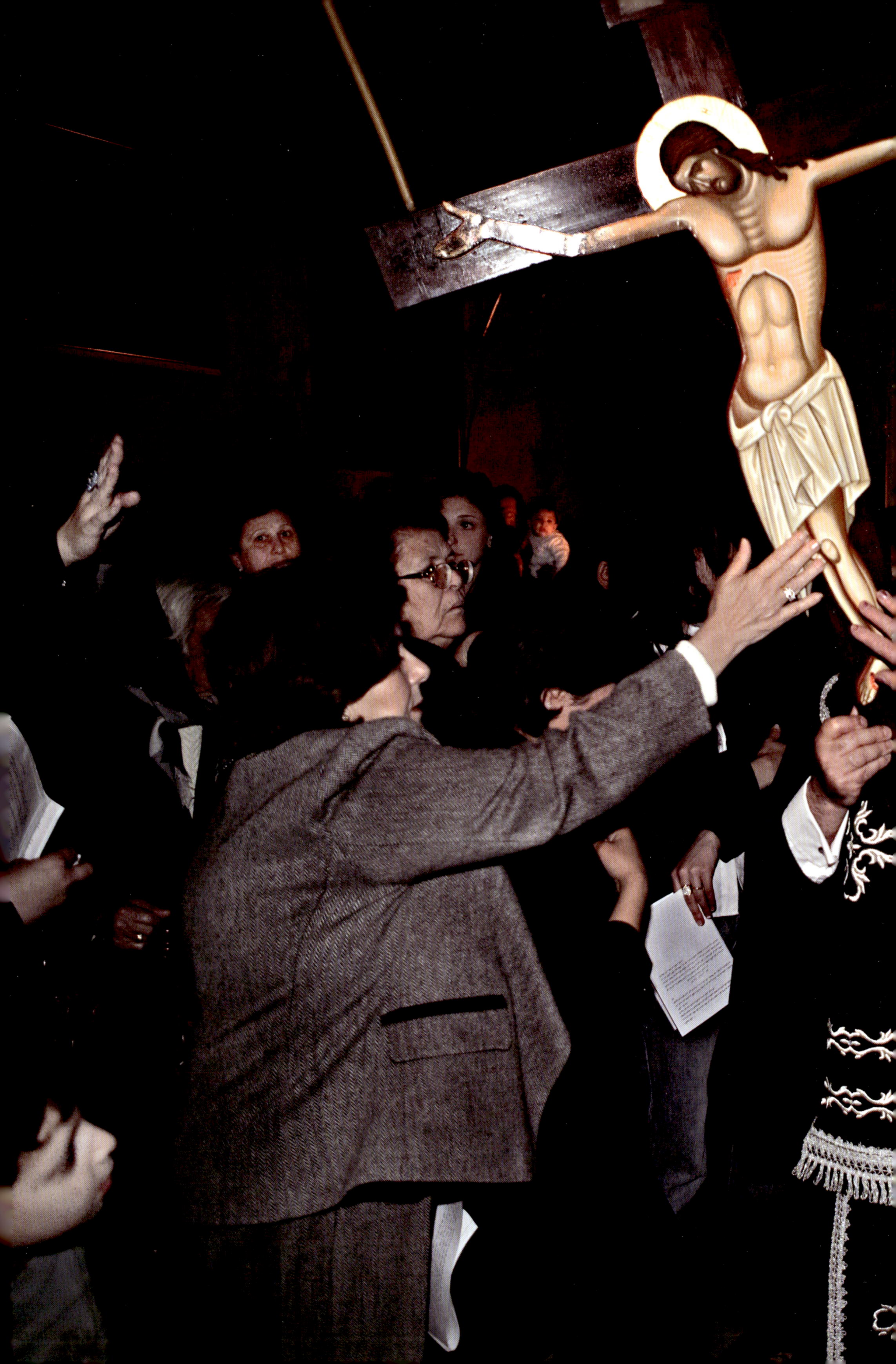

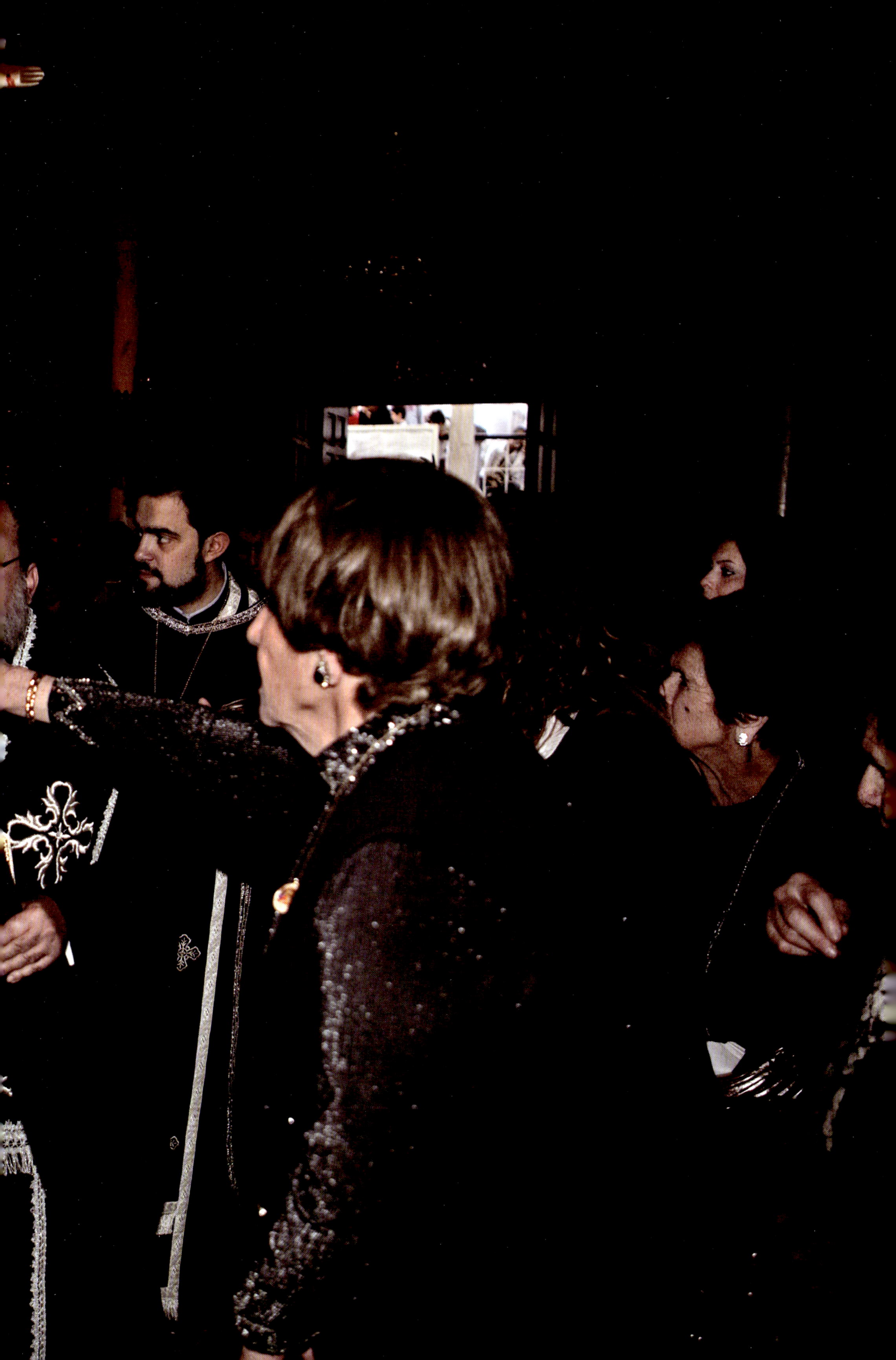

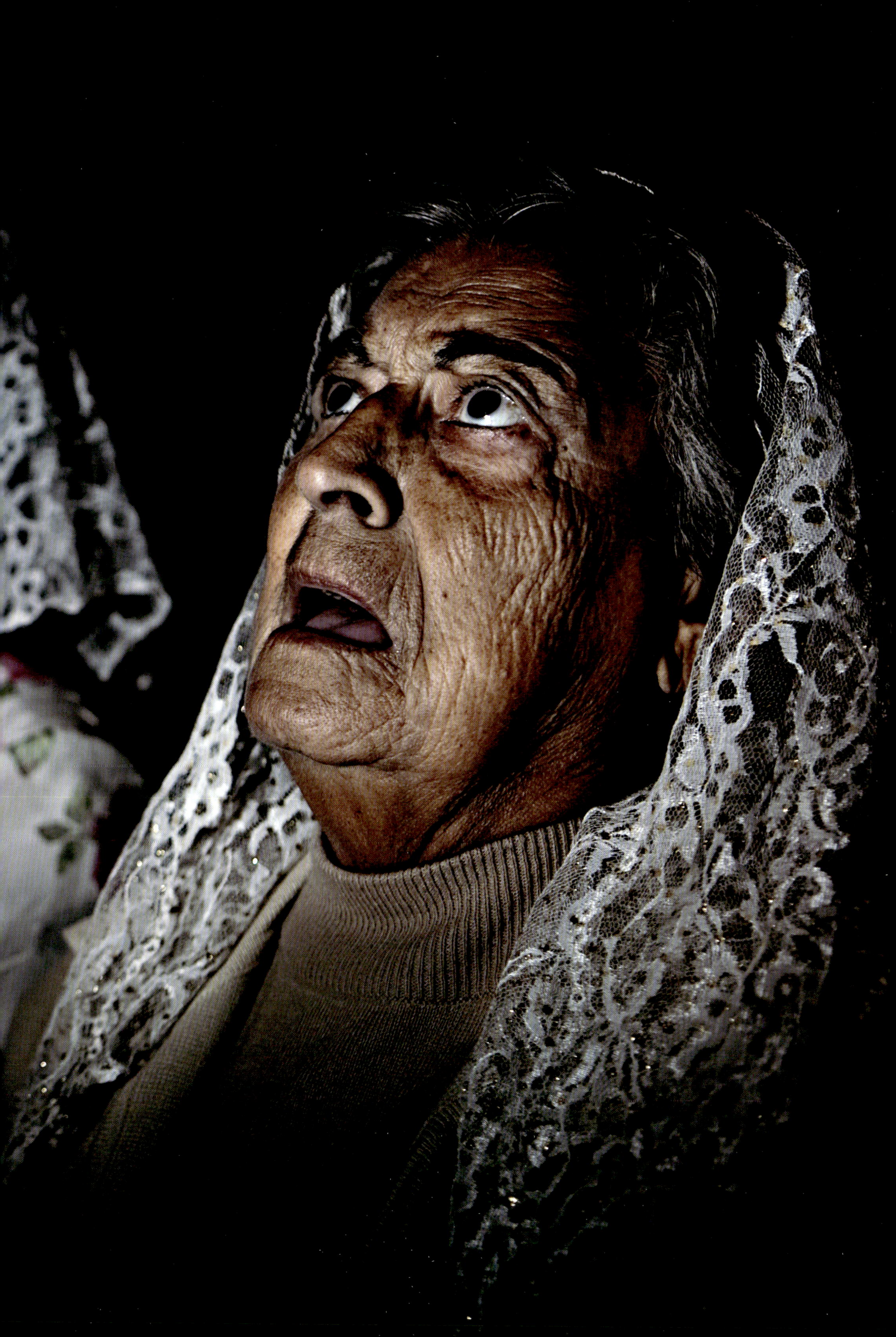

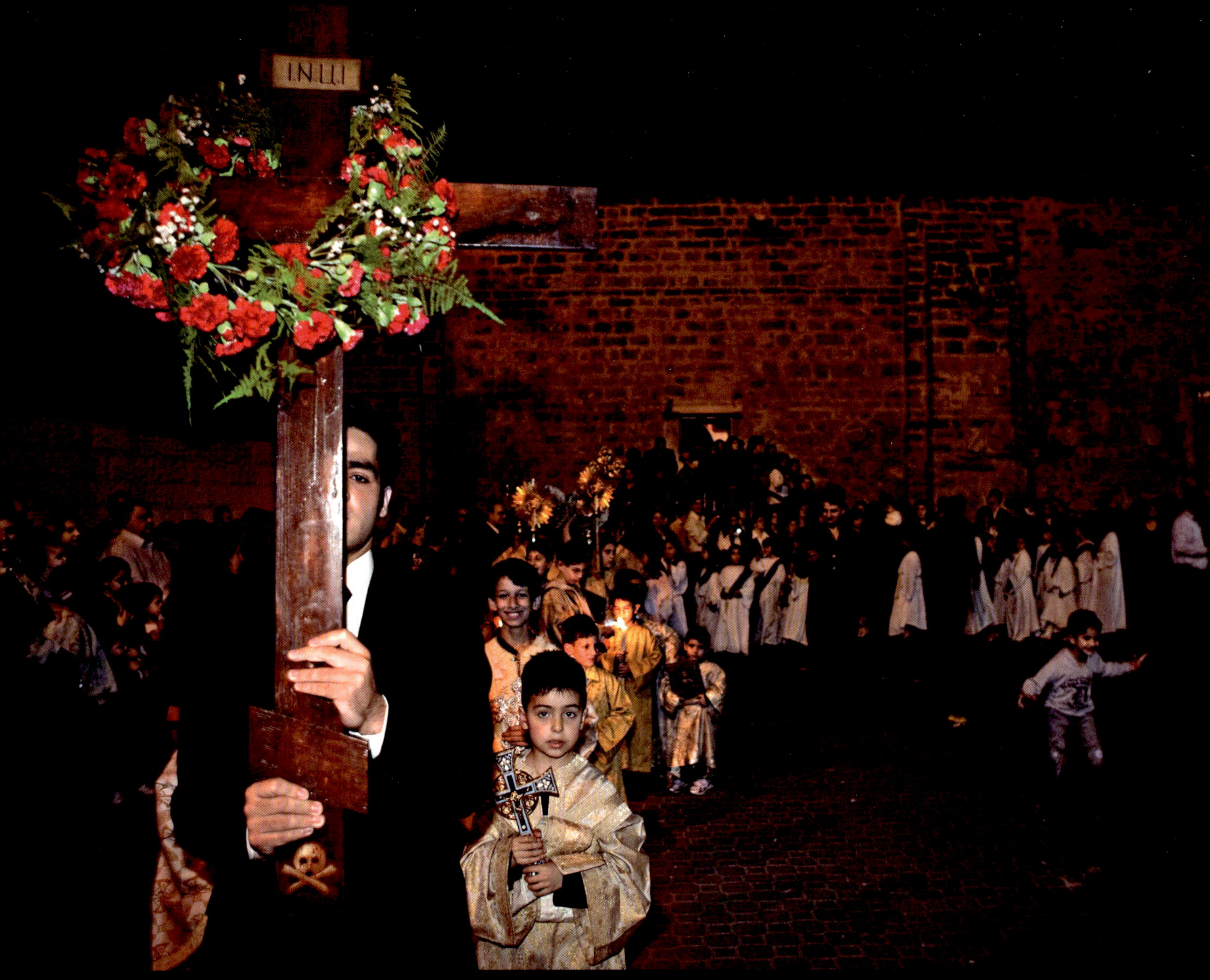

> Chiediamo alla Chiesa in tutto il mondo, alle comunità, ai sacerdoti e ai fedeli, di pregare per la pace in Terra Santa, perché noi continuiamo a credere nella forza della preghiera. Il Signore ha detto: vi do la mia pace. La pace che il mondo e i politici non possono dare, o che forse non vogliono dare. Quella solo lui ce la dà. Questa pace significa serenità, fede, amore e rispetto per tutti.

Mons. Fouad Twal
Patriarca latino di Gerusalemme

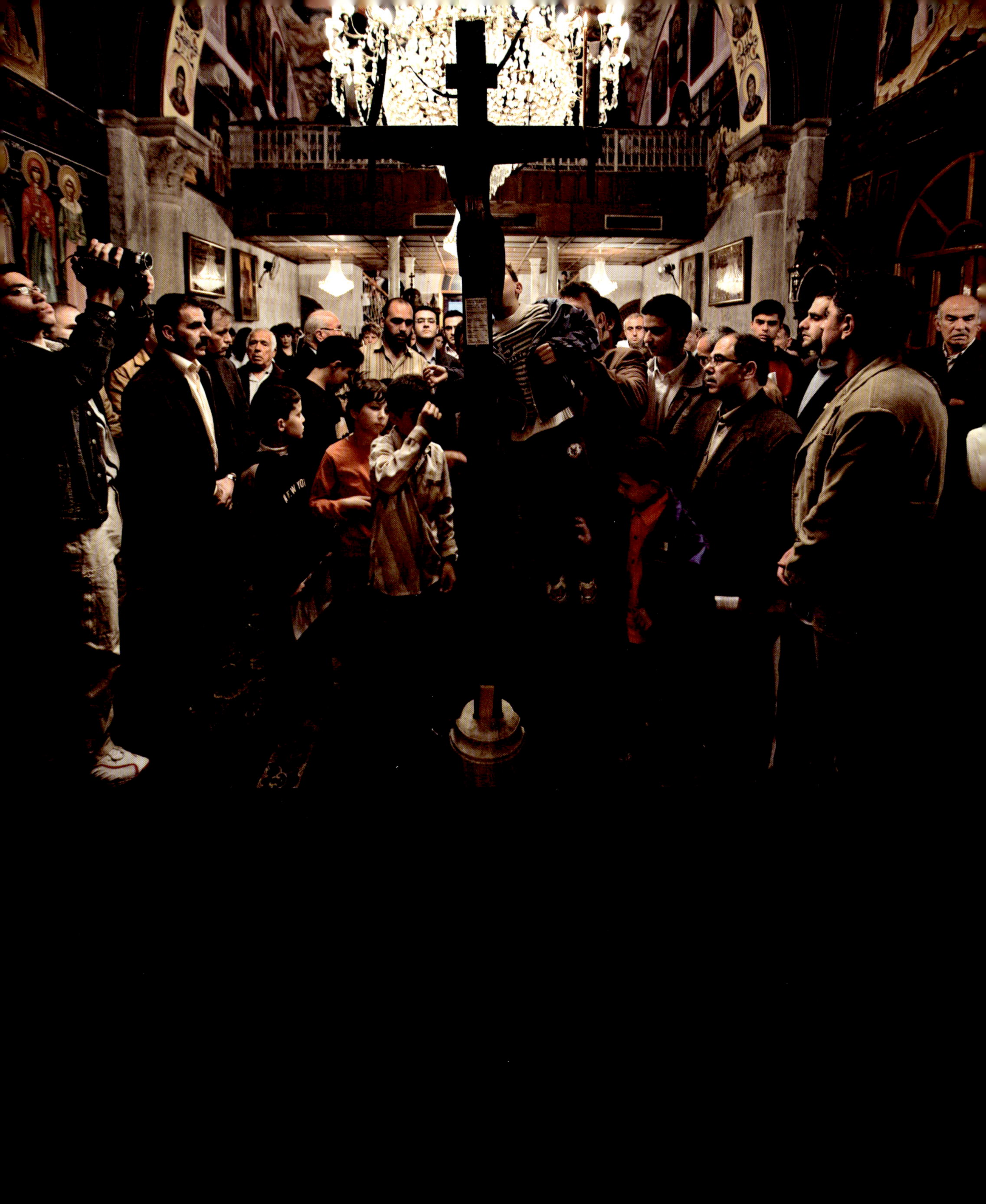

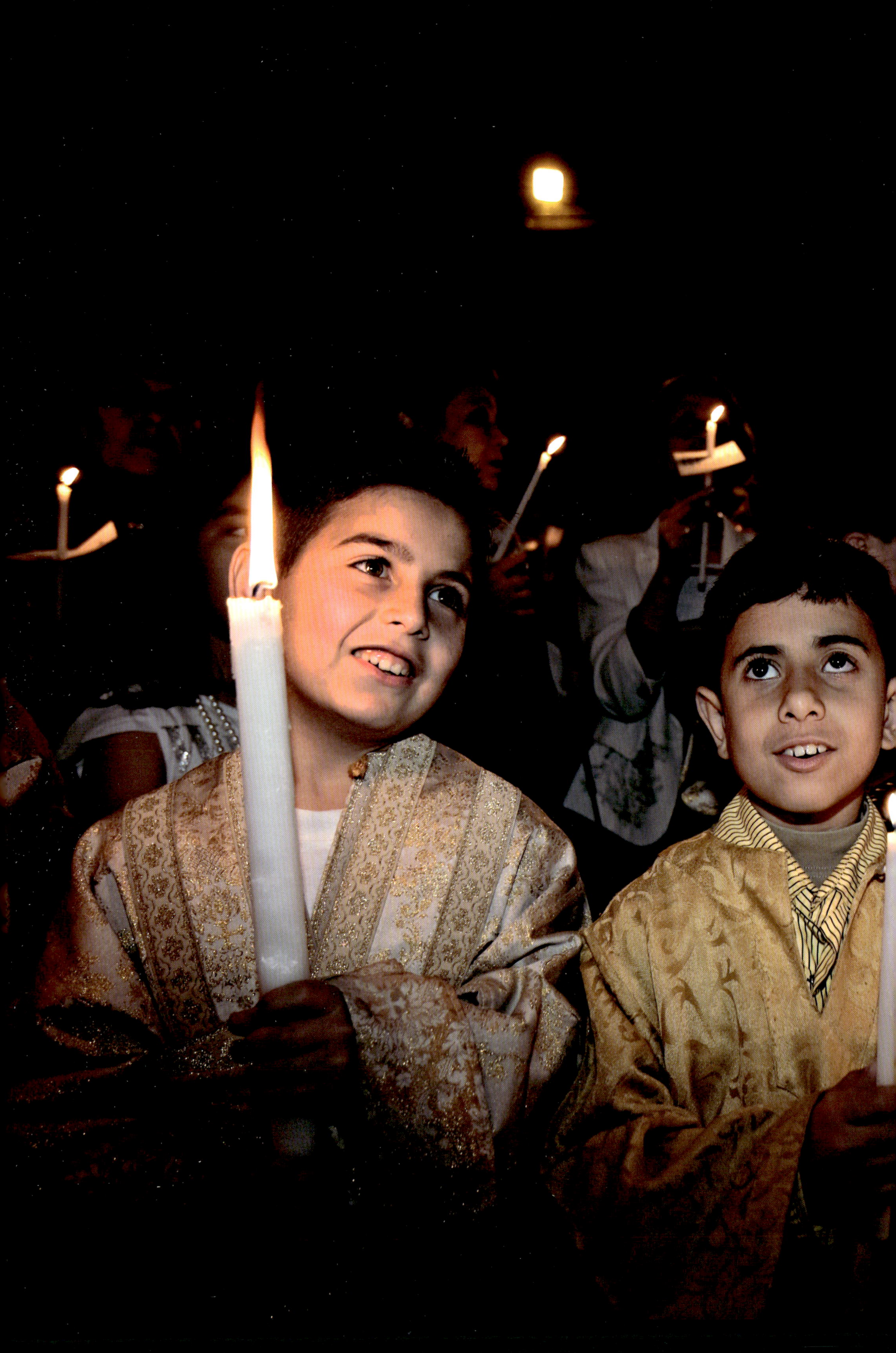

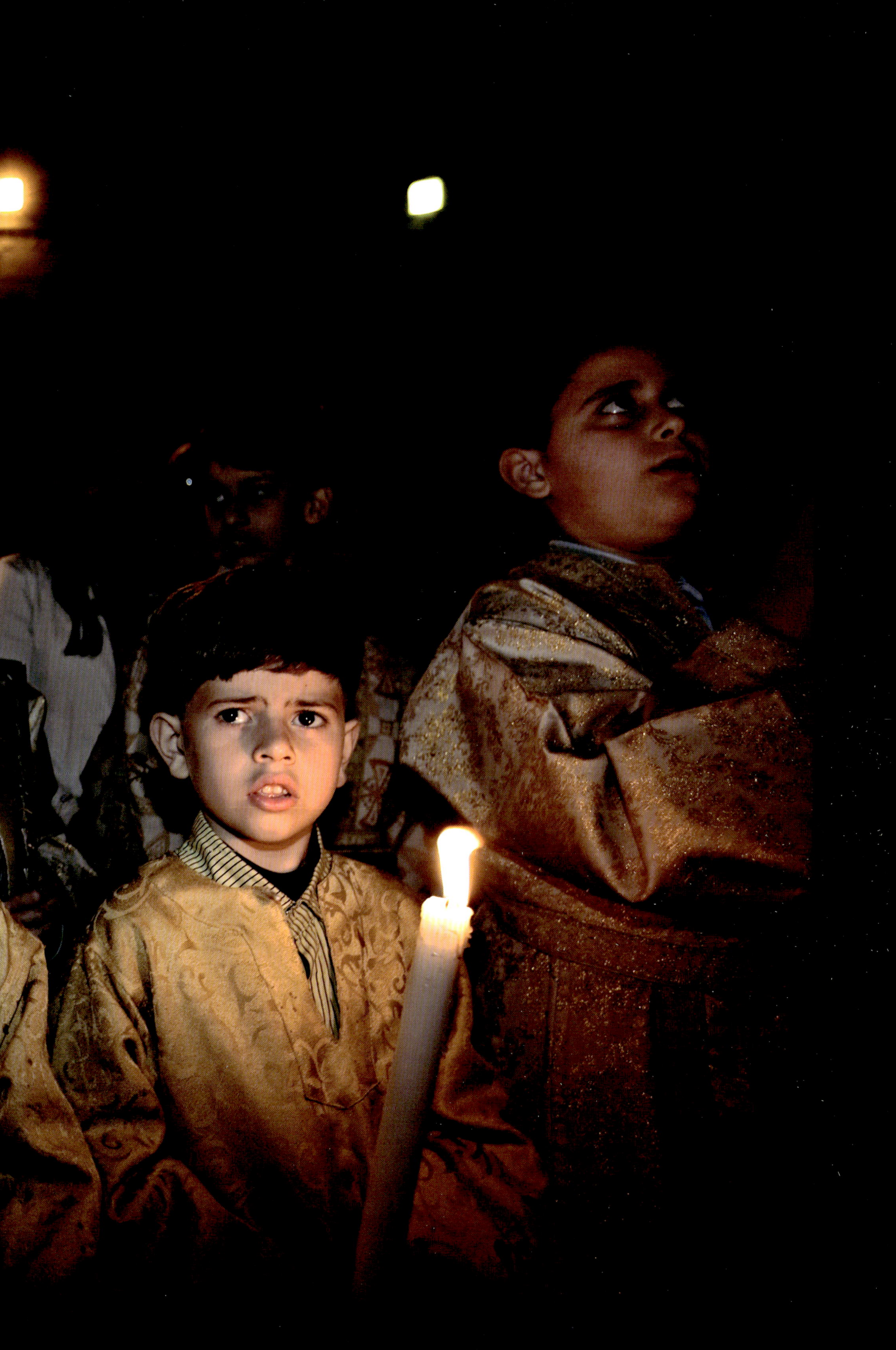

MEDIO ORIENTE

Iran

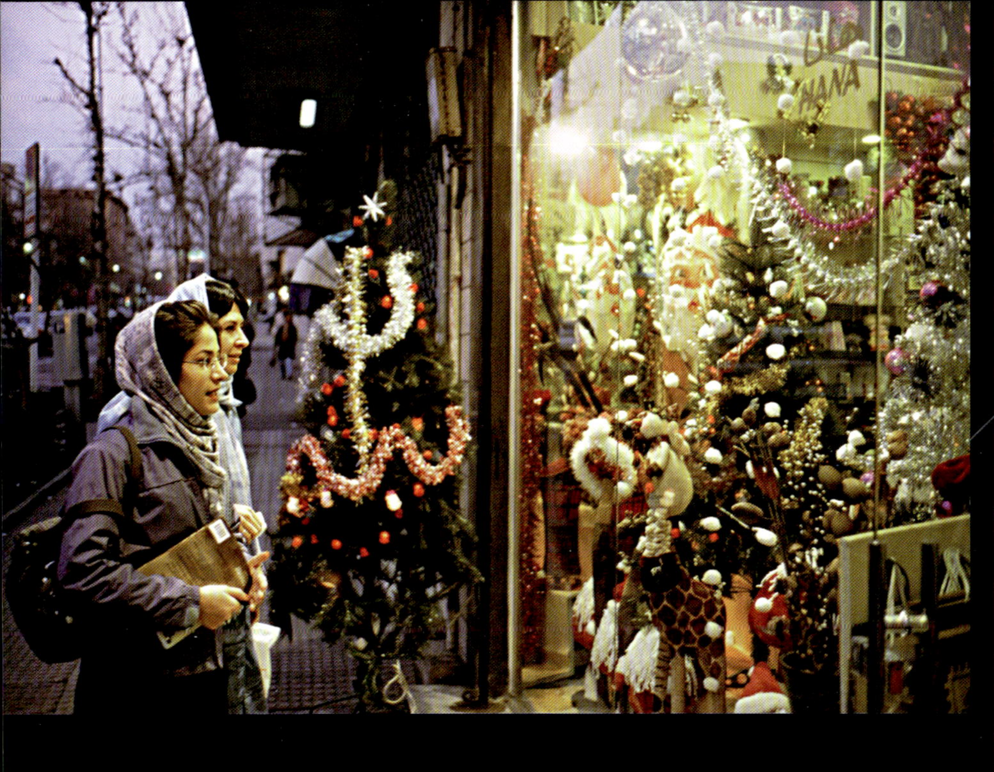

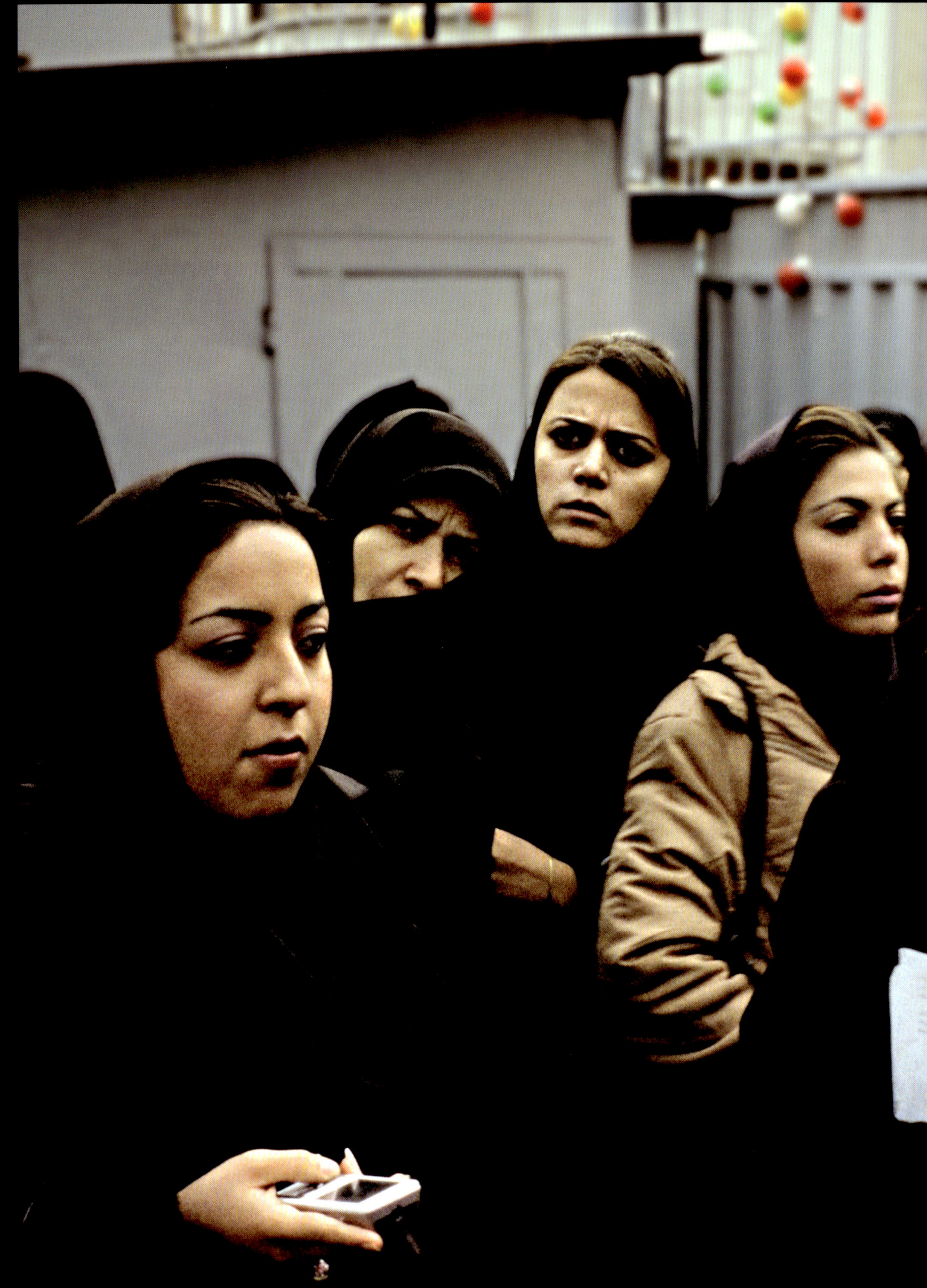

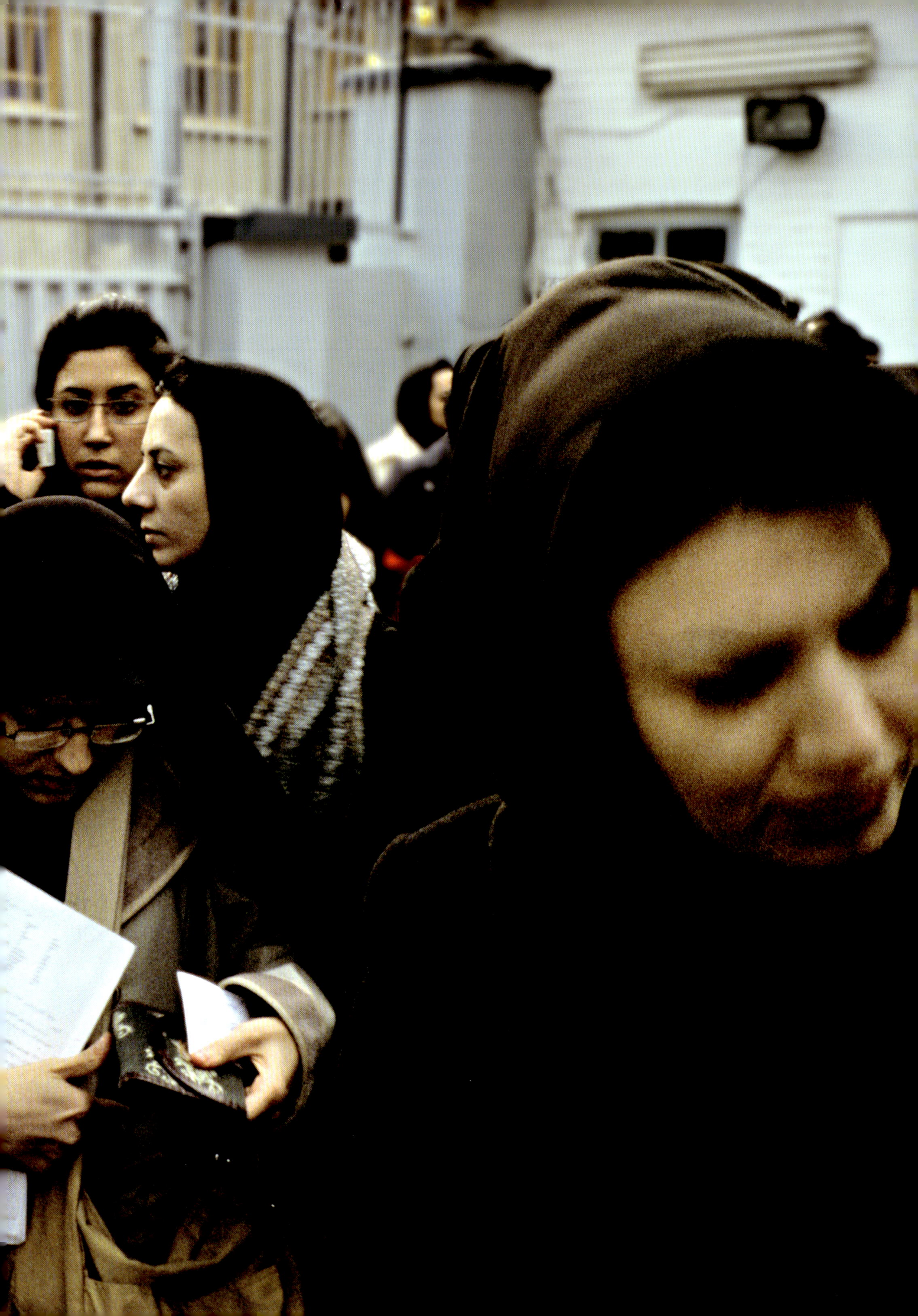

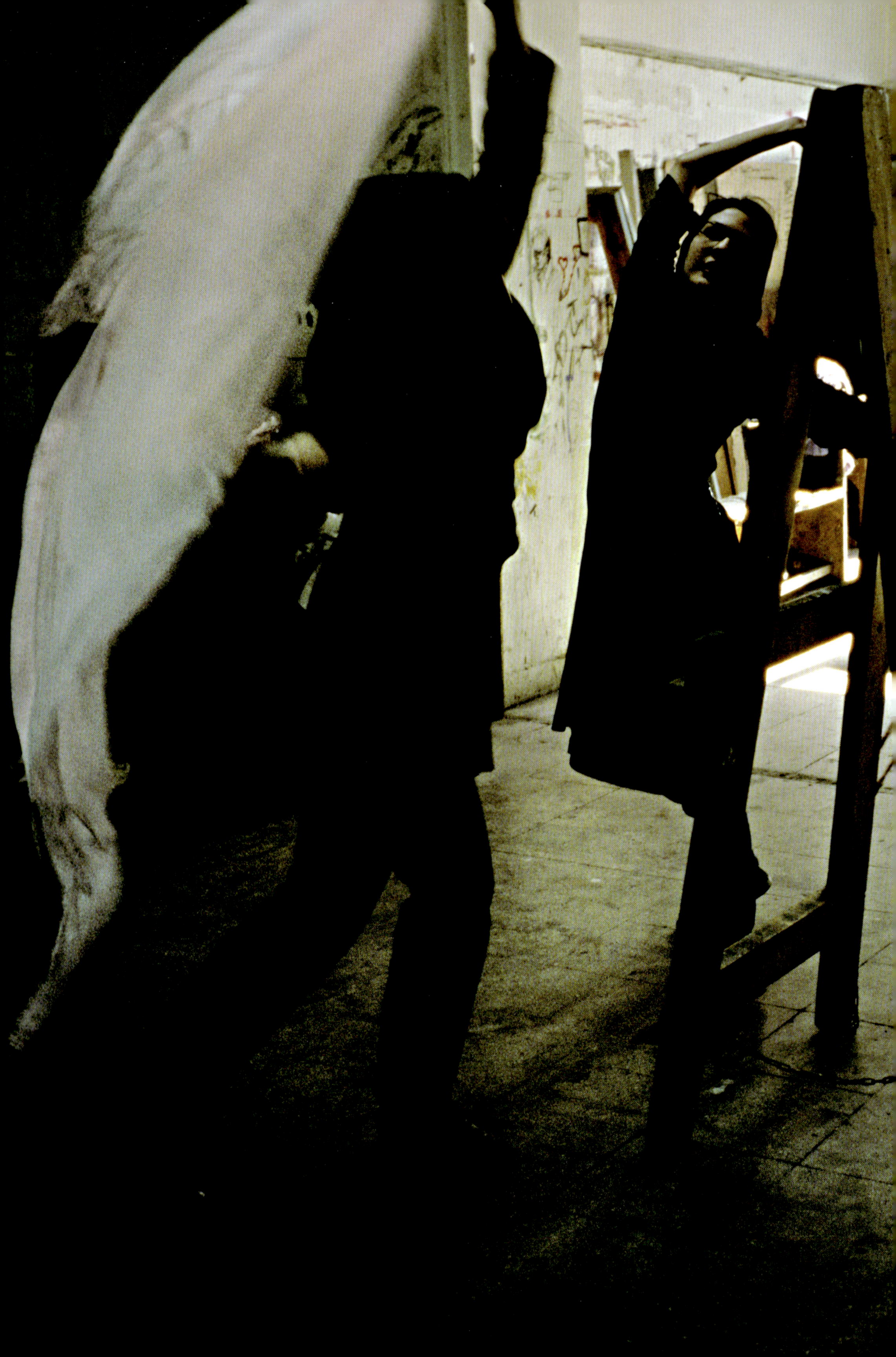

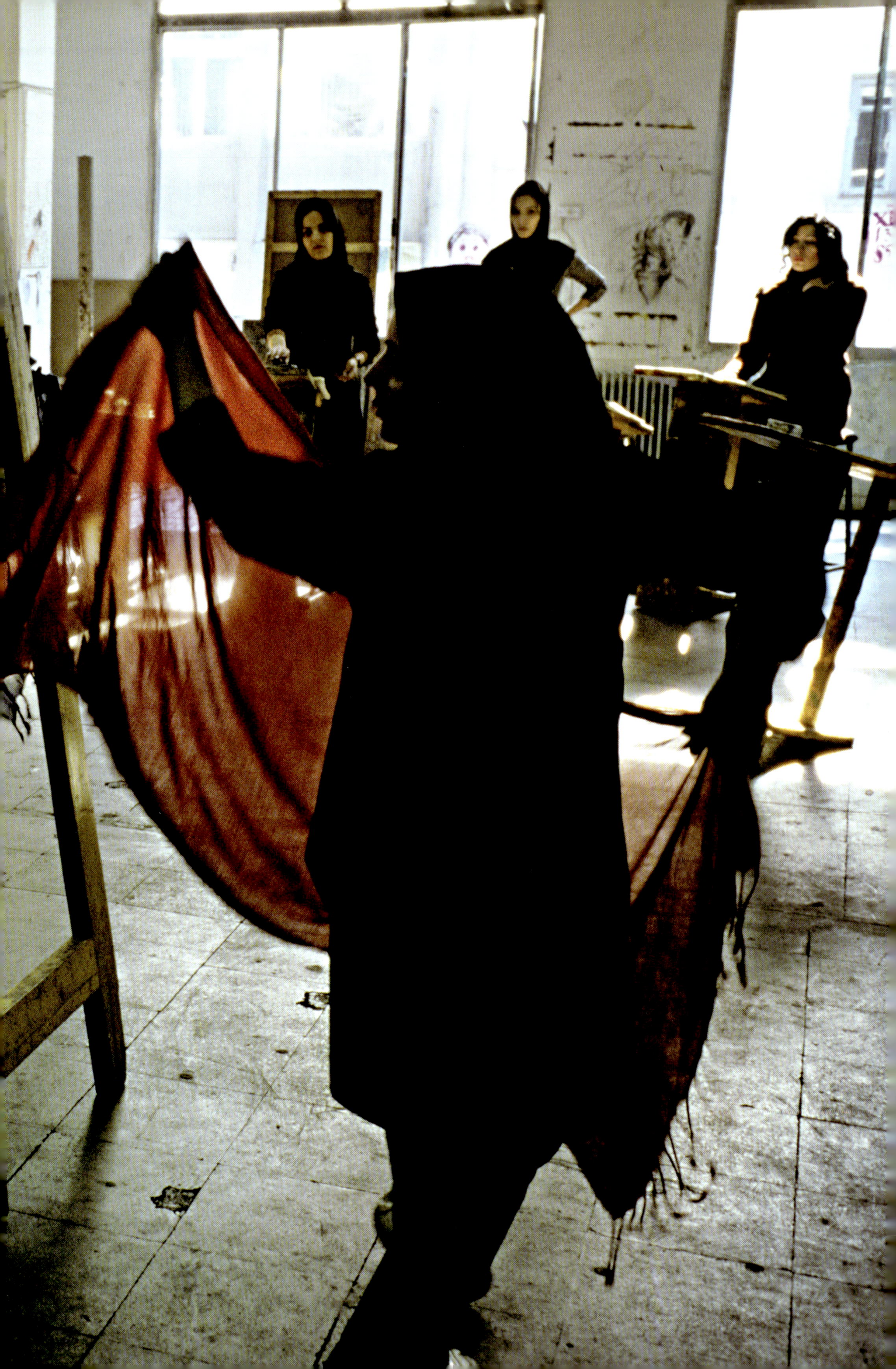

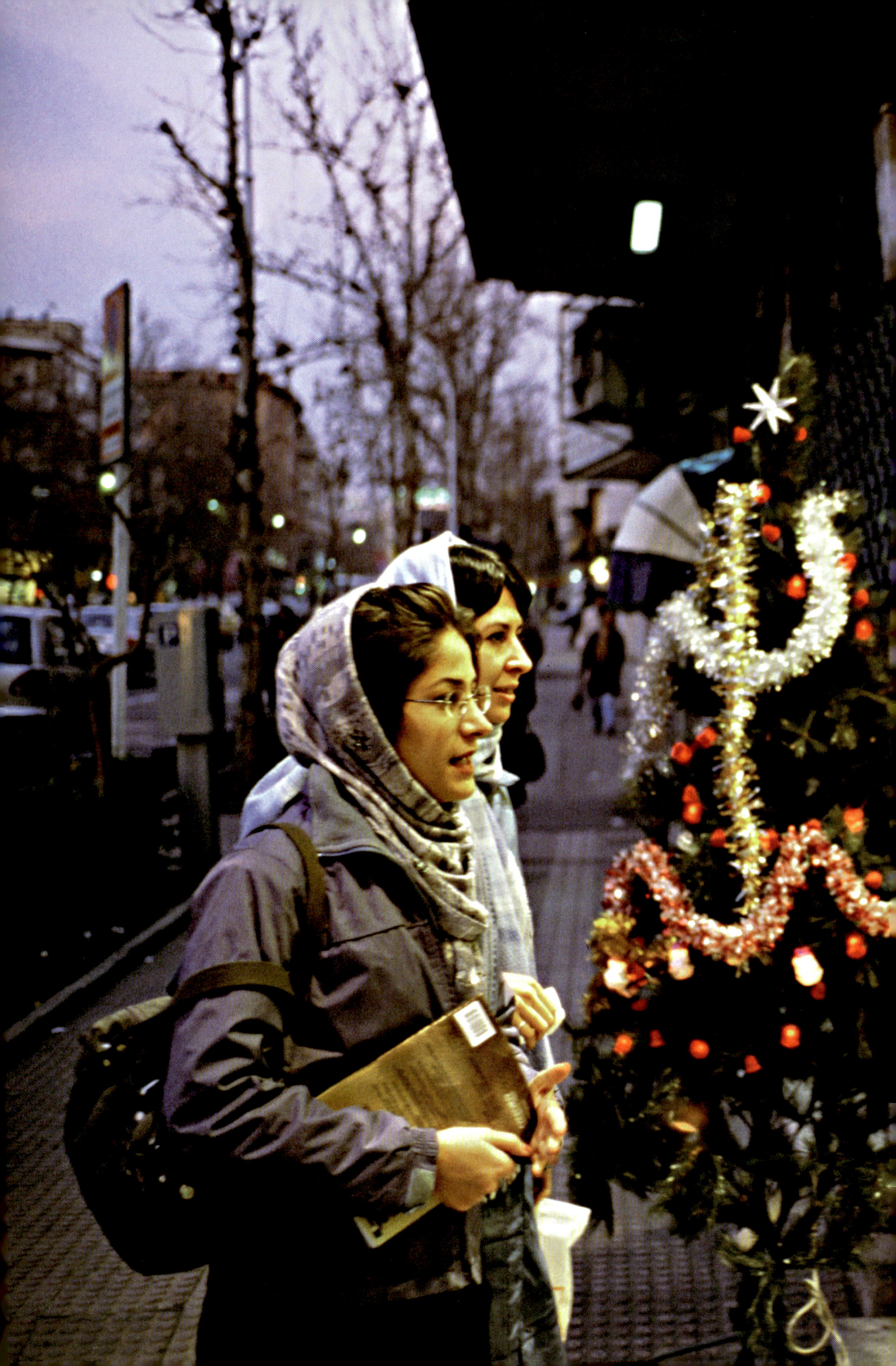

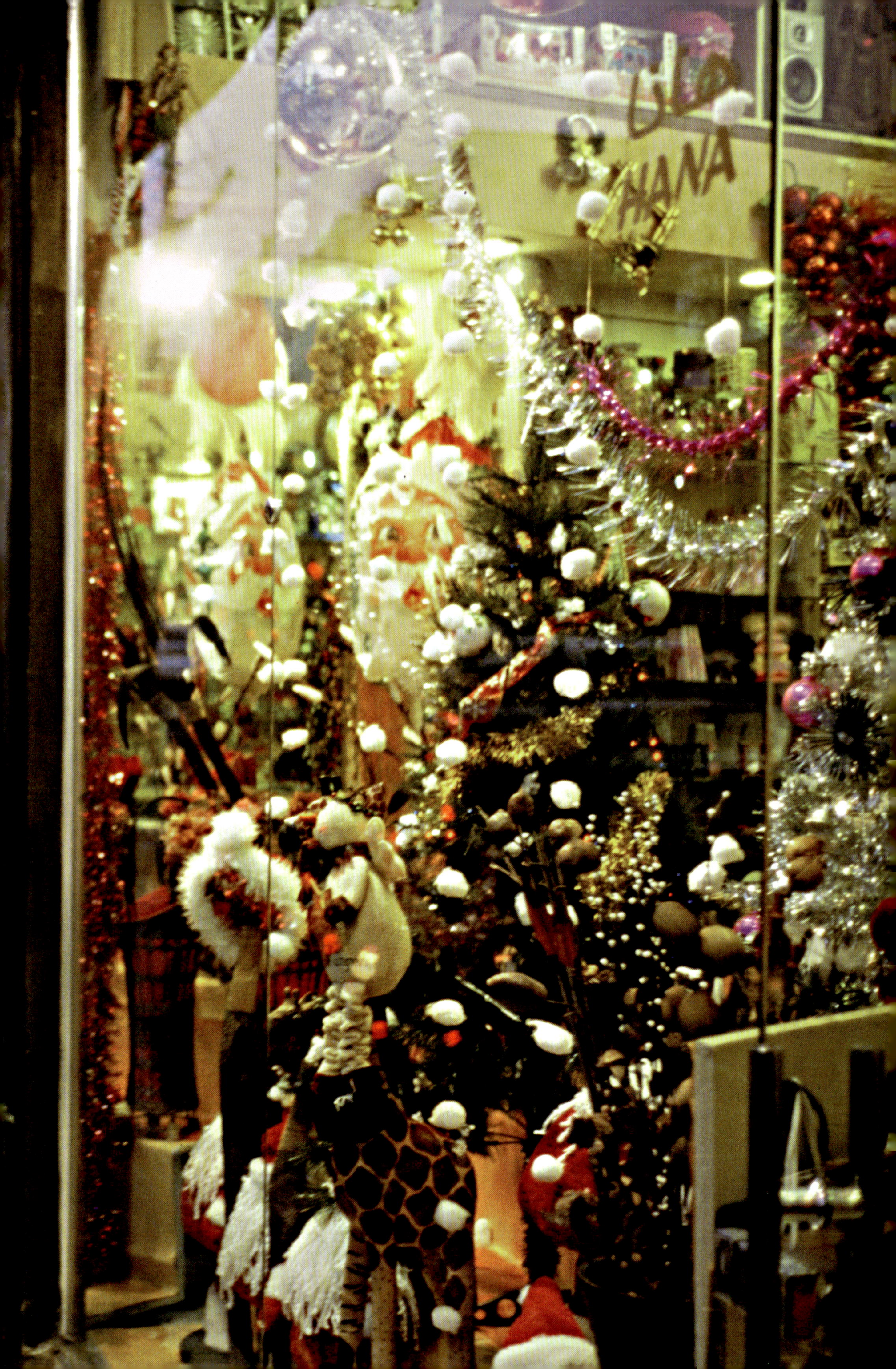
HANA

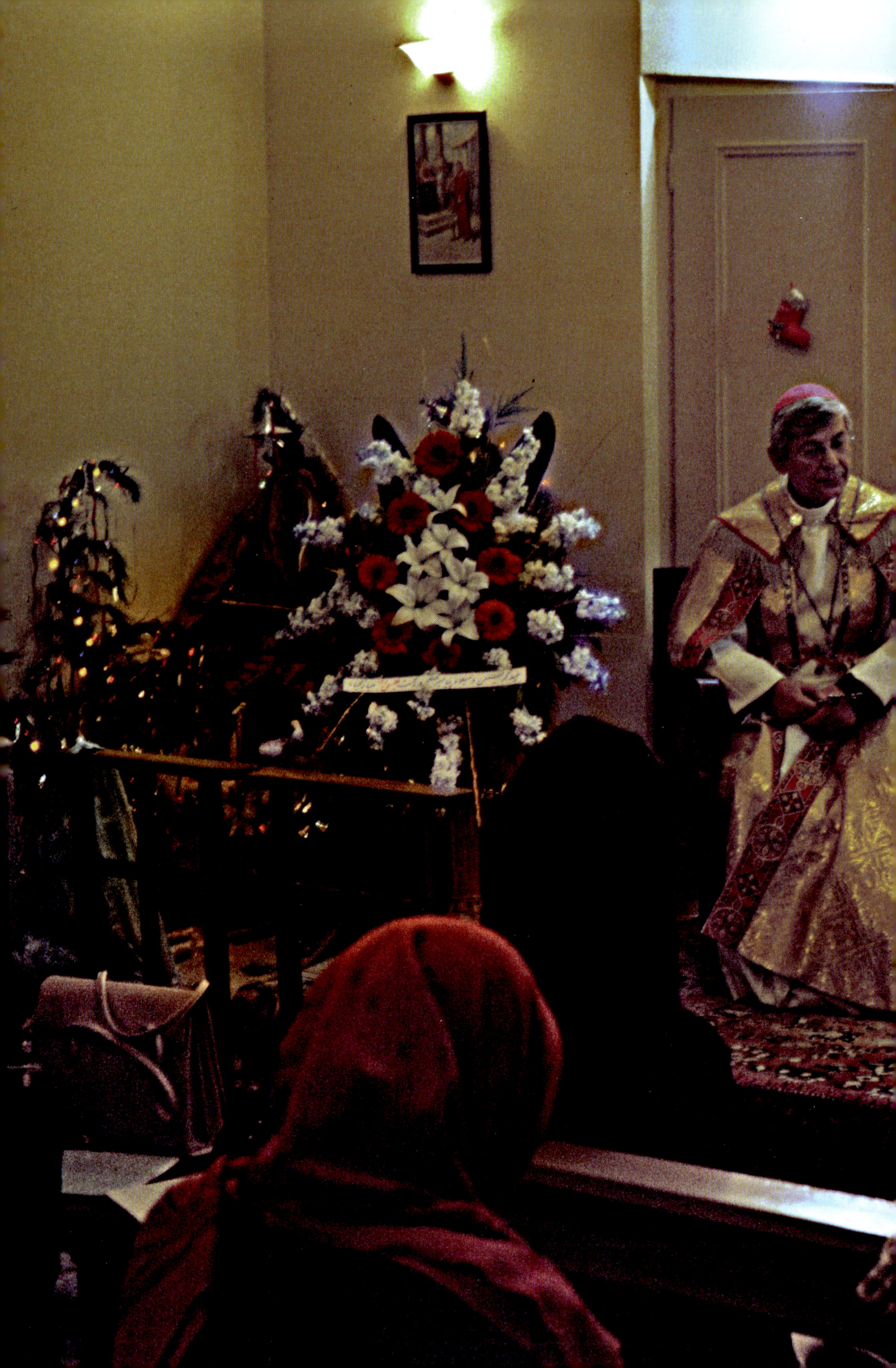

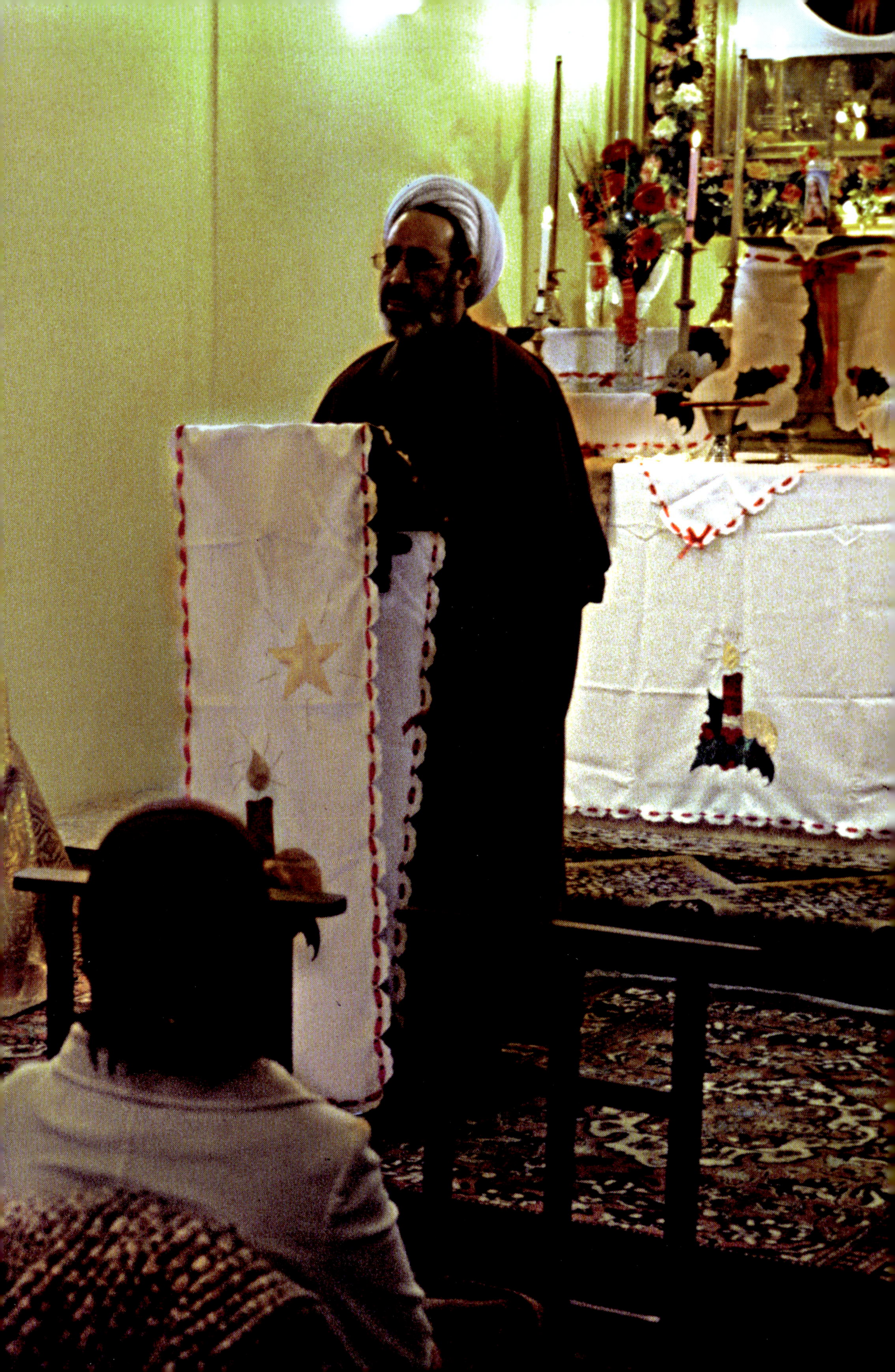

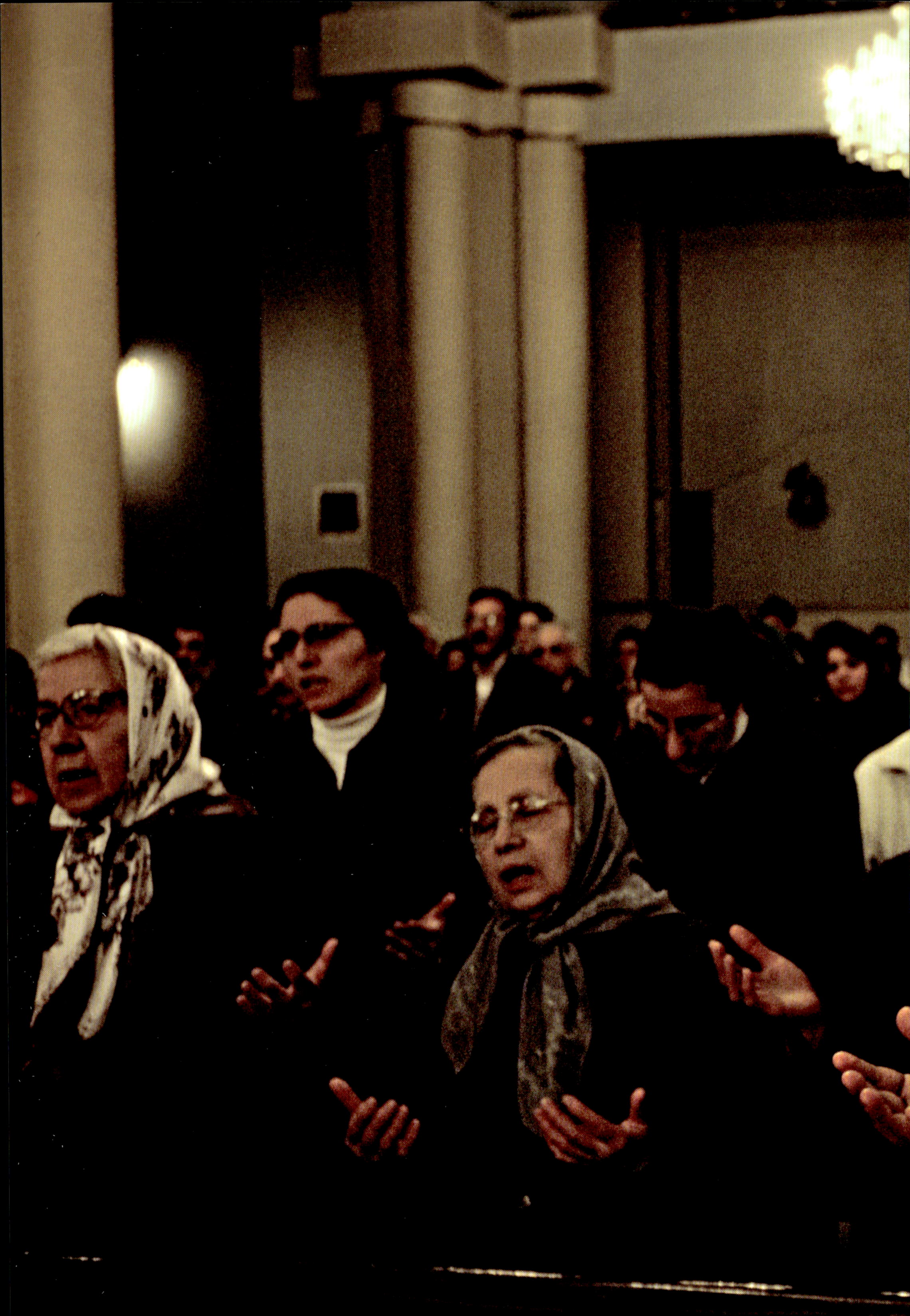

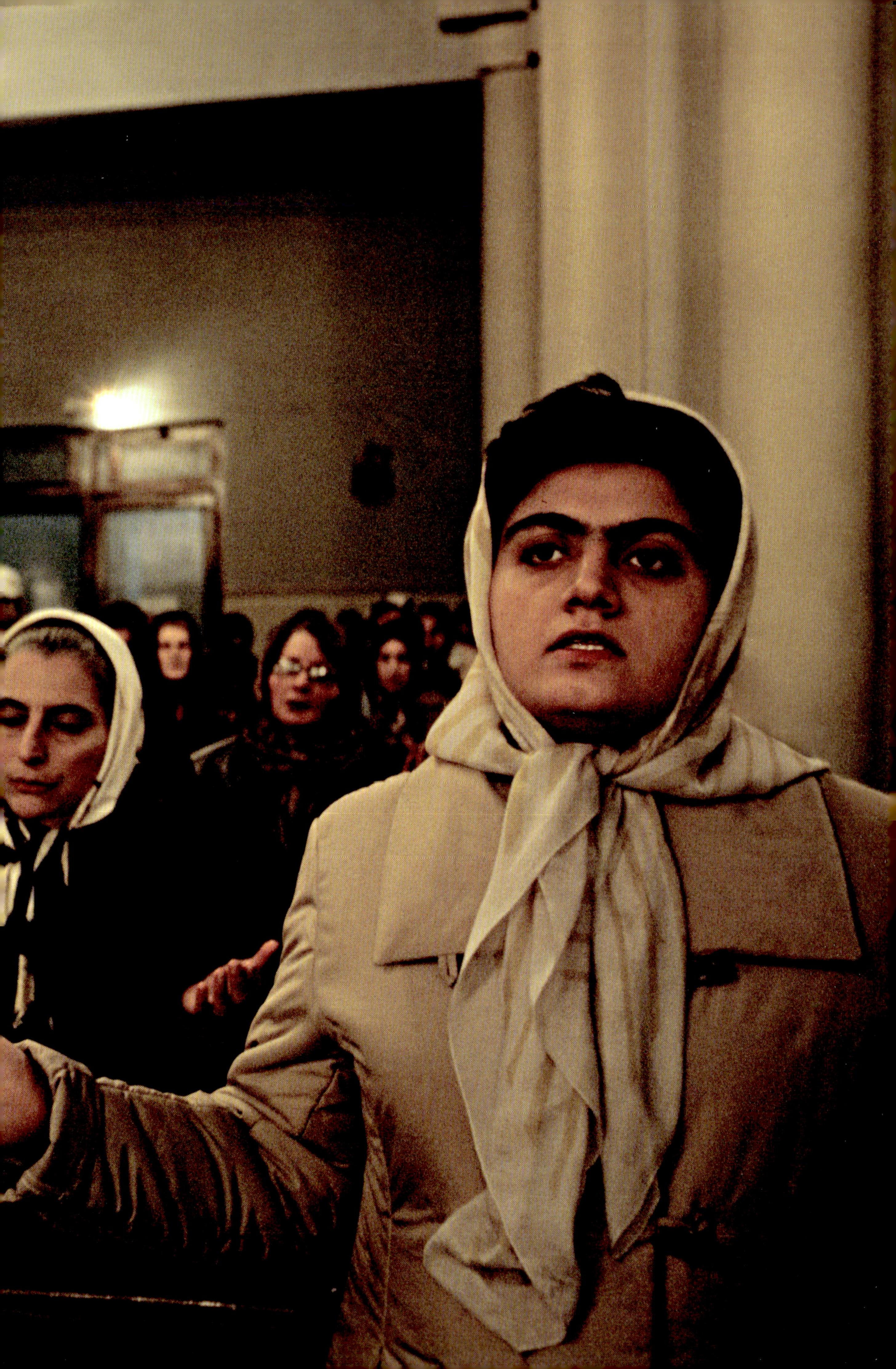

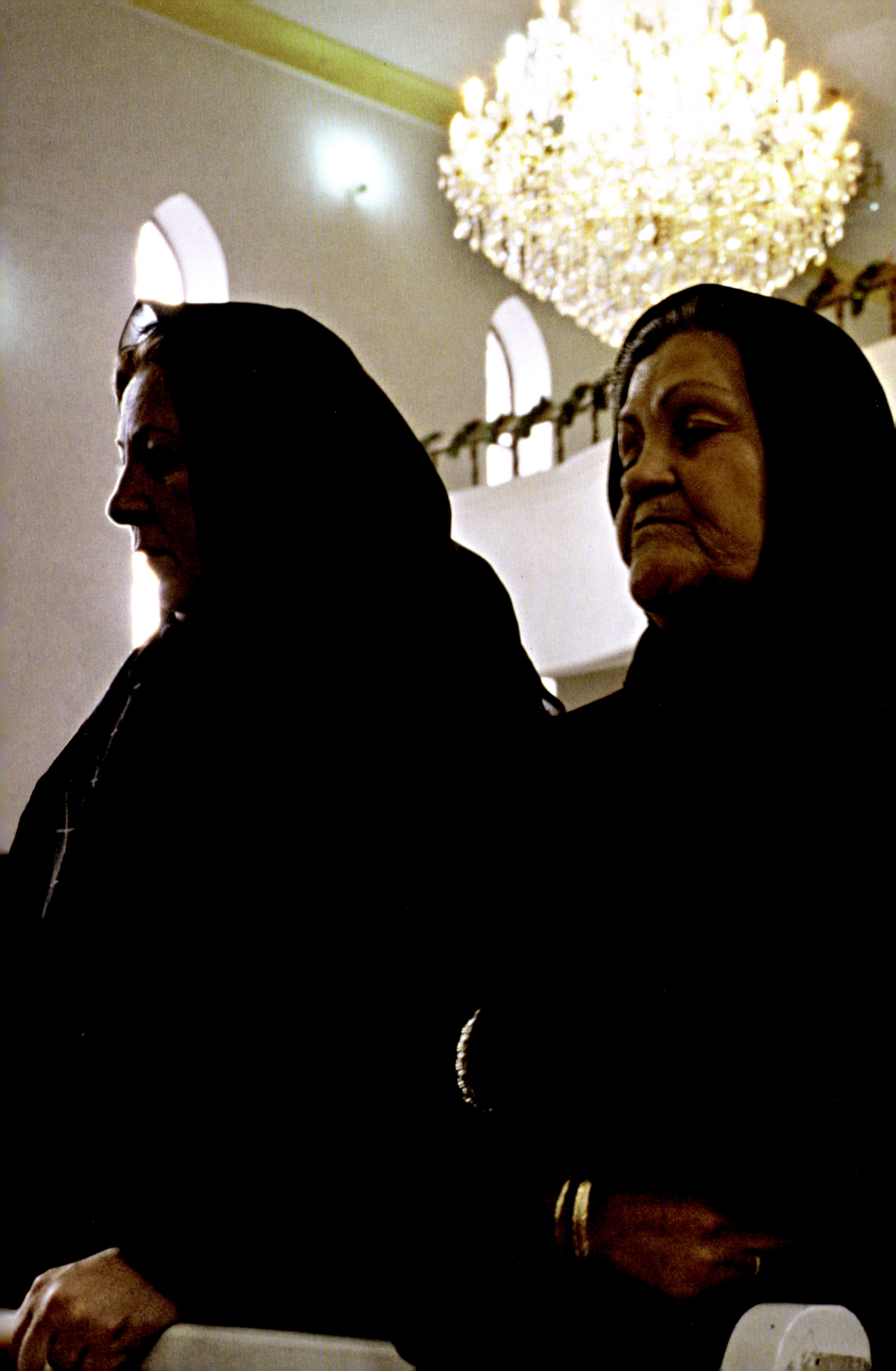

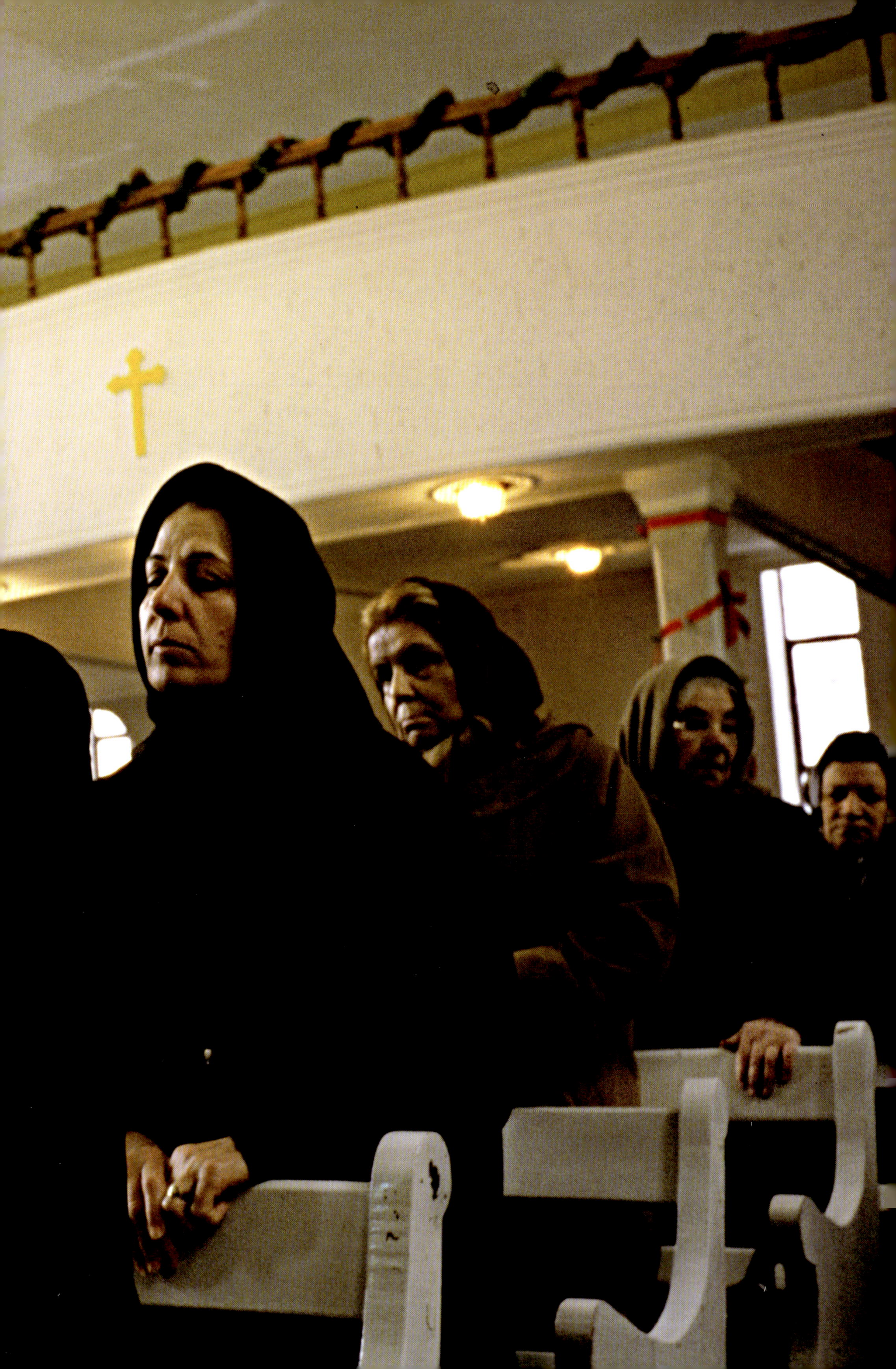

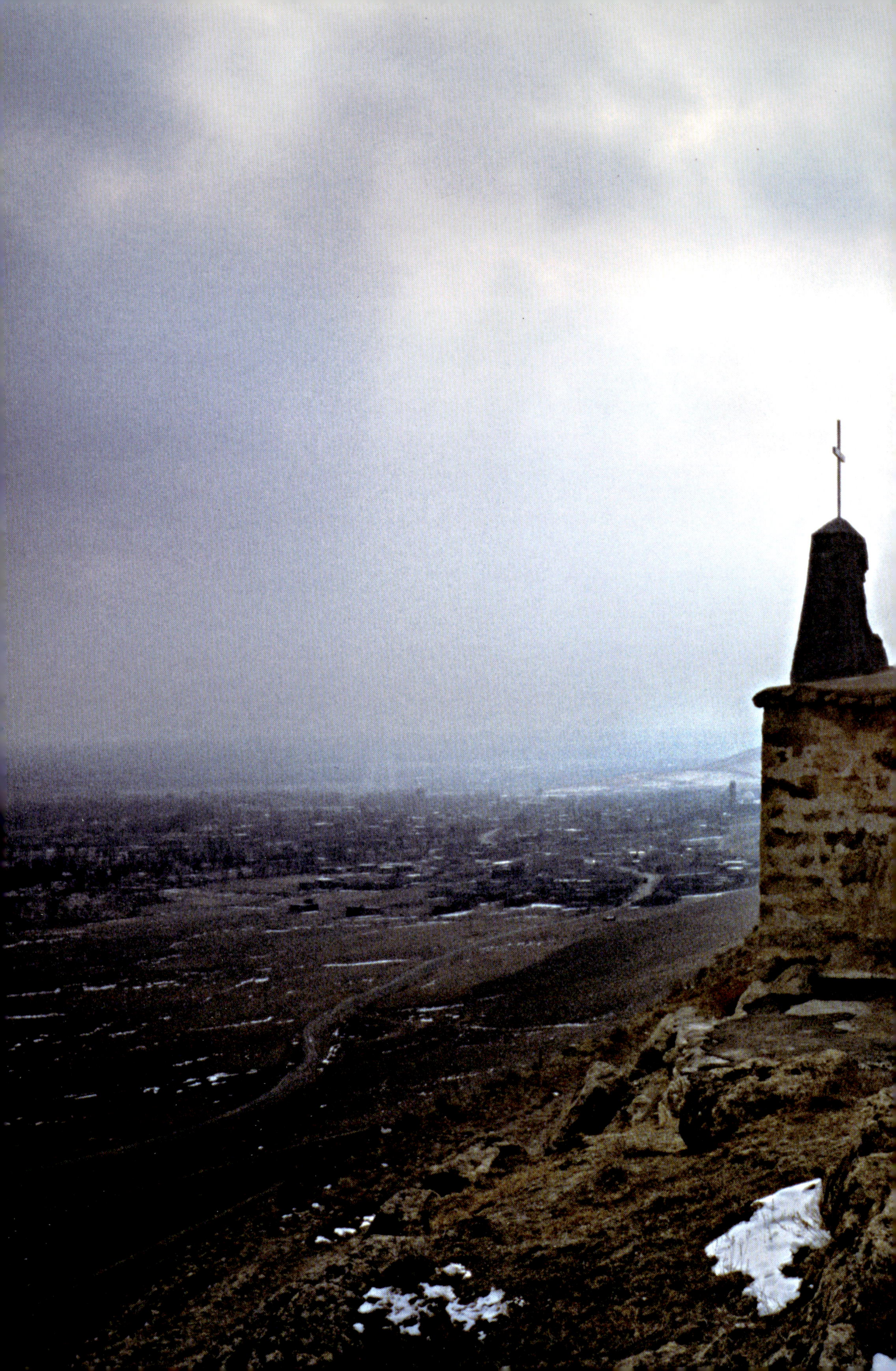

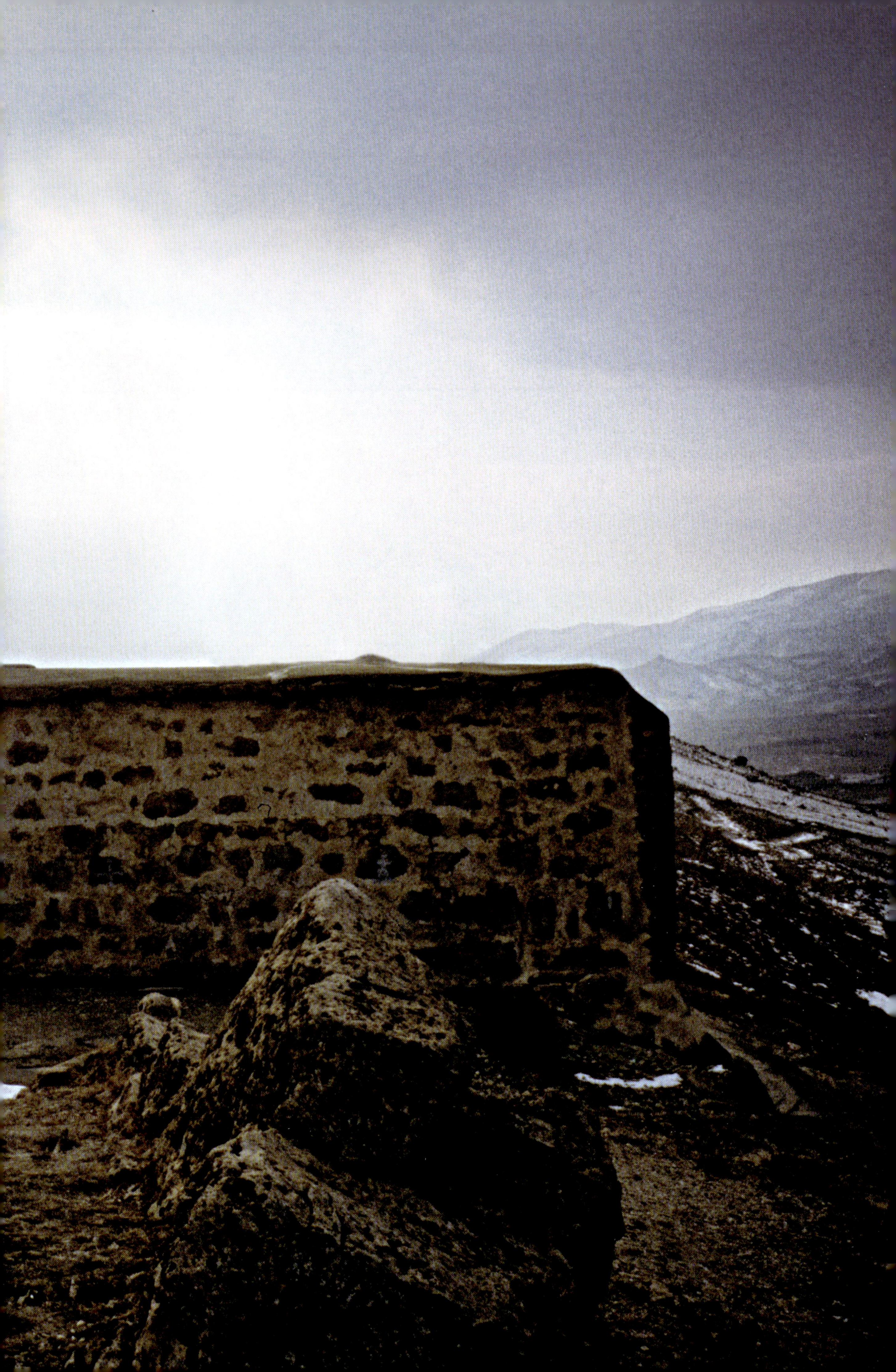

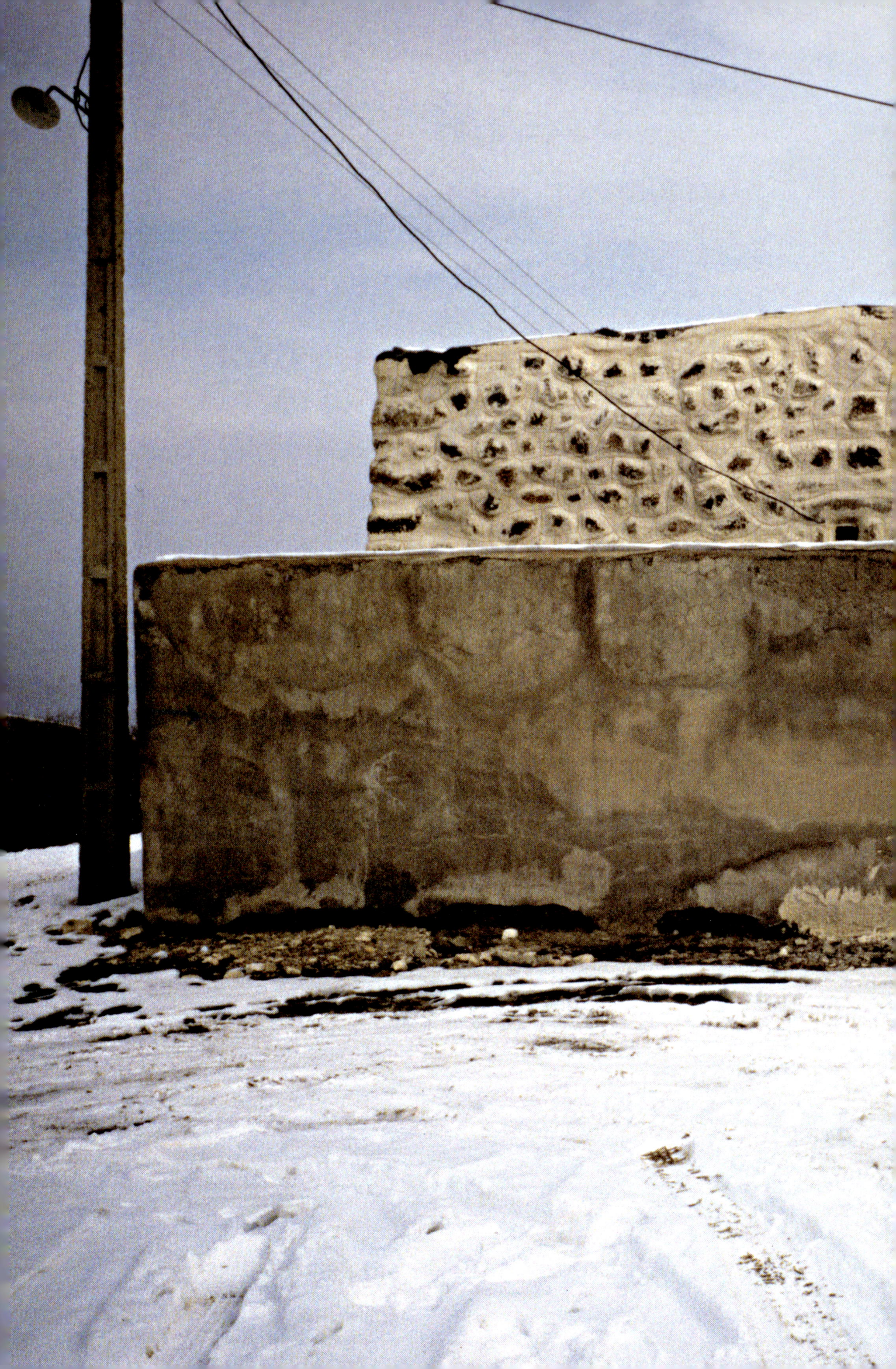

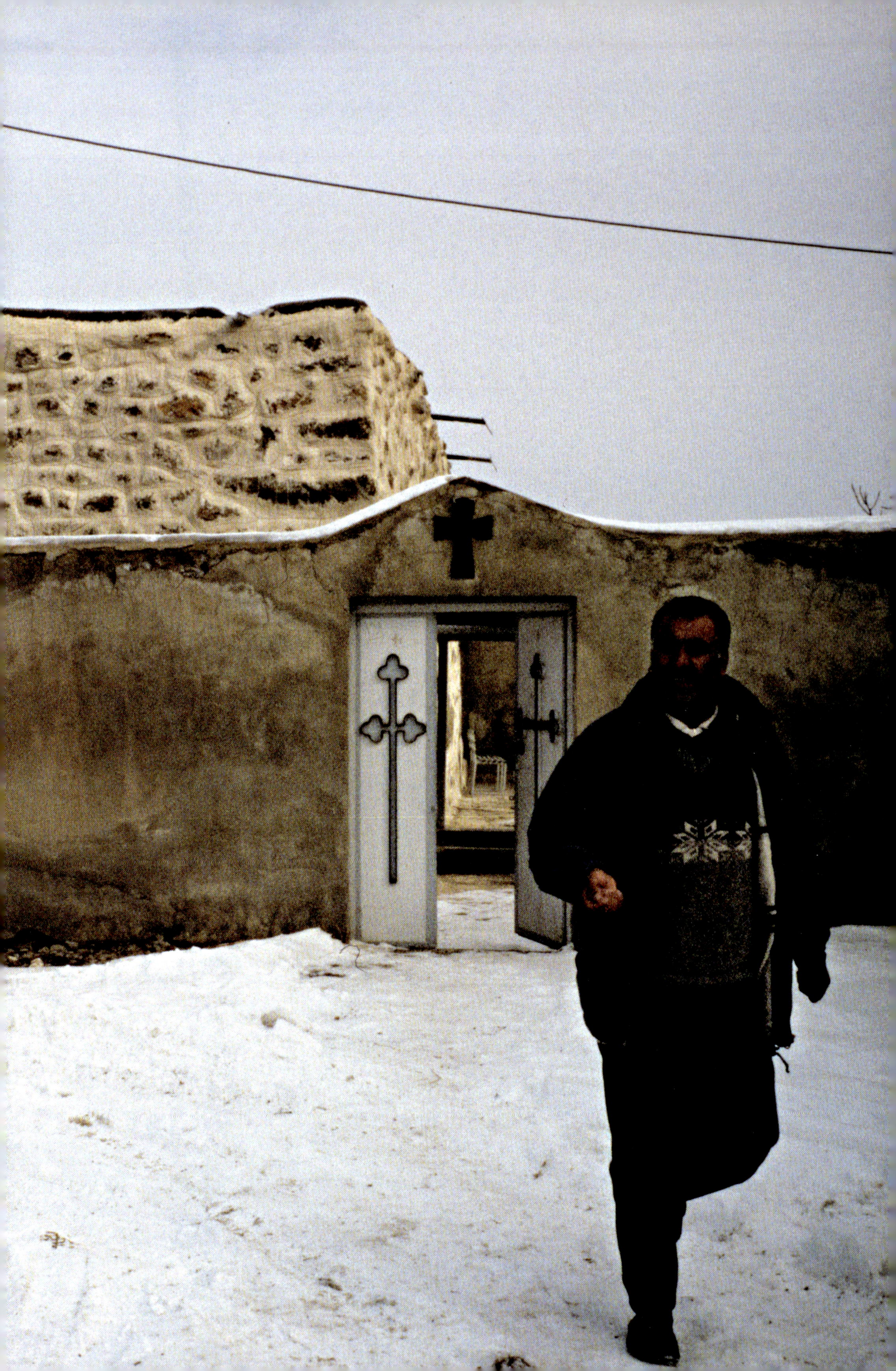

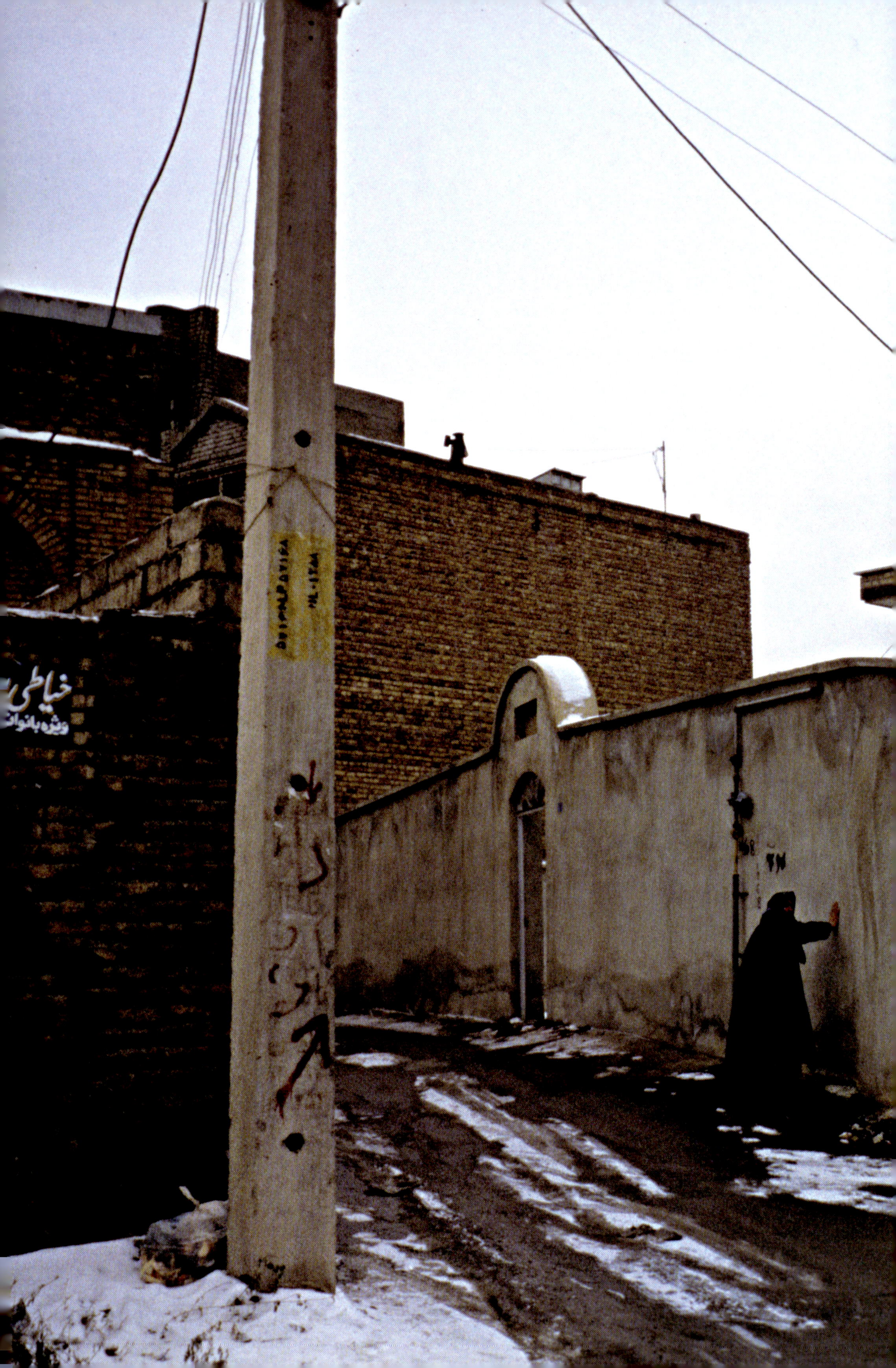
خیاطی

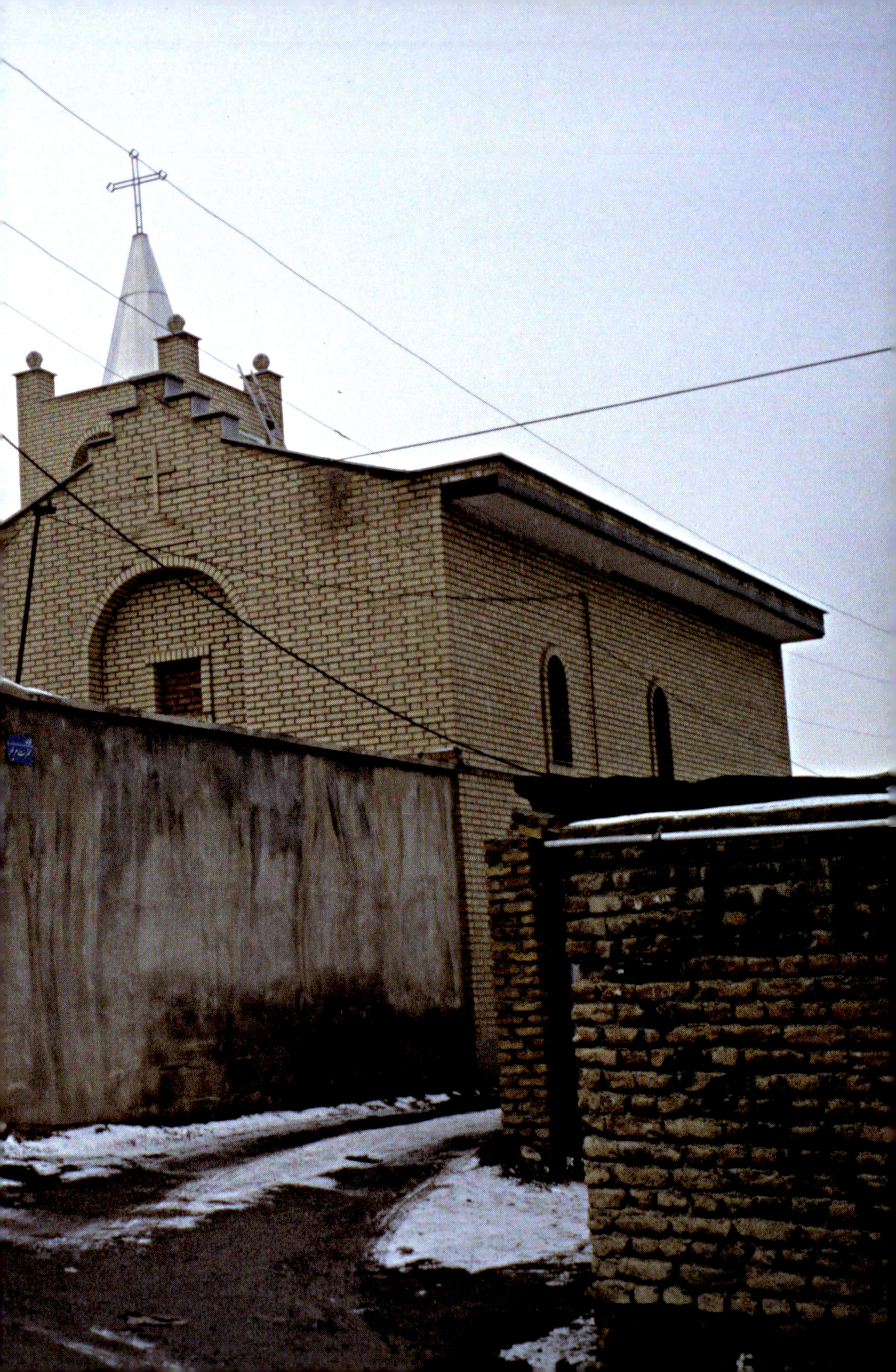

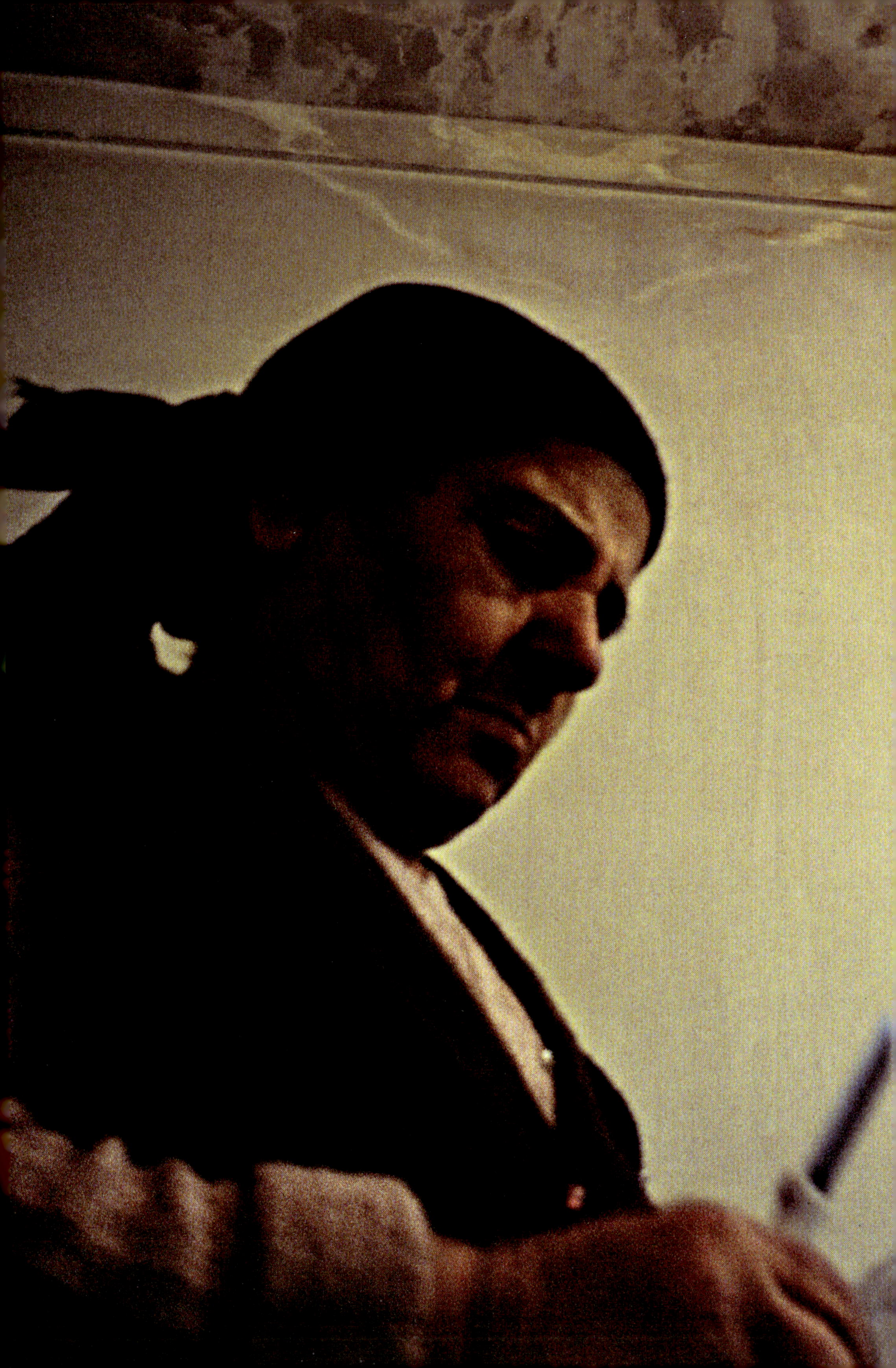

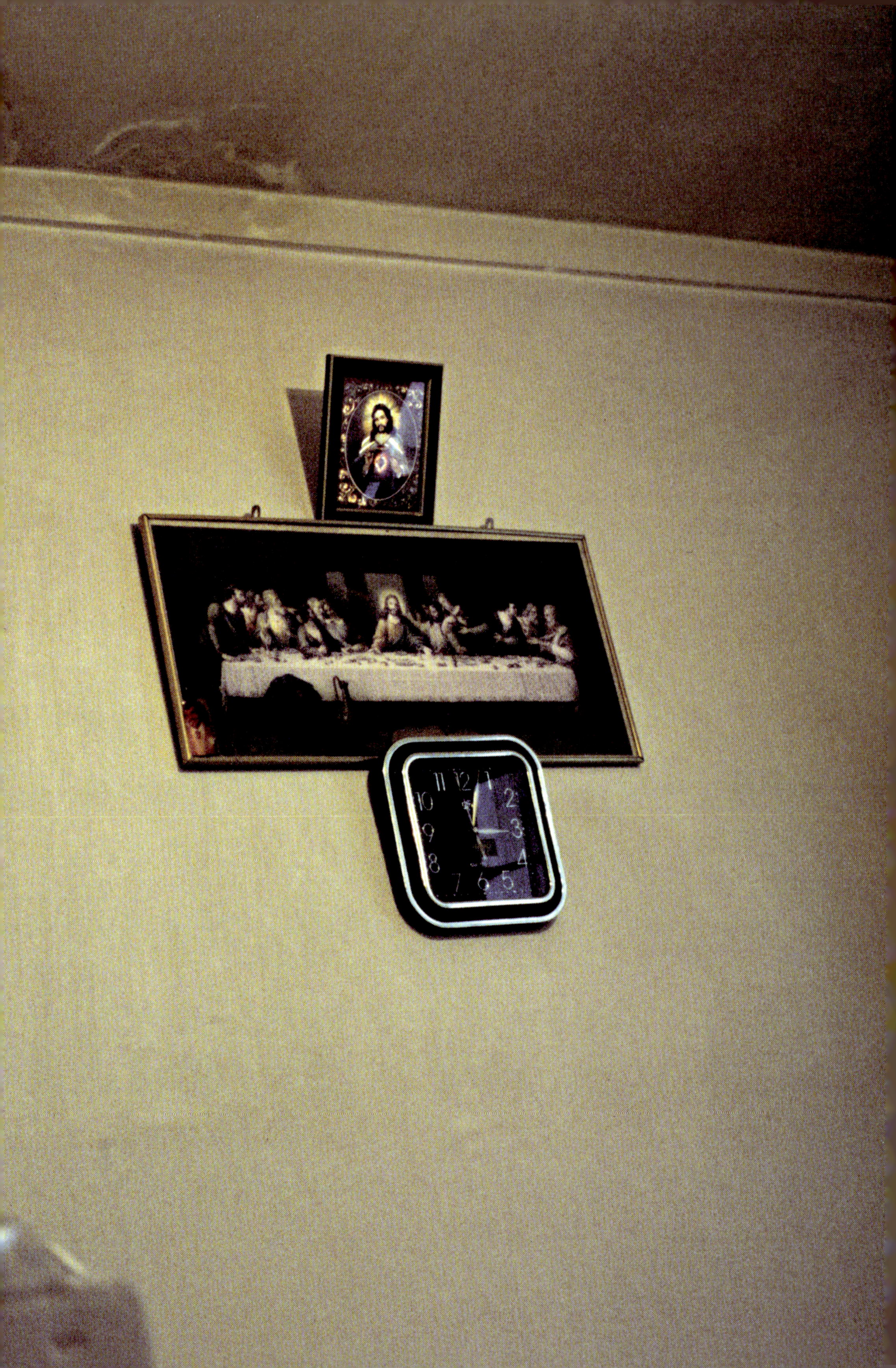

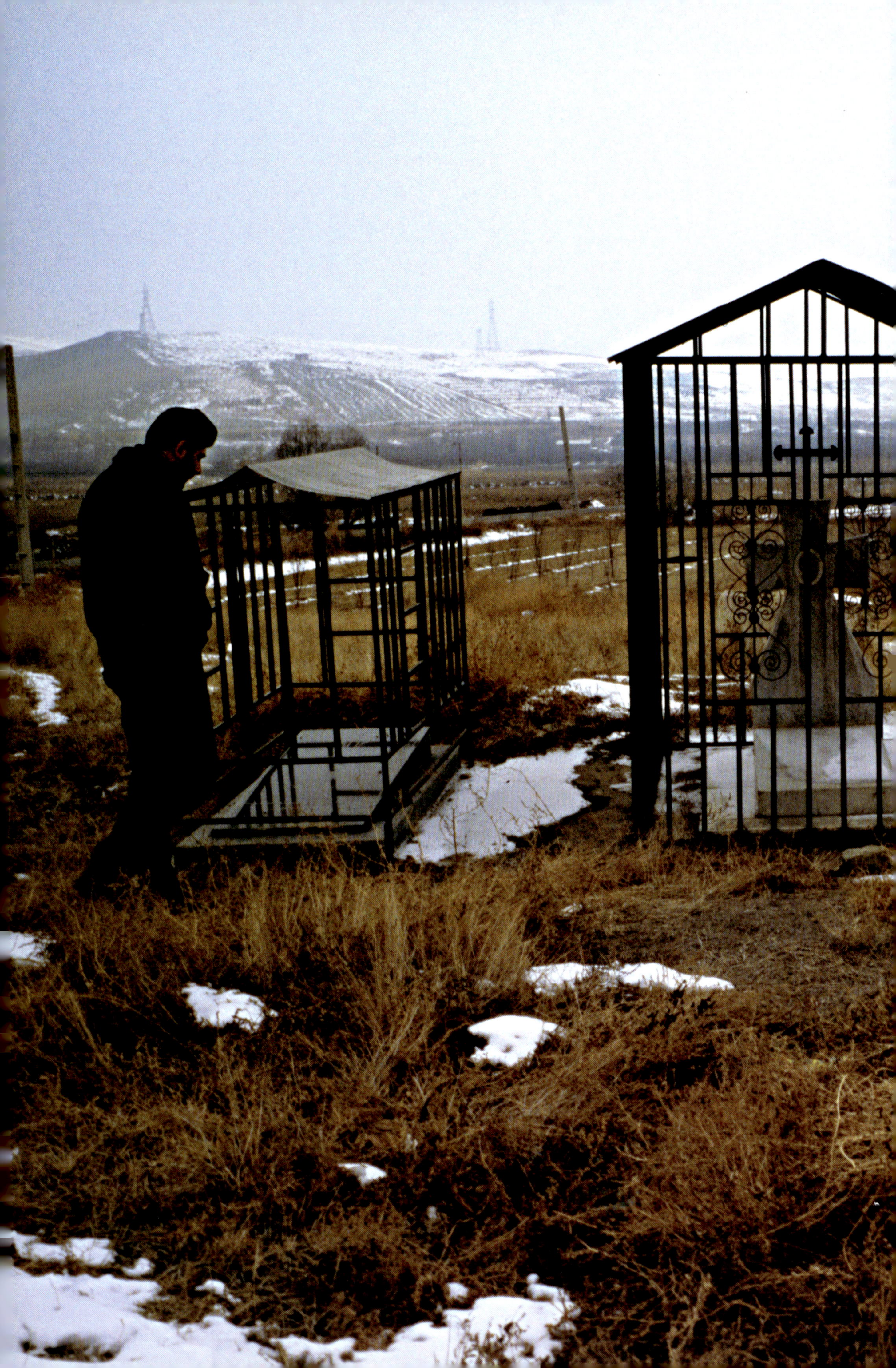

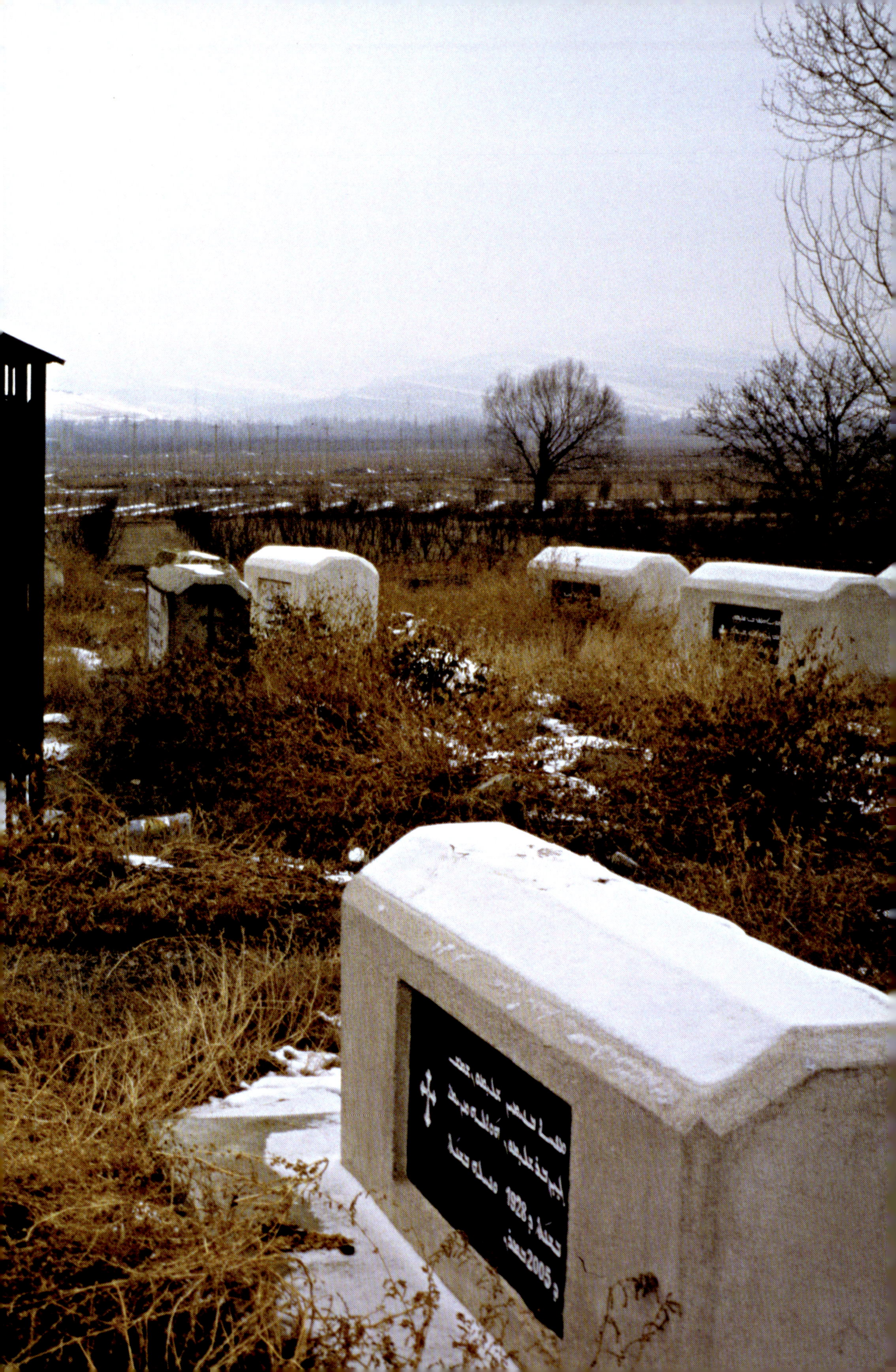
1928
2005

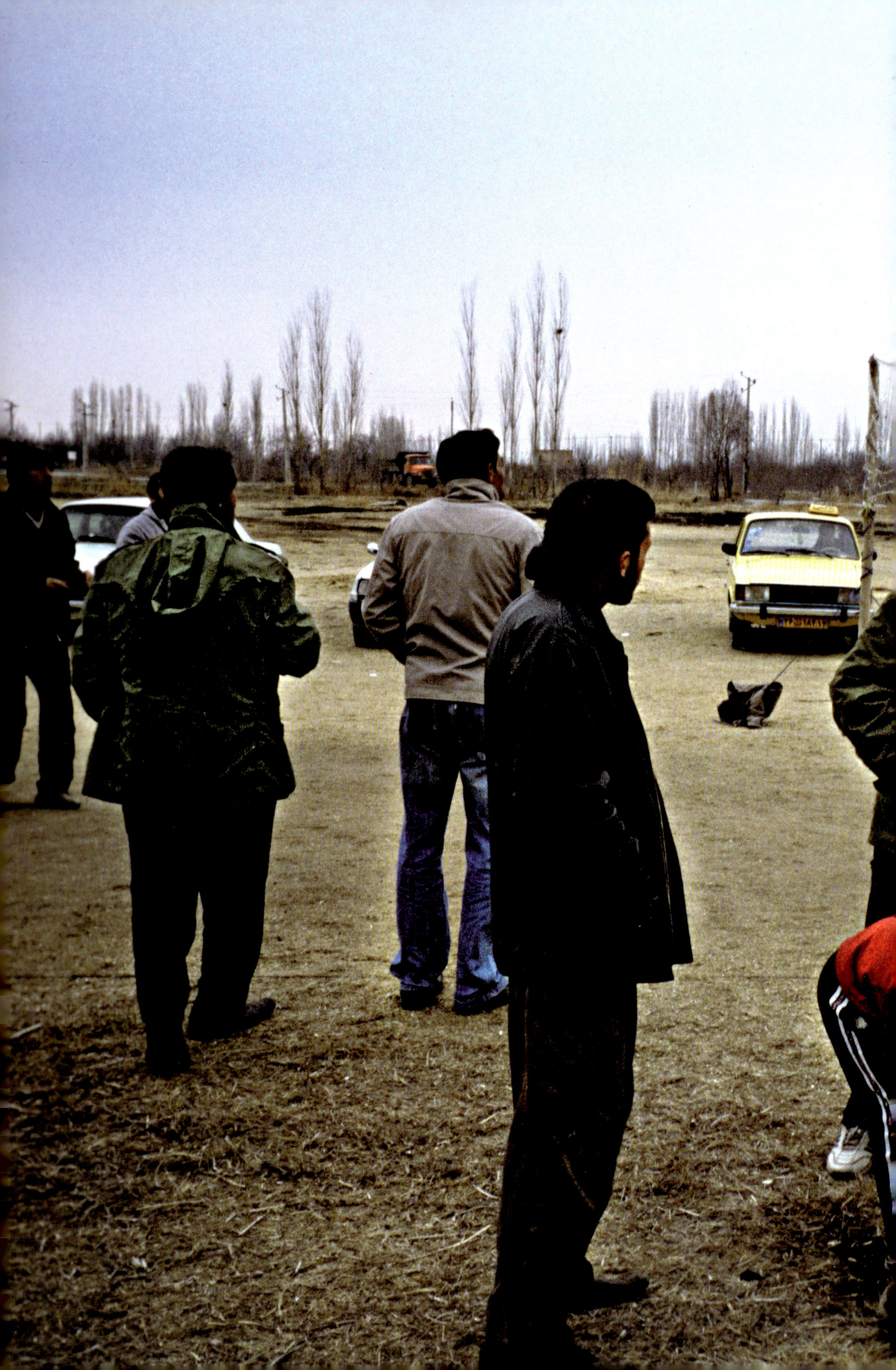

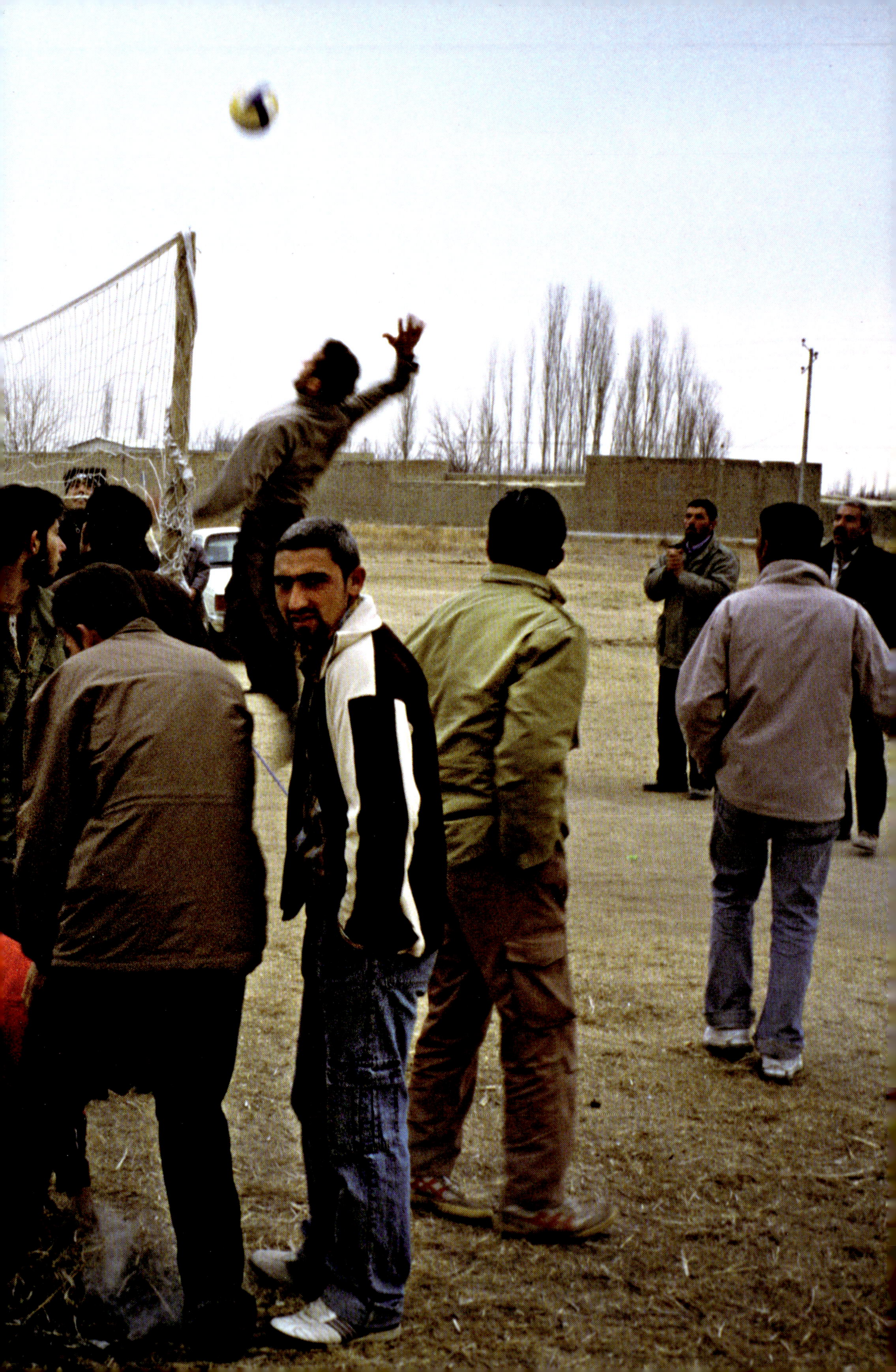

MEDIO ORIENTE

Penisola Arabica

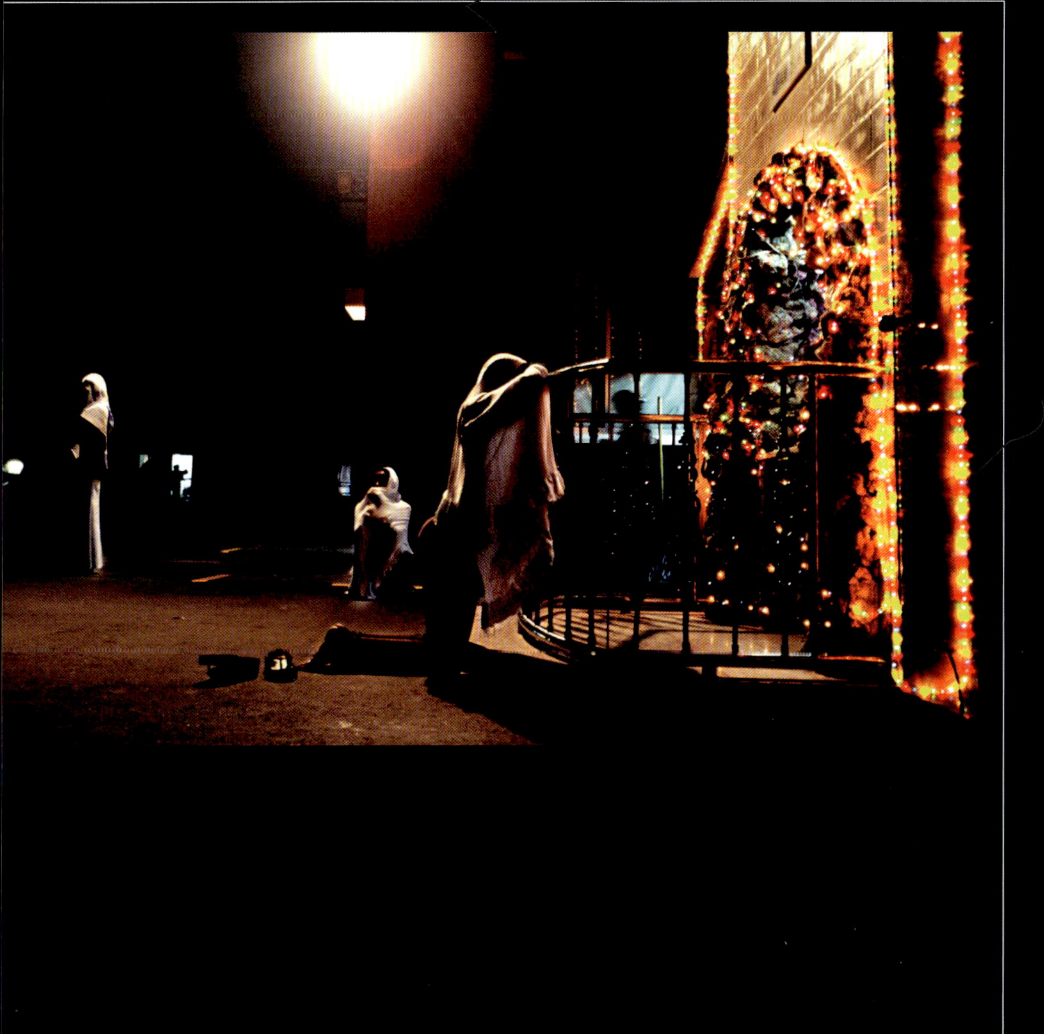

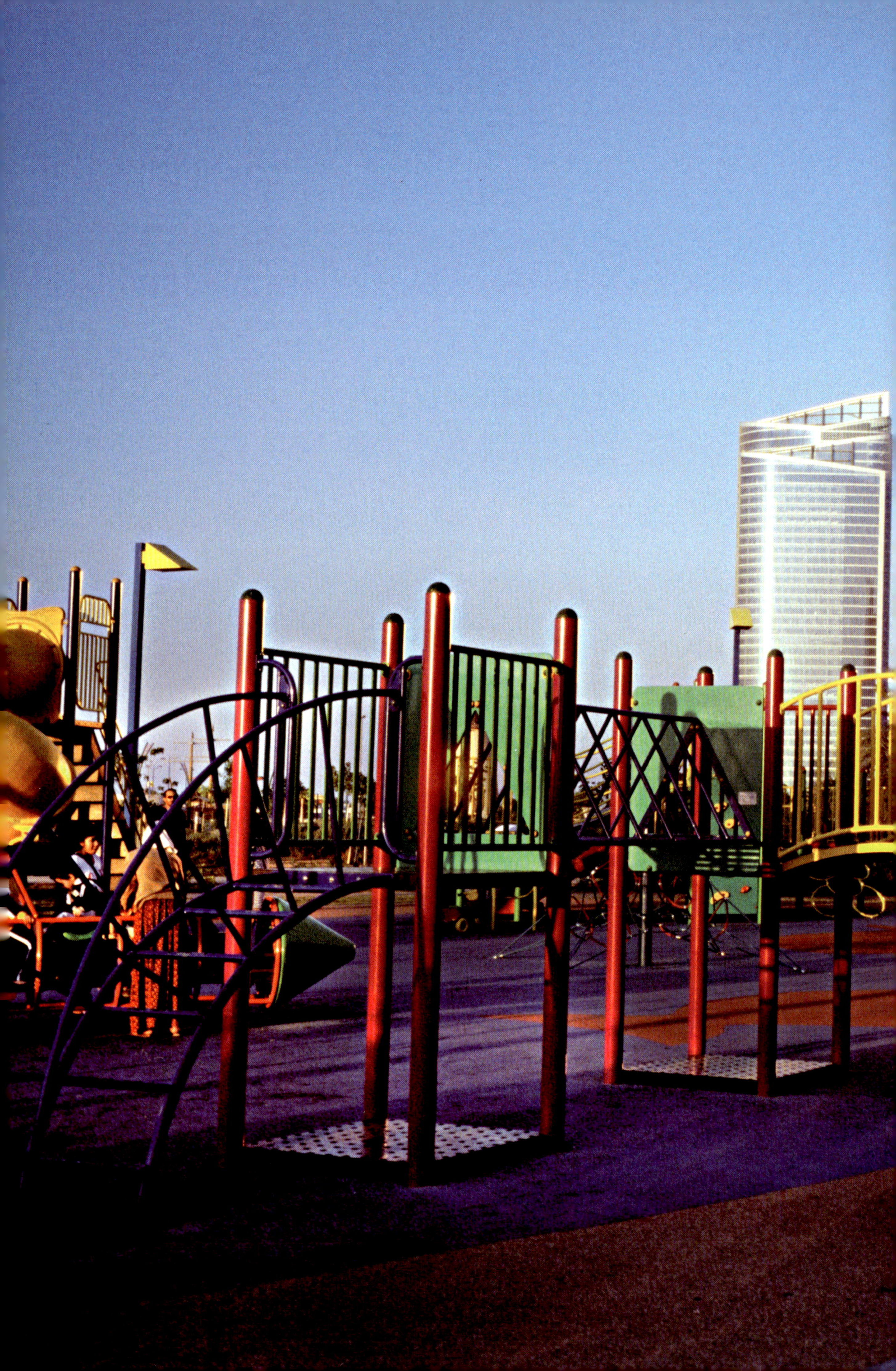

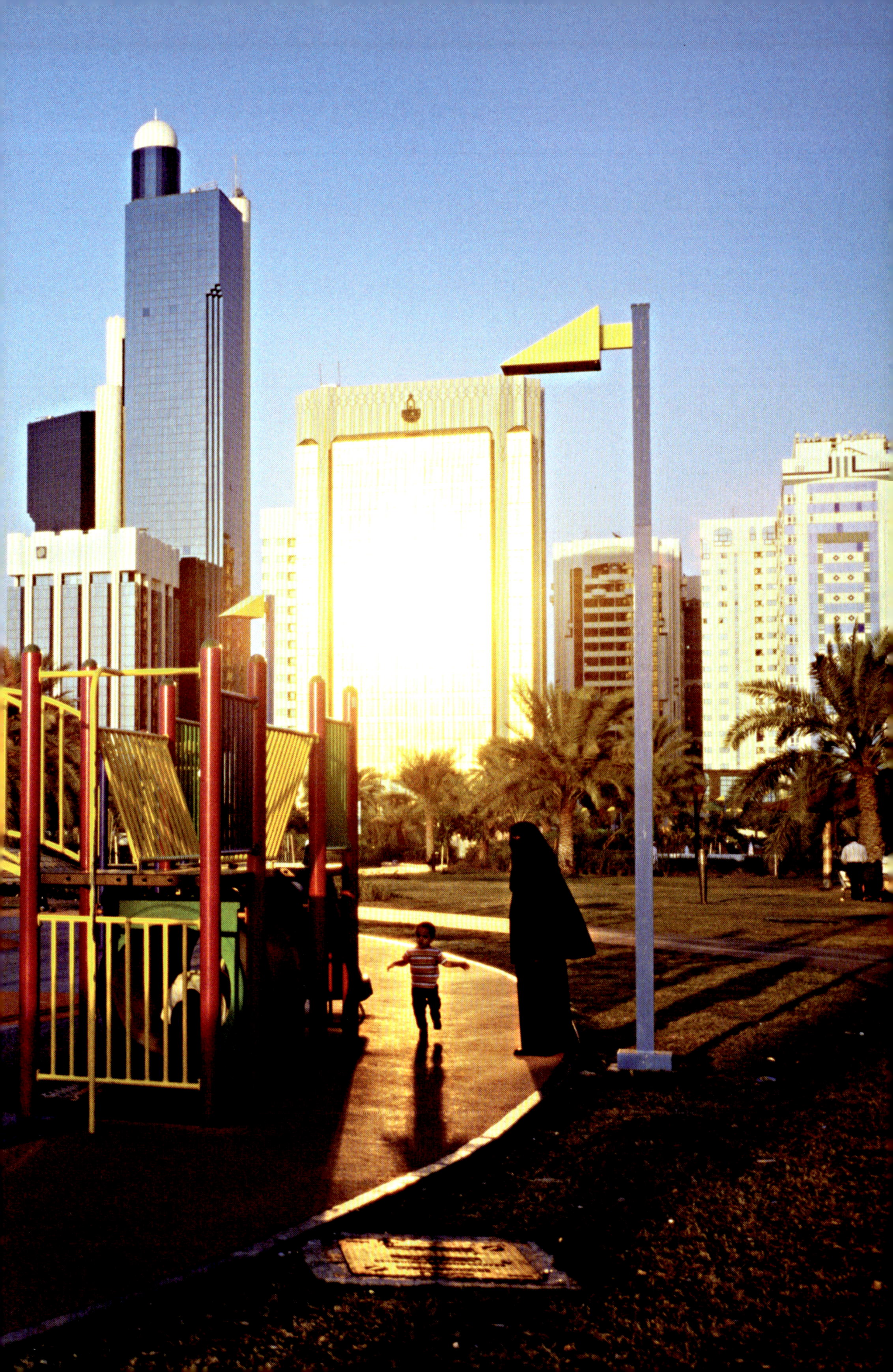

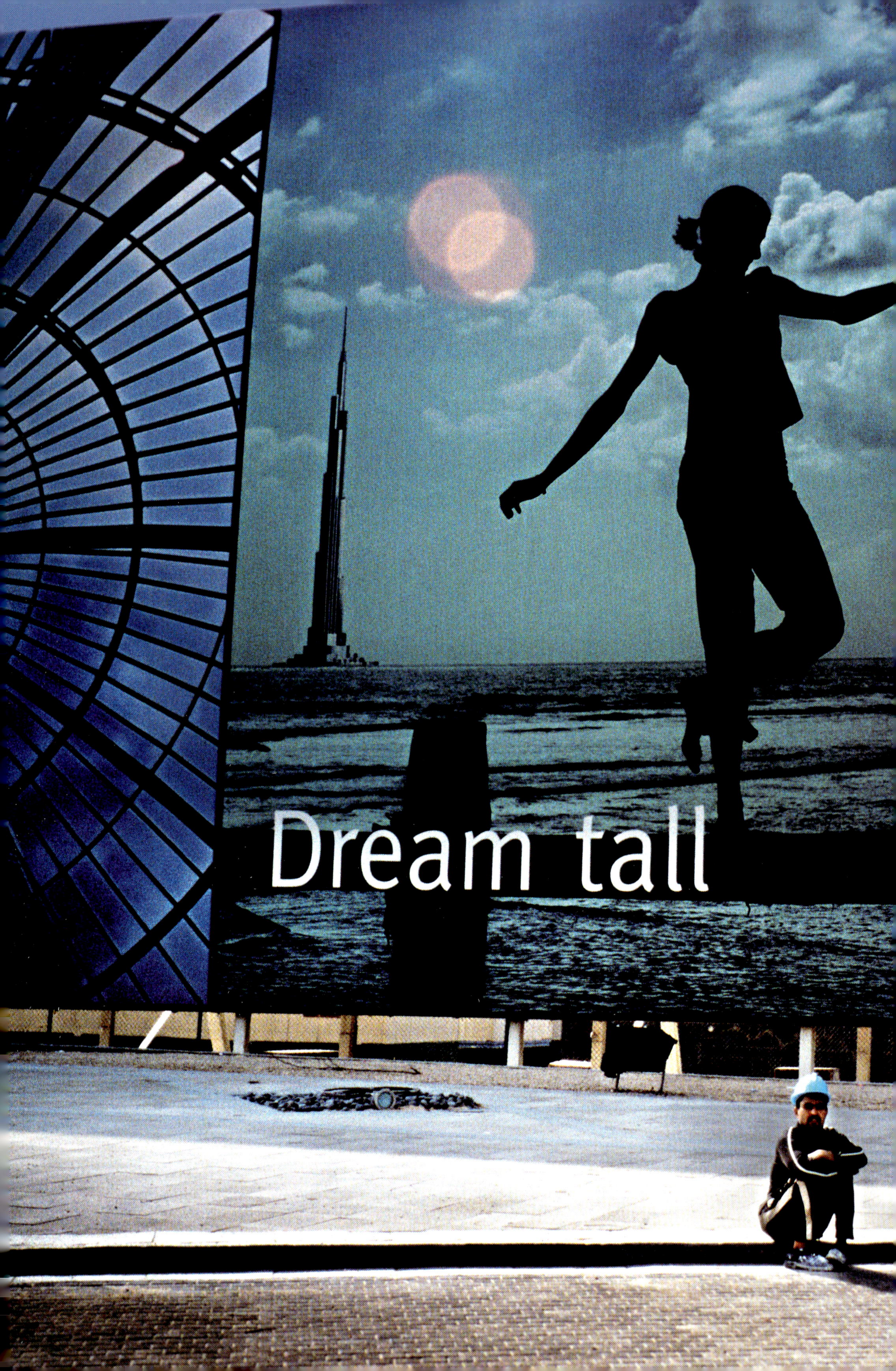
Dream tall

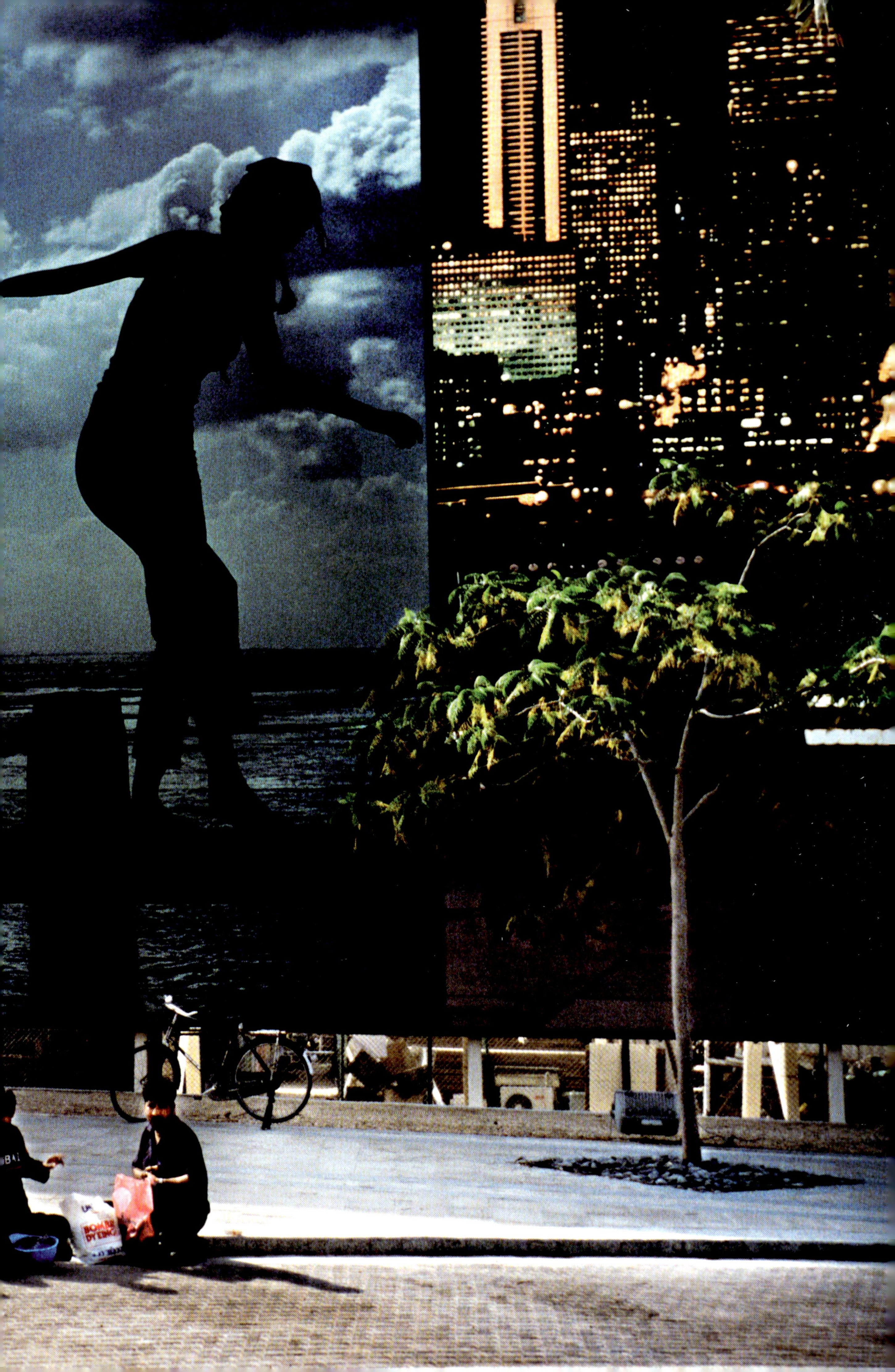

“

Ci sono gravi situazioni di squilibrio sociale. Tra i cristiani abbiamo persone con grandi possibilità economiche, ma anche una gran massa di poveri. Il problema è la mancanza di sicurezza sociale. Cosa possono fare i lavoratori delle fasce più basse se non sono pagati? Non hanno nessuna tutela. C'è poi un vero e proprio traffico di braccia, lavoratori che vengono portati nel Golfo clandestinamente dalle organizzazioni criminali.
E ancora la tratta delle donne, specie dalle Filippine e dall'Europa orientale, per la prostituzione. Molte vengono illuse con la promessa di un lavoro e poi si ritrovano schiave.

”

Mons. Paul Hinder
Vicario apostolico d'Arabia

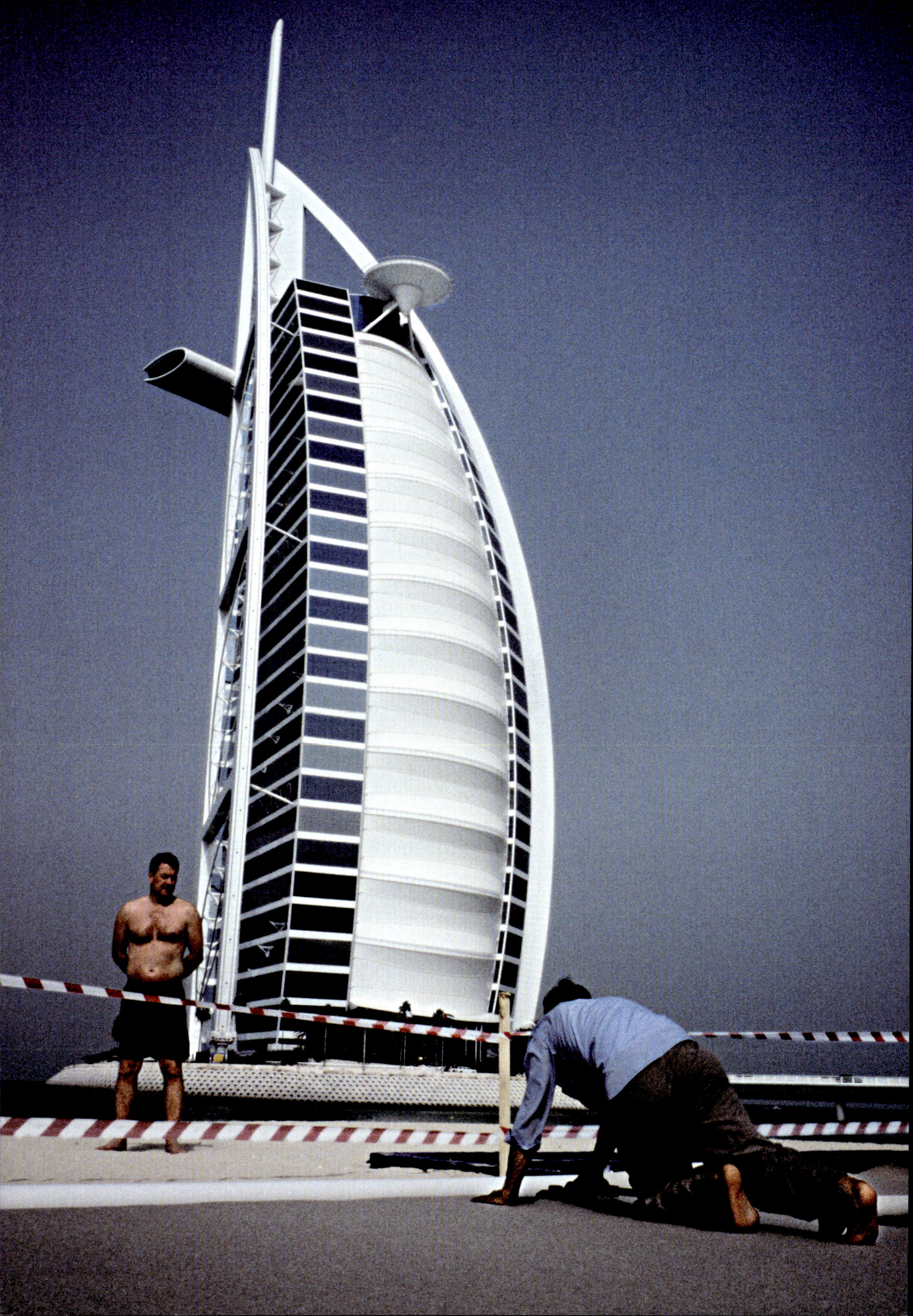

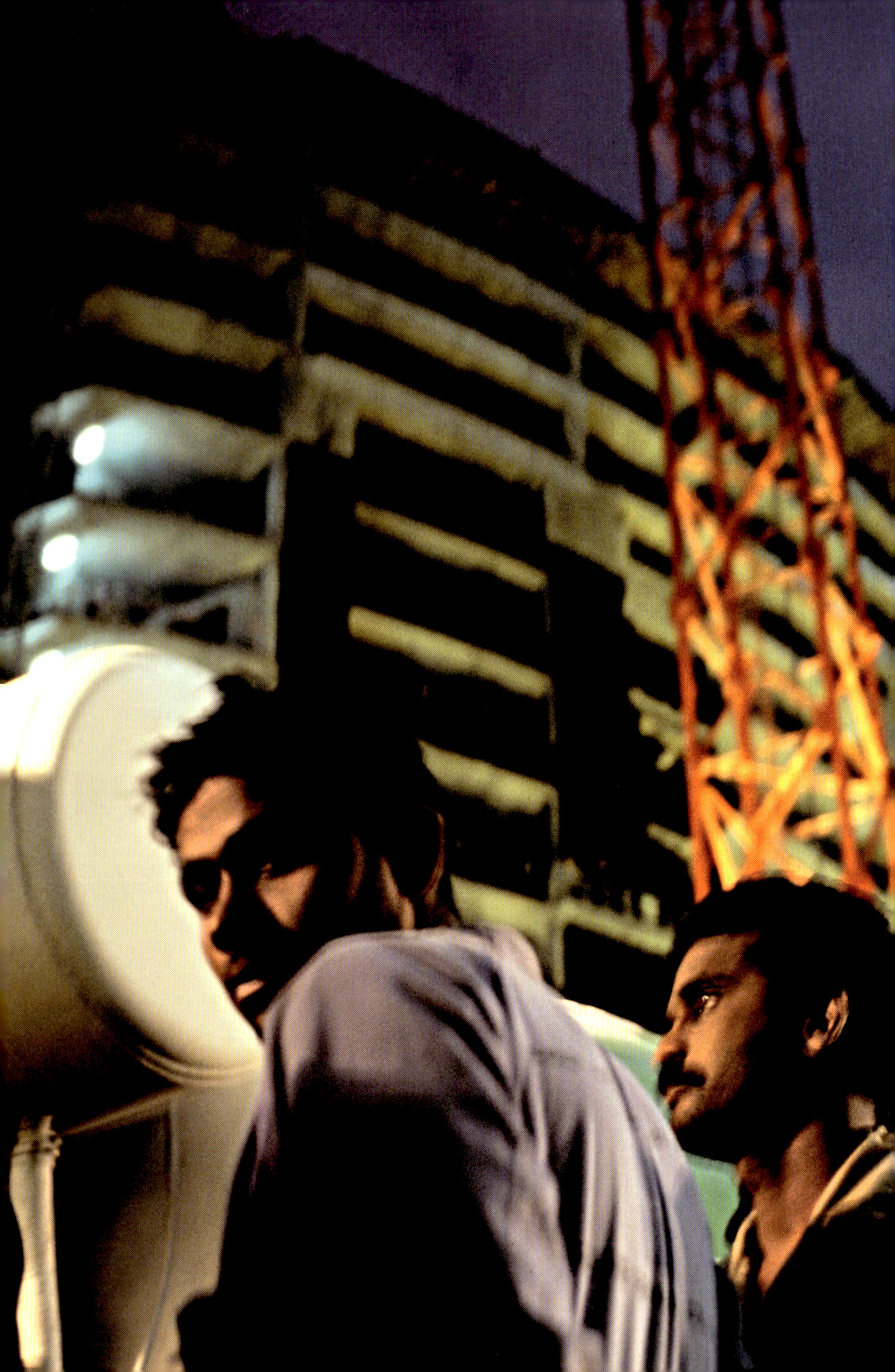

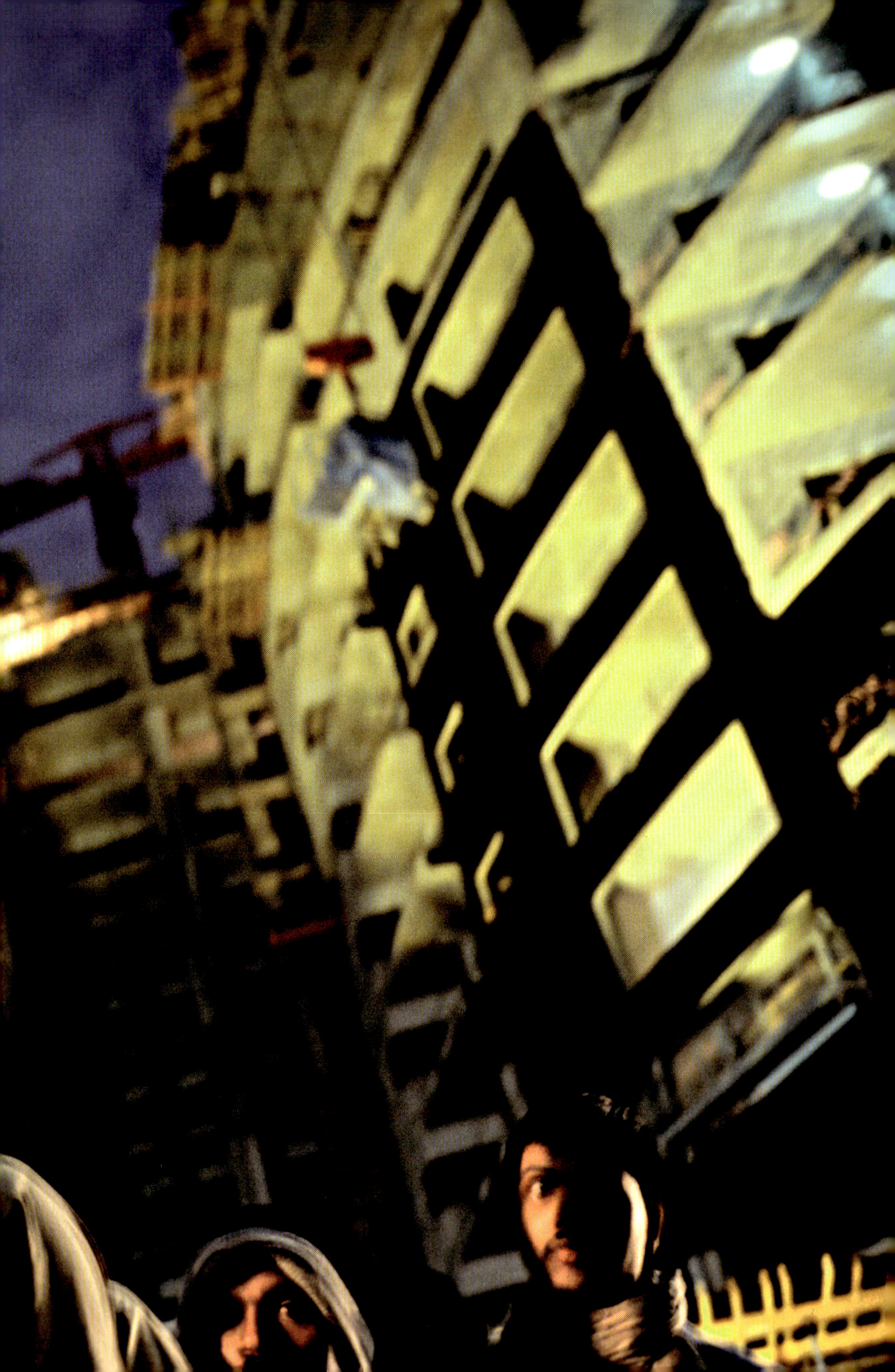

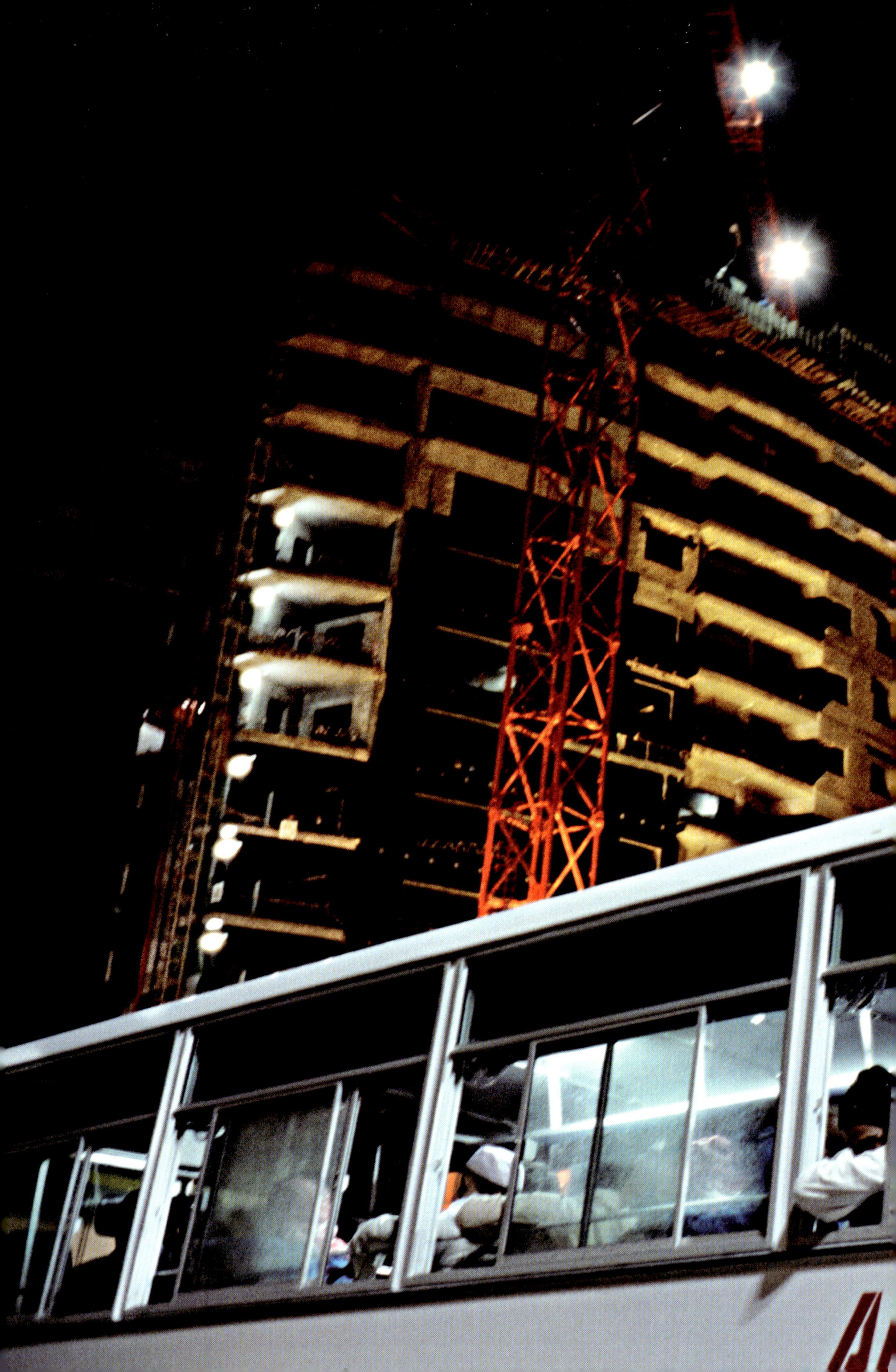

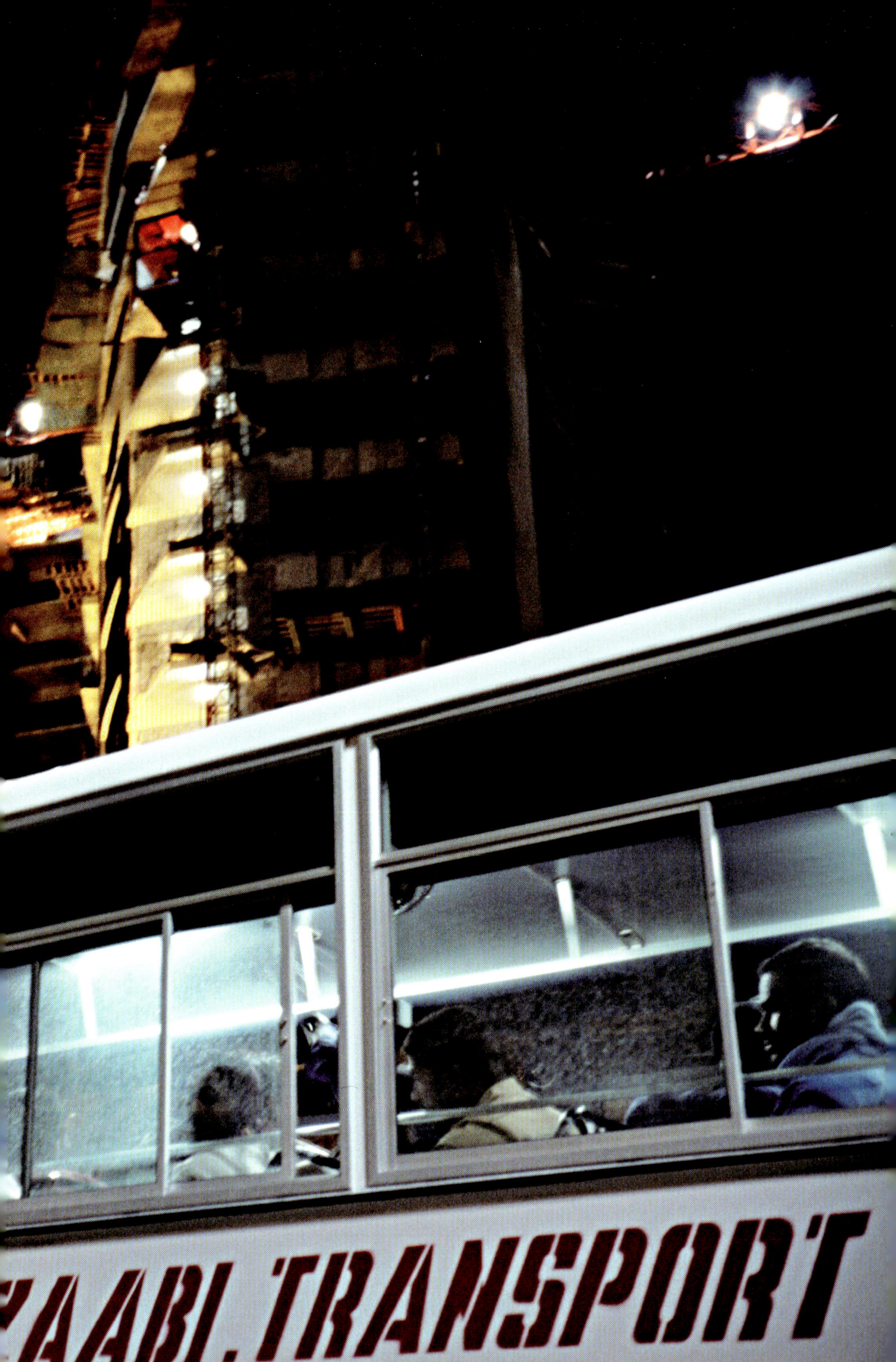
AABI.TRANSPORT

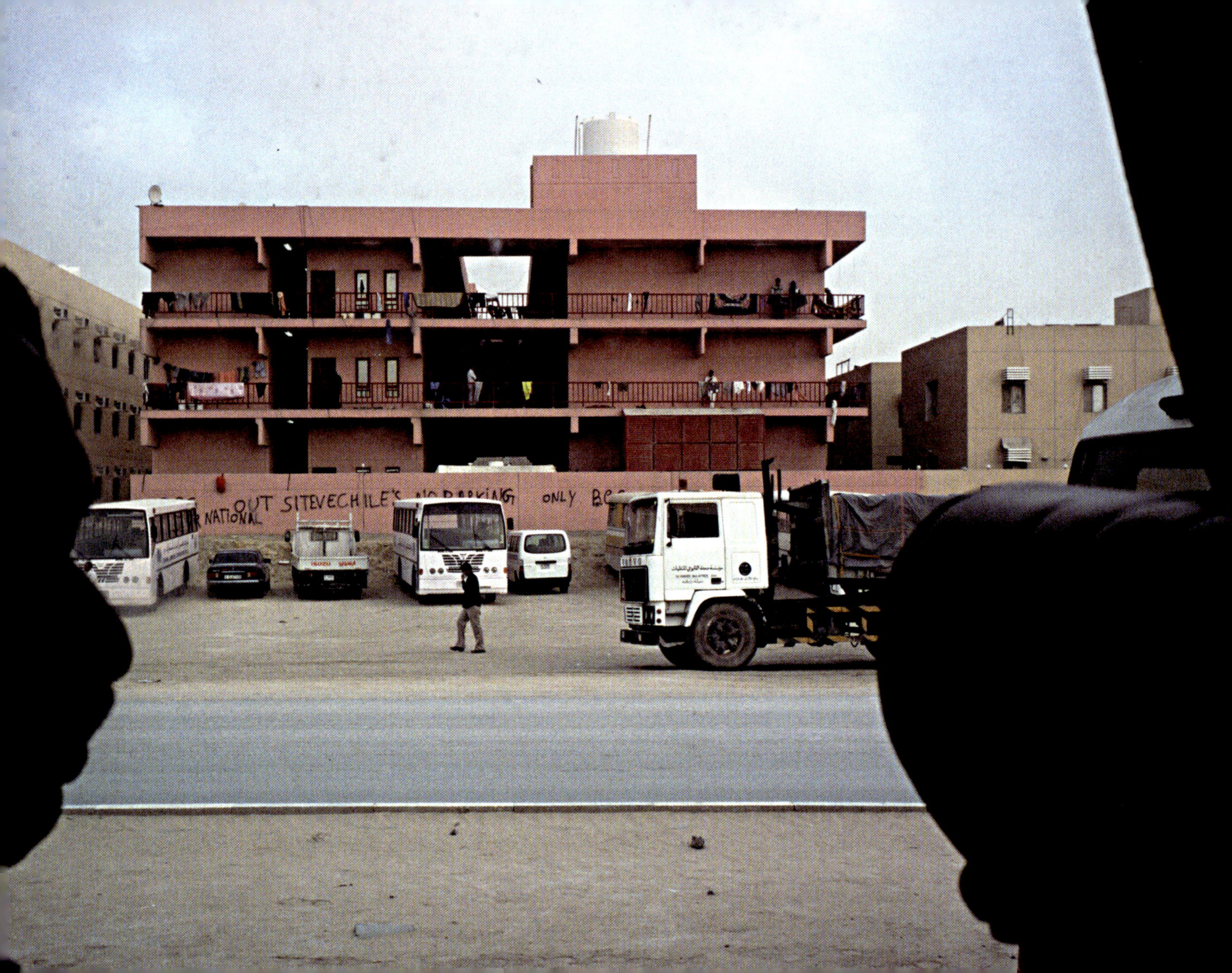
OUT SITEVECHILE'S
ONLY
NATIONAL

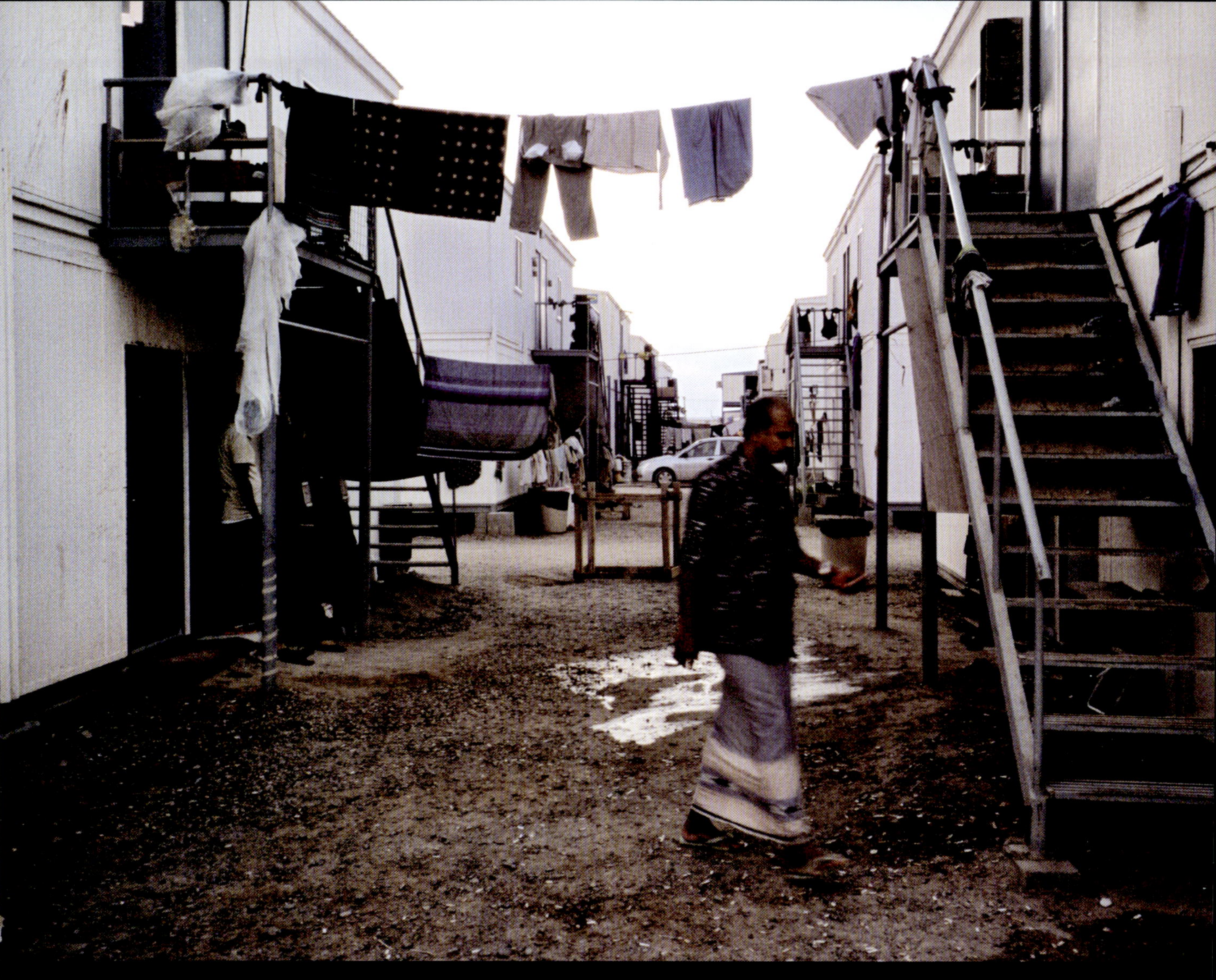

> Gli immigrati negli Emirati Arabi Uniti sono quasi il 75 per cento della popolazione. Tutta gente, però, che si trasferisce nel Golfo con l'intenzione di tornare un giorno a casa o di emigrare nuovamente verso Usa, Canada o Australia. Per questa ragione è difficile che la nostra Chiesa abbia un nucleo stabile. È formata da fedeli, in massima parte giovani, e collaboratori pastorali che, nella migliore delle ipotesi restano cinque, dieci o al massimo vent'anni.

Mons. Paul Hinder

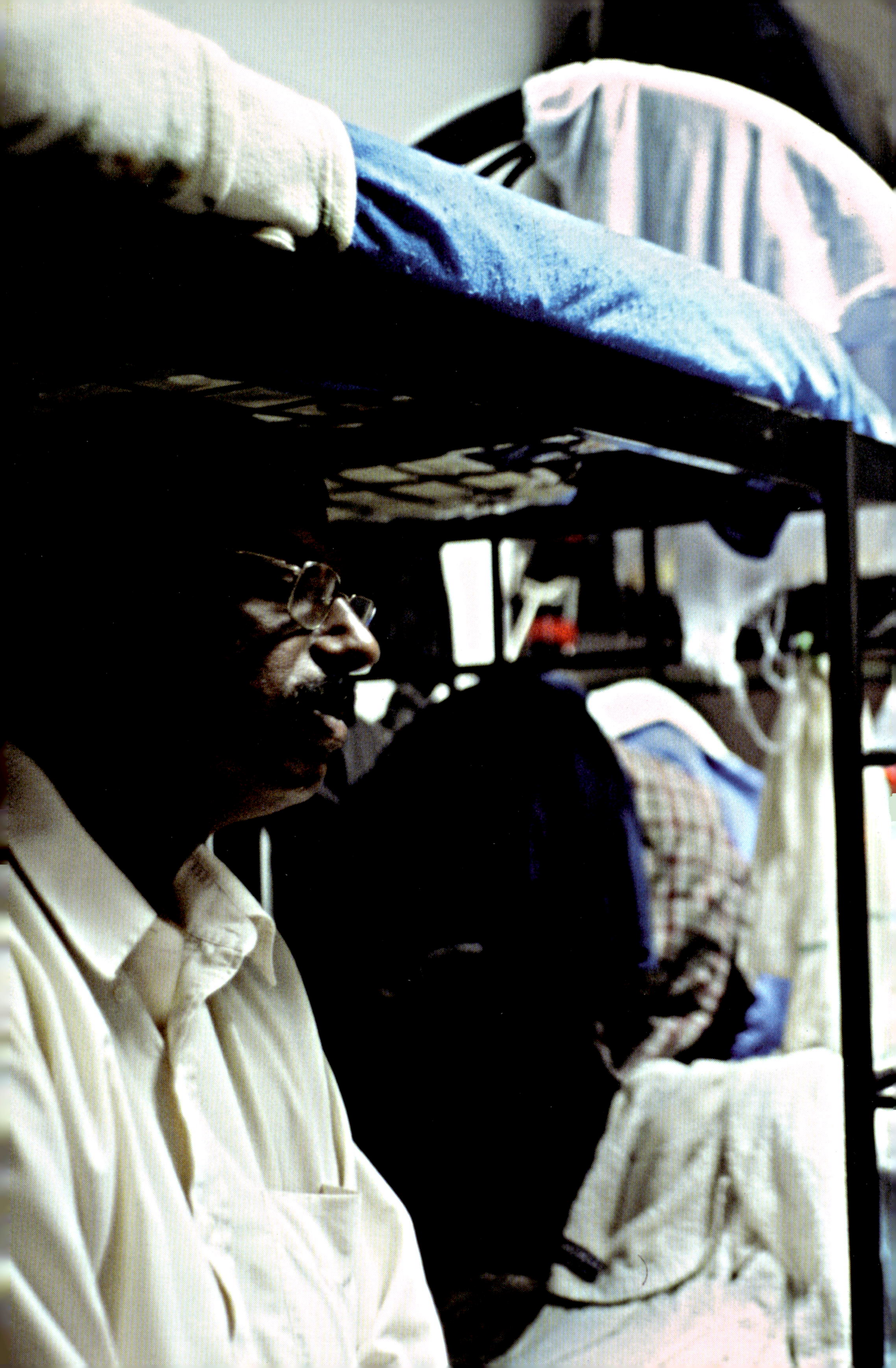

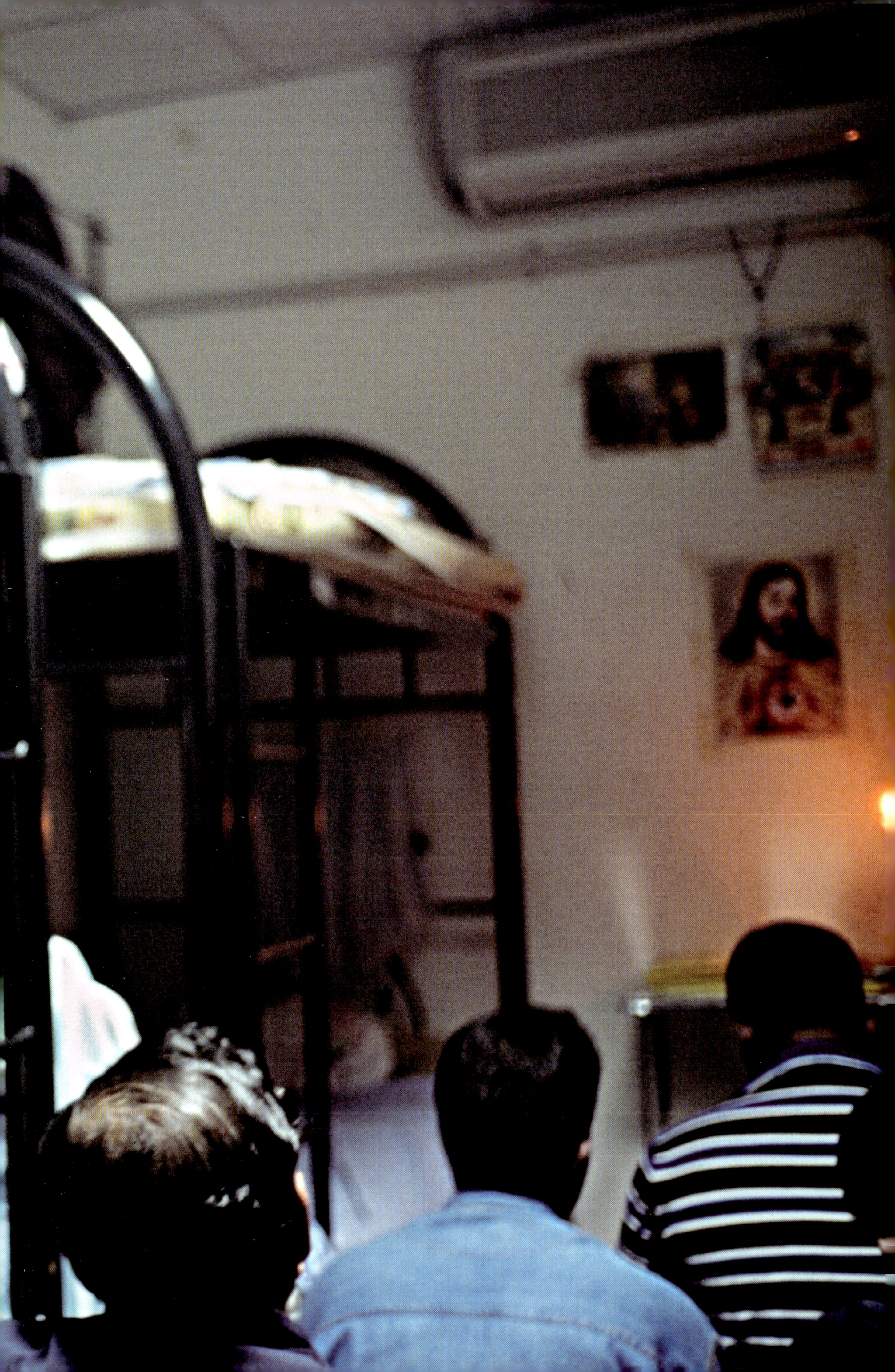

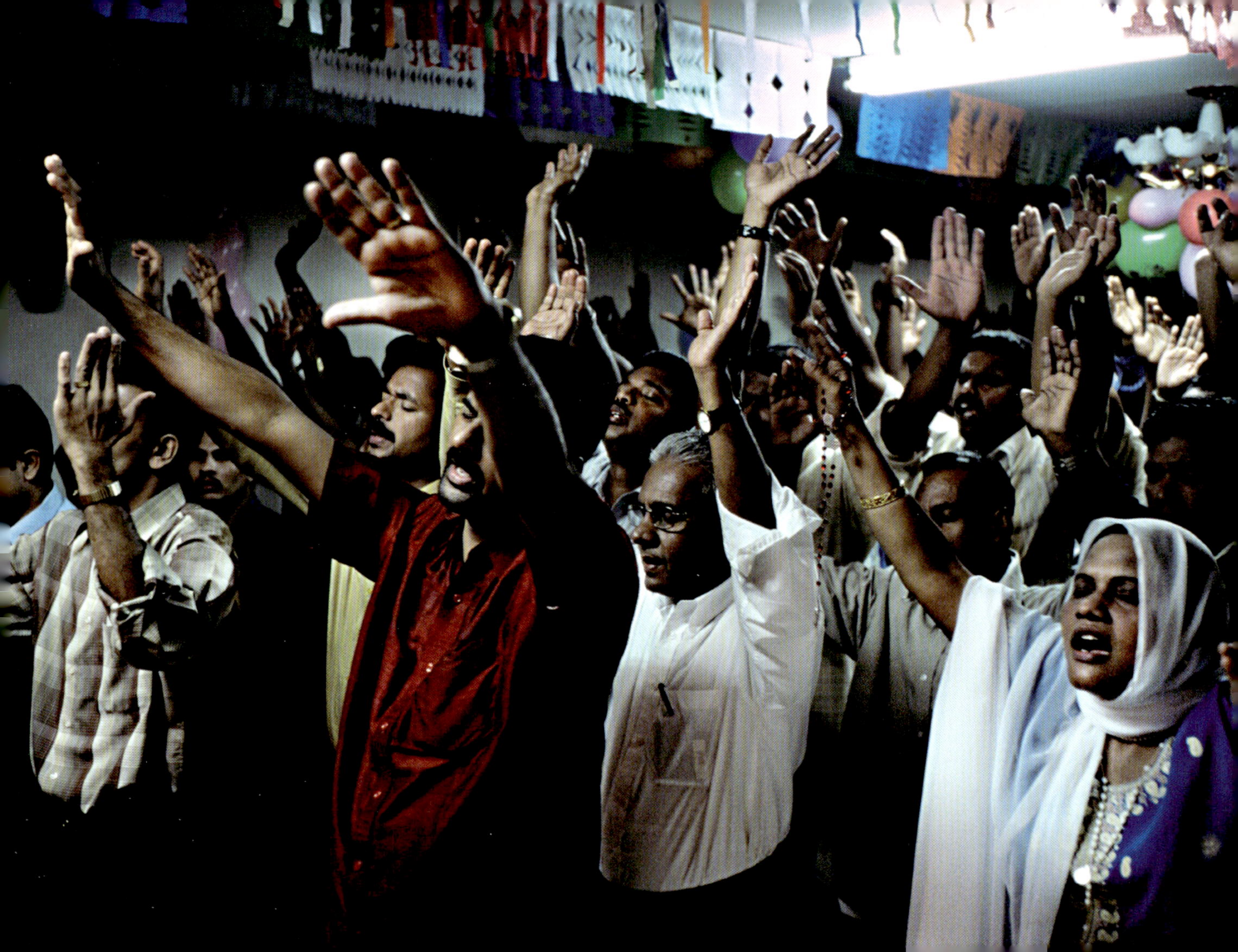

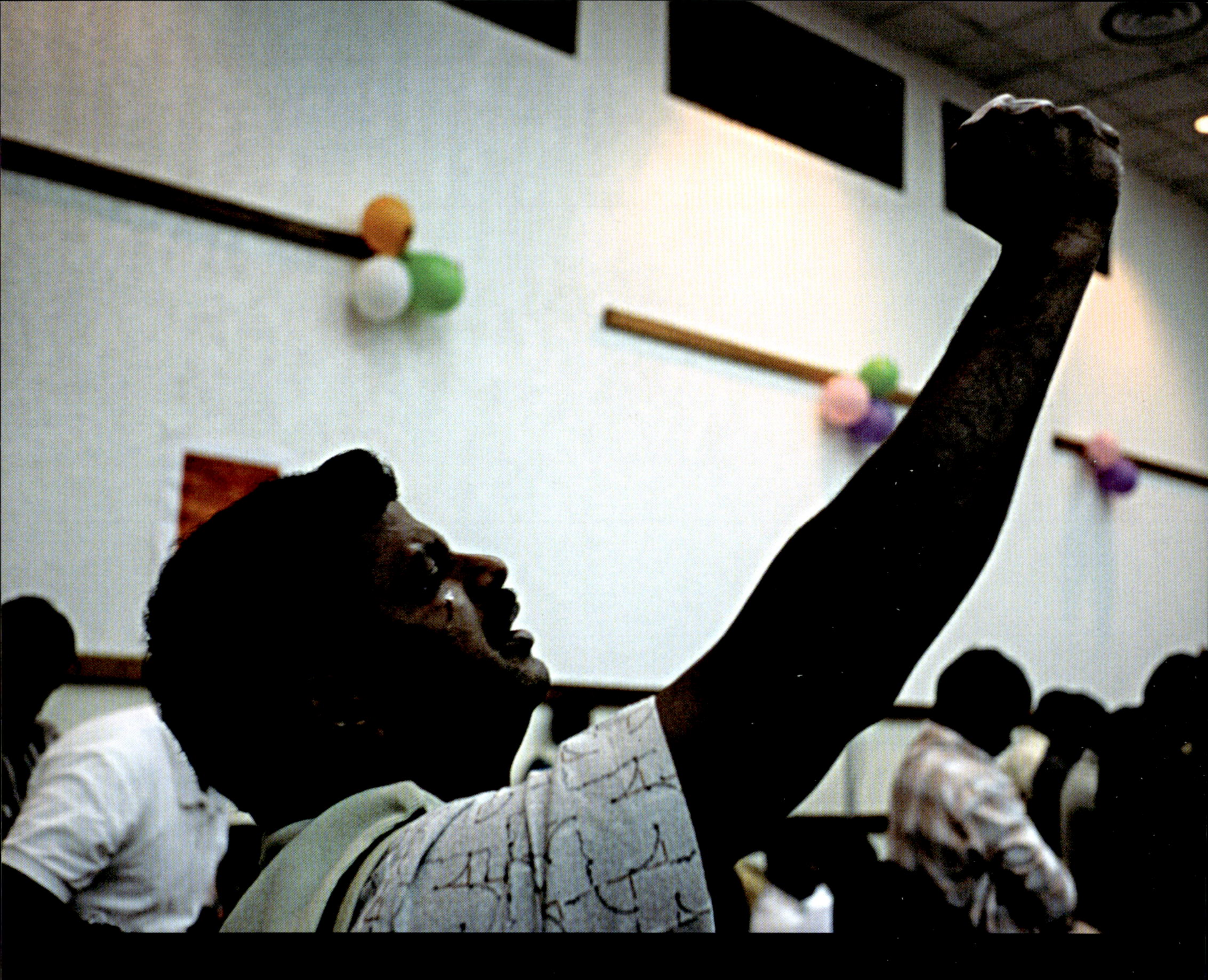

"In gran parte dei Paesi del Golfo c'è una situazione di sostanziale libertà religiosa, pur in un quadro di regole ben definite. Ogni emiro è libero di fare la sua politica religiosa e viviamo perciò condizioni diverse a seconda dell'entità politica in cui ci troviamo ad operare. Godiamo della libertà di culto sul terreno concesso alla parrocchia, ma non abbiamo possibilità di fare attività pubblica. Problemi possono nascere di tanto in tanto con i funzionari pubblici, spesso formati in ambienti dove si respira un certo fanatismo religioso."

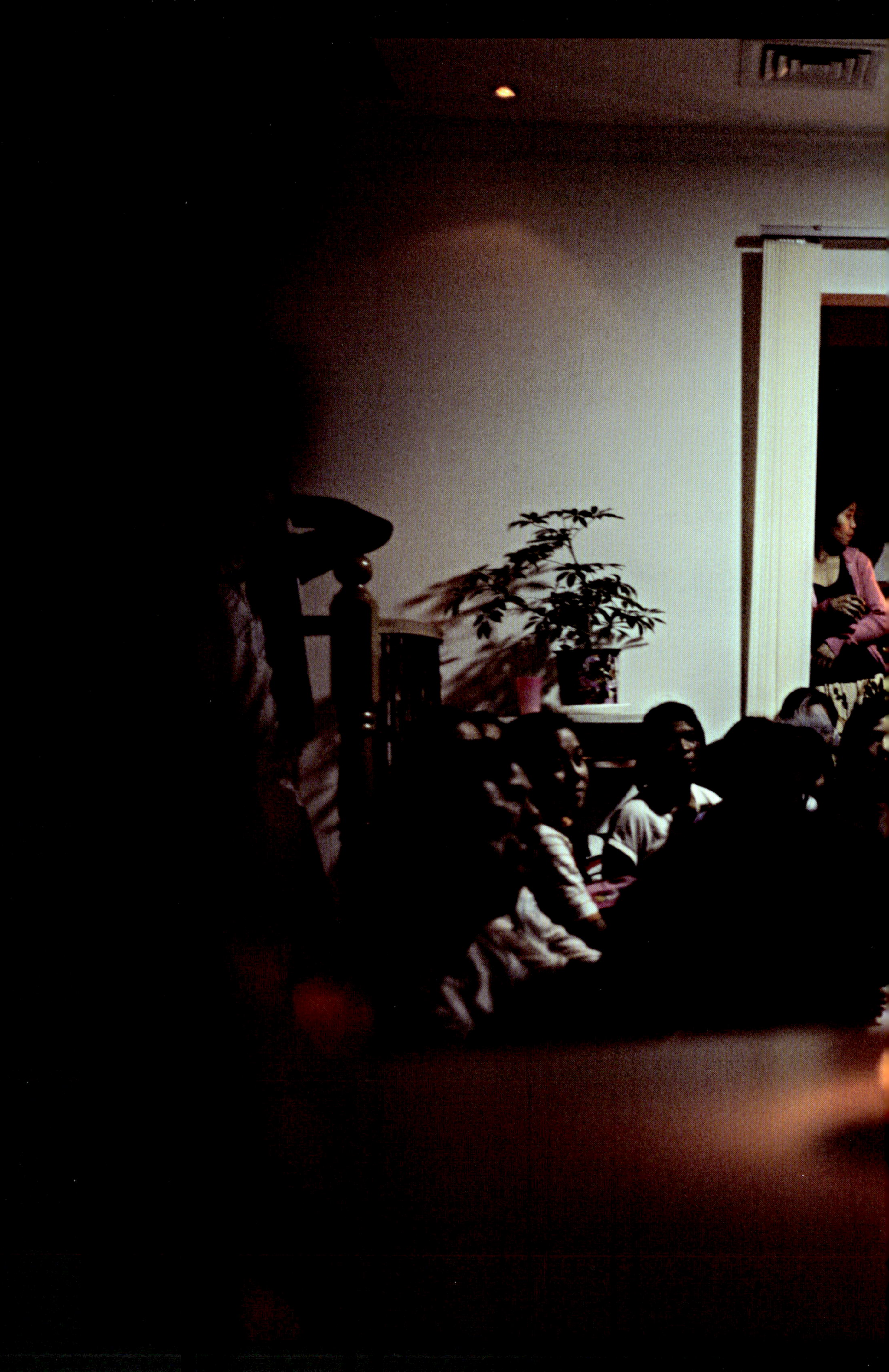

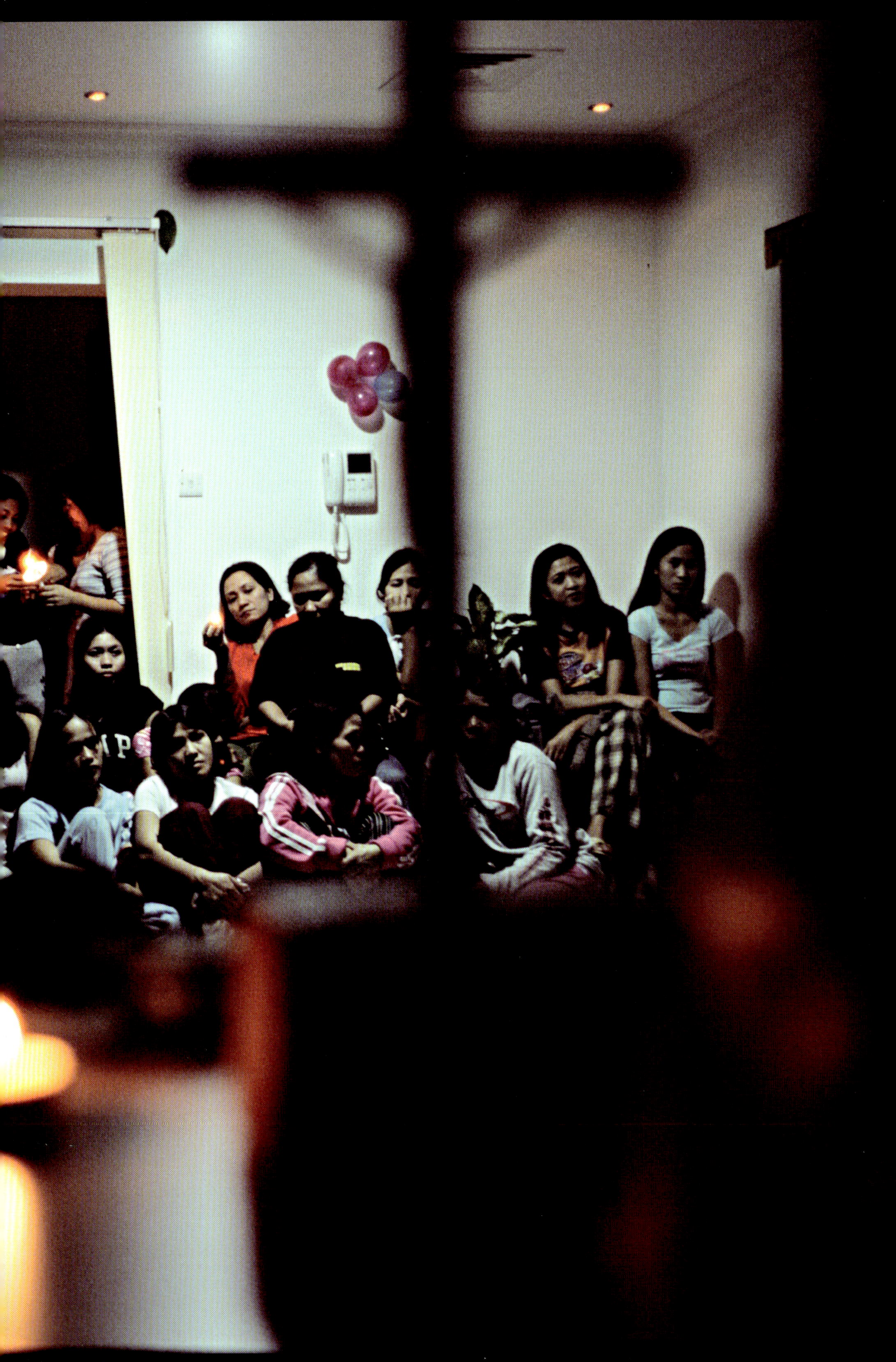

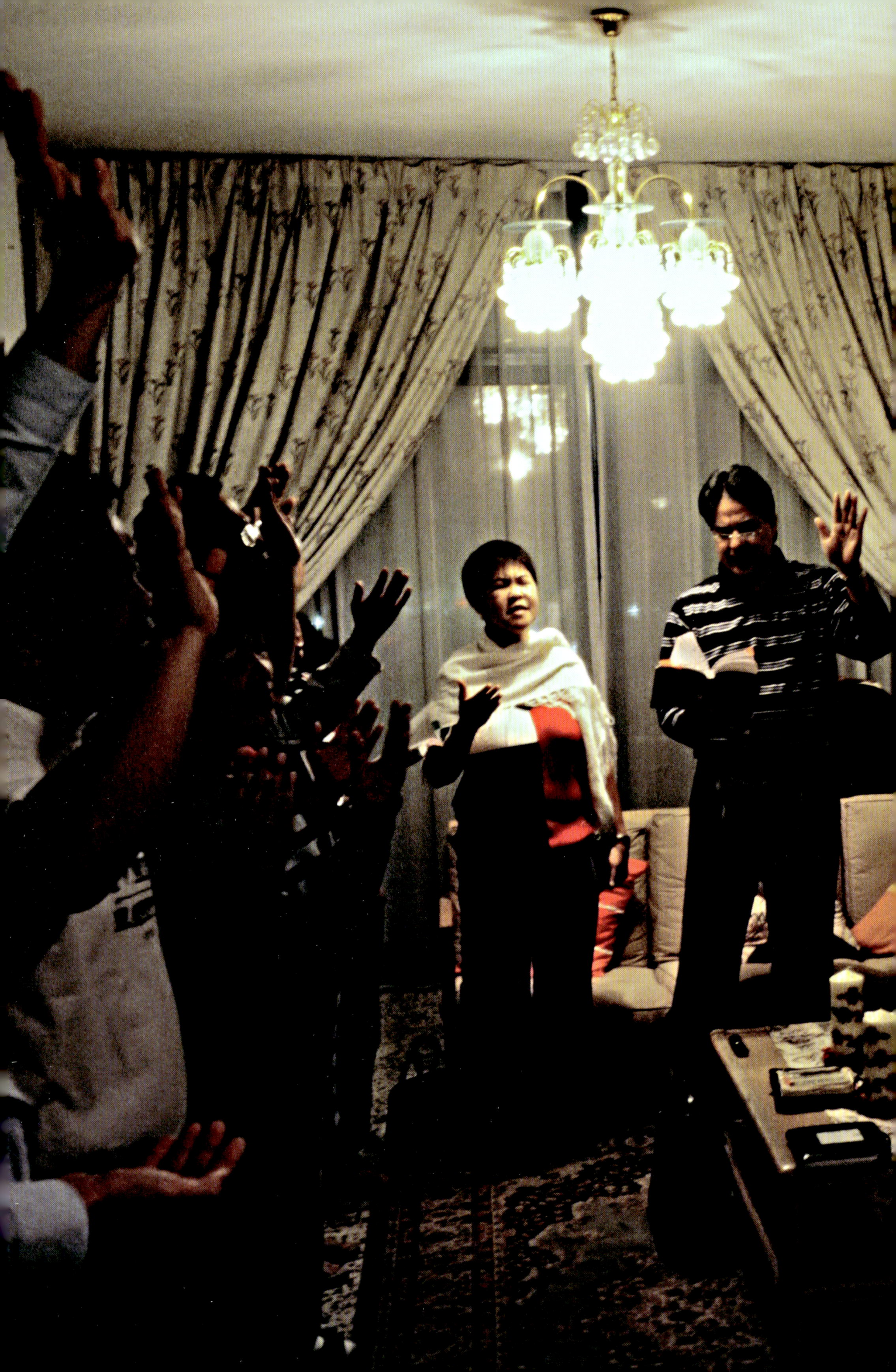

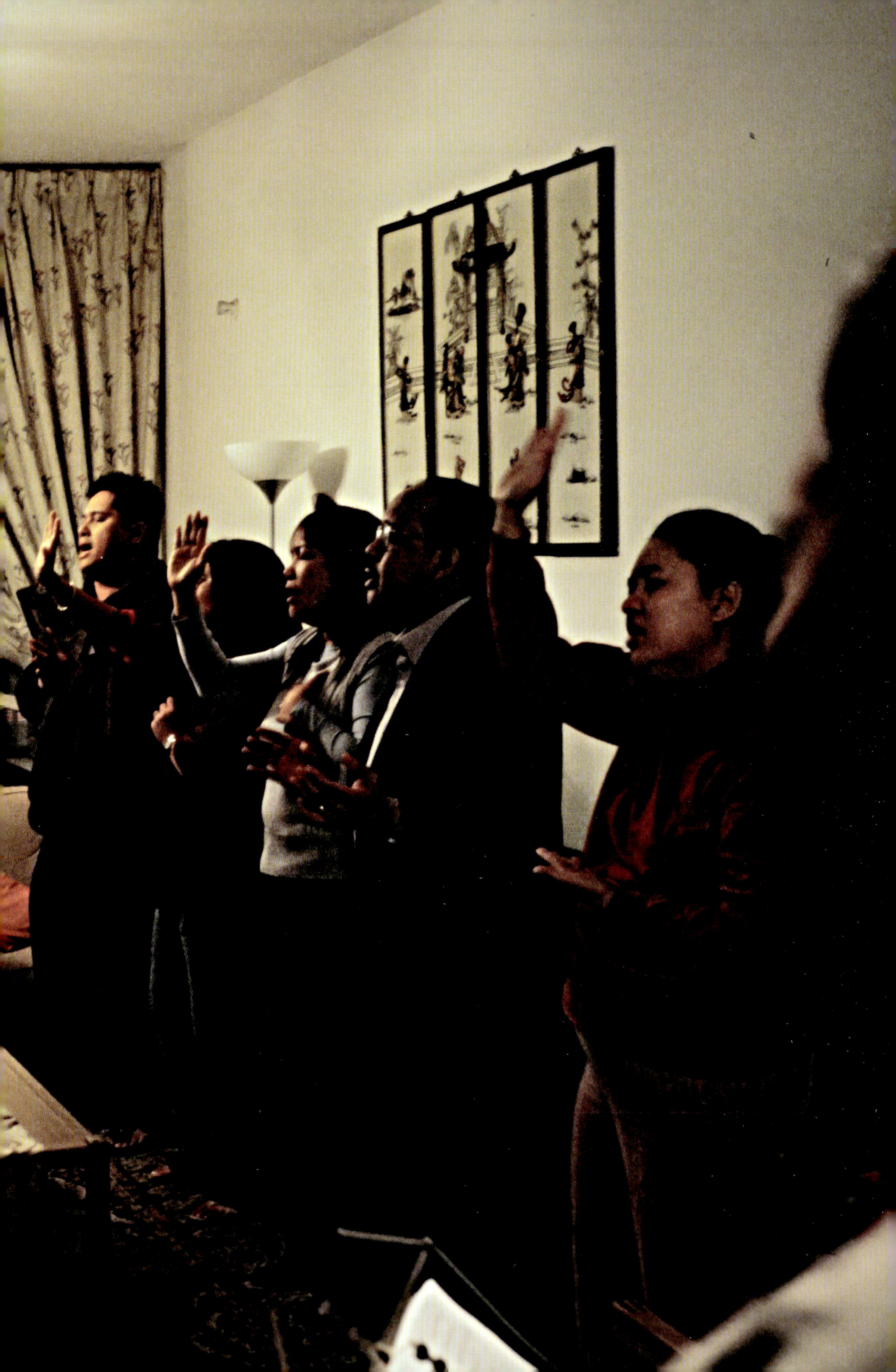

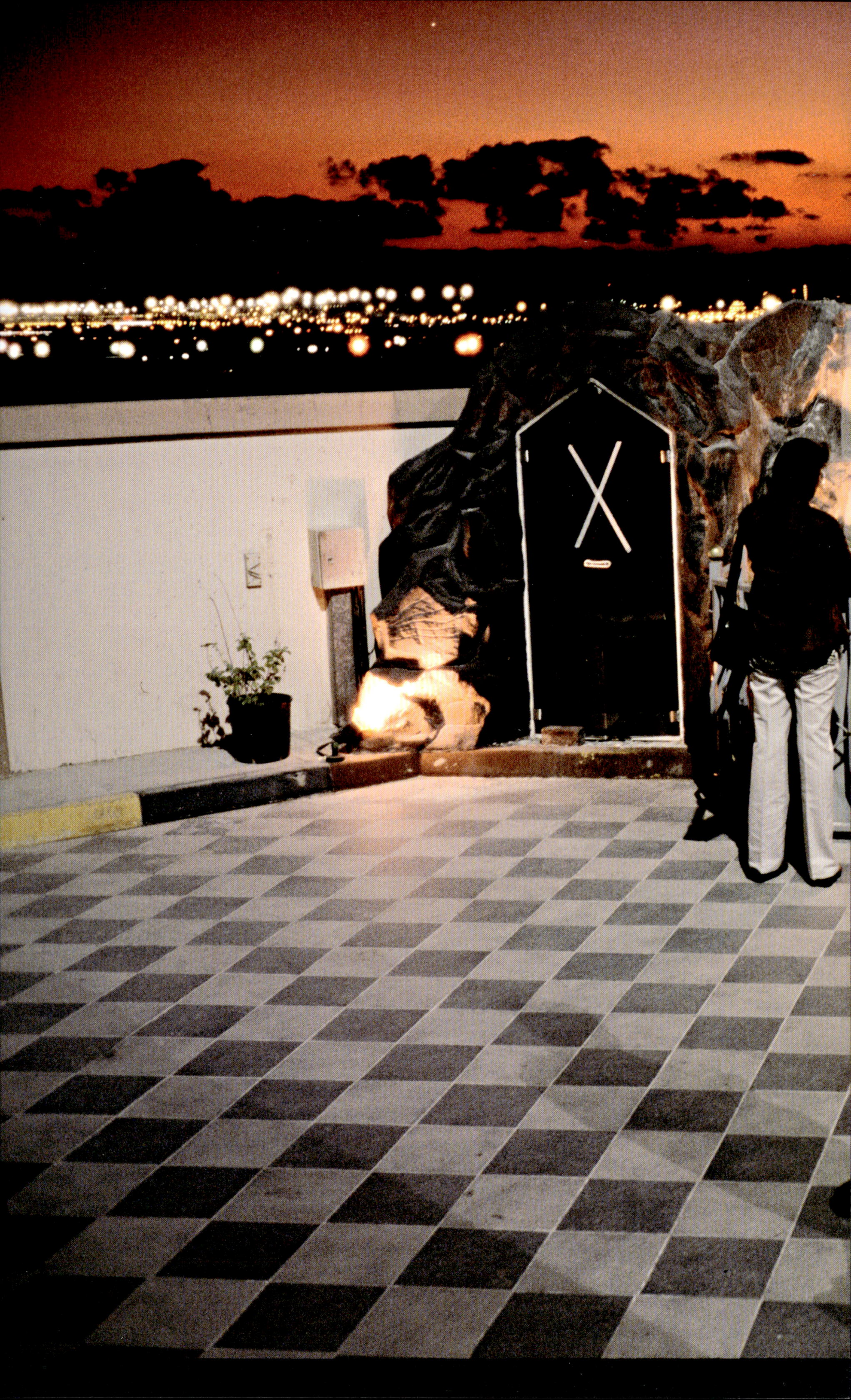

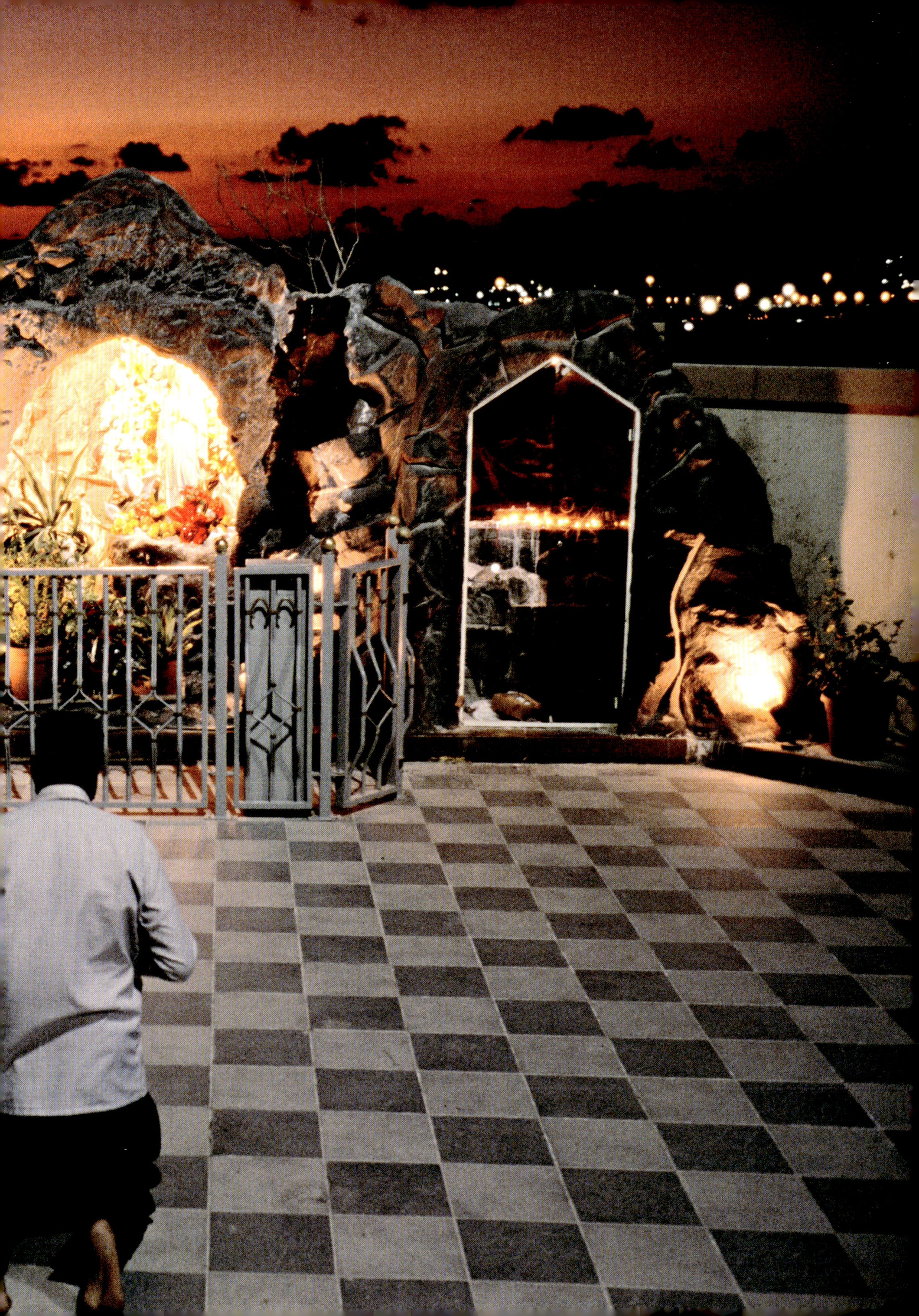

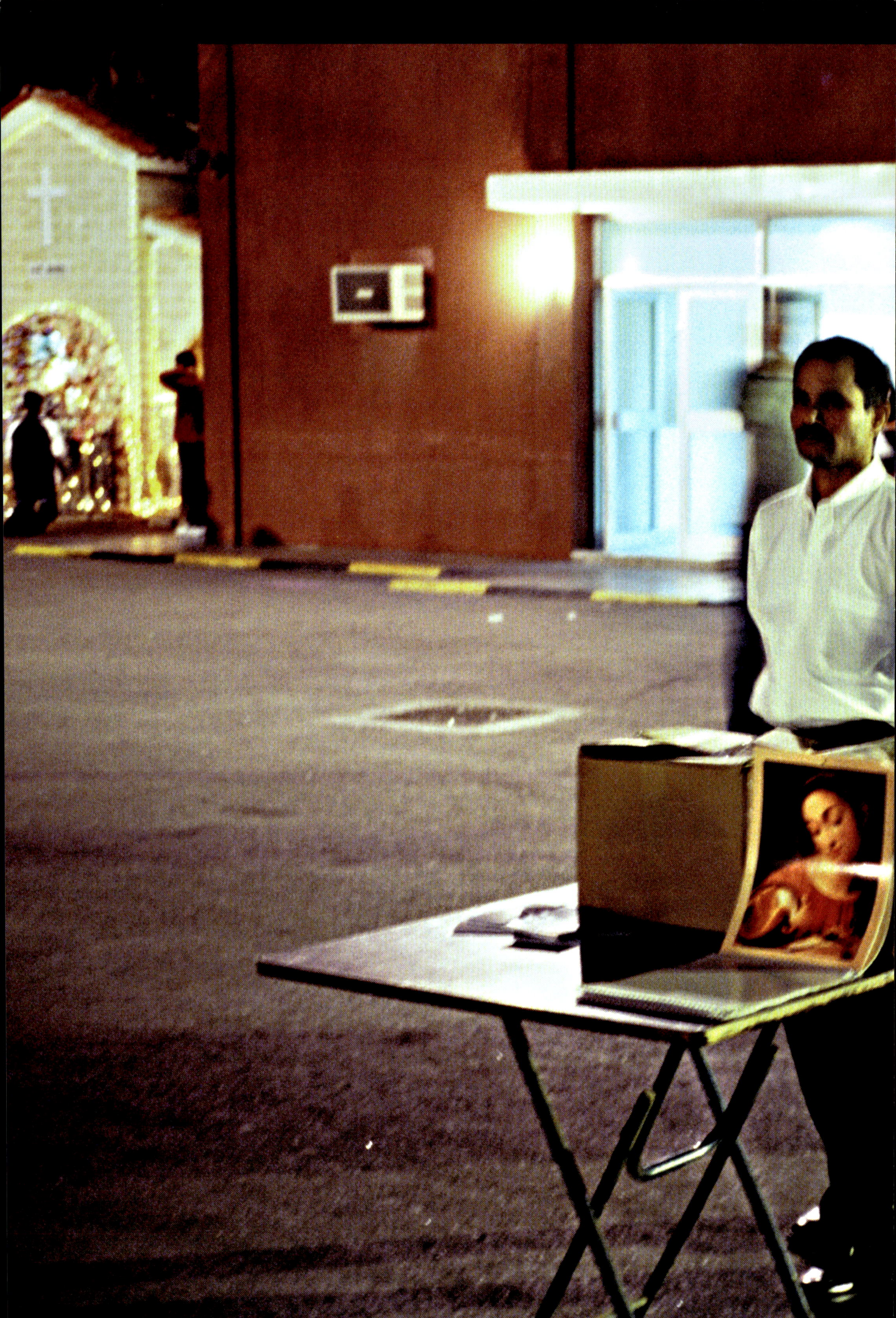

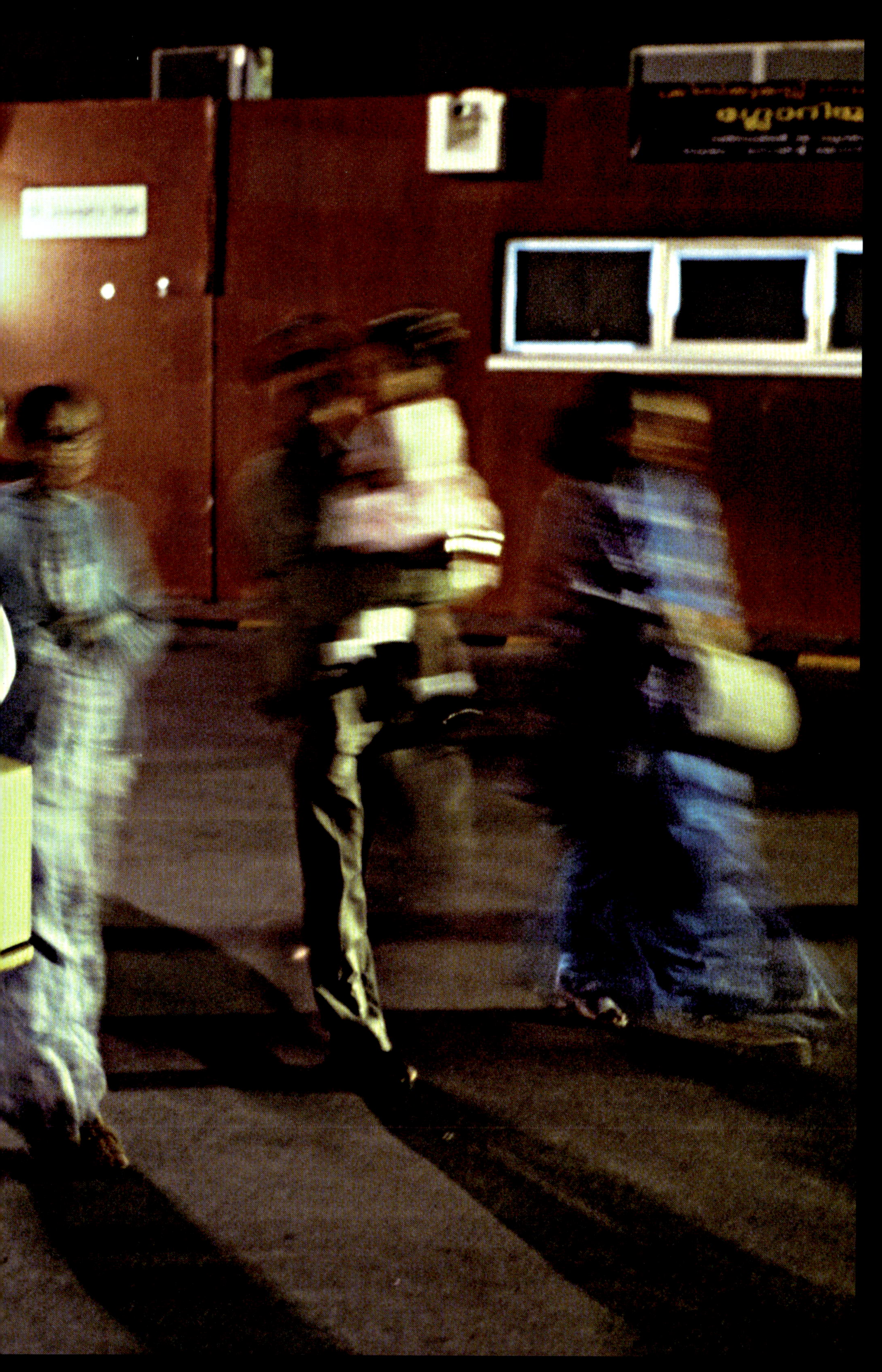

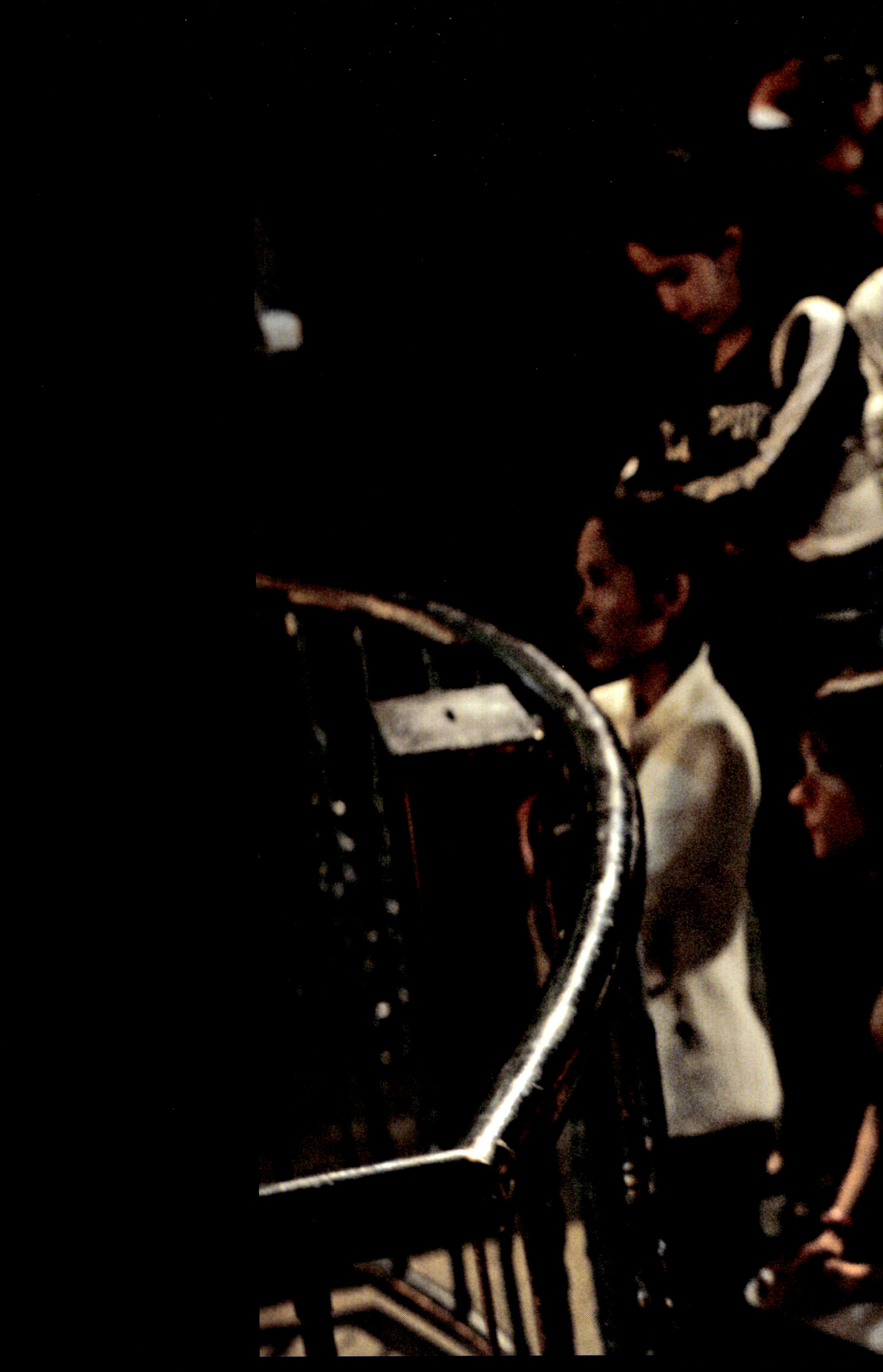

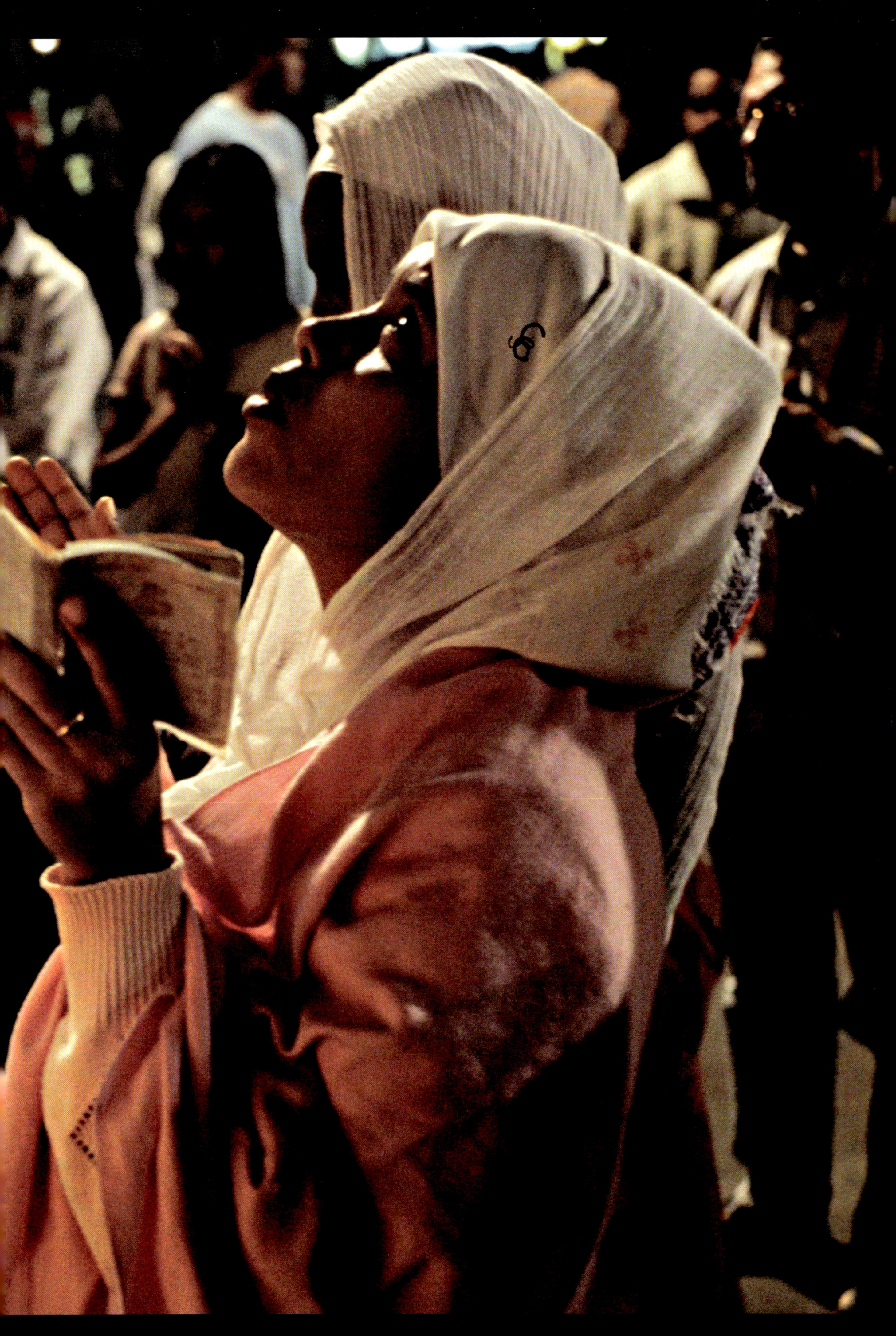

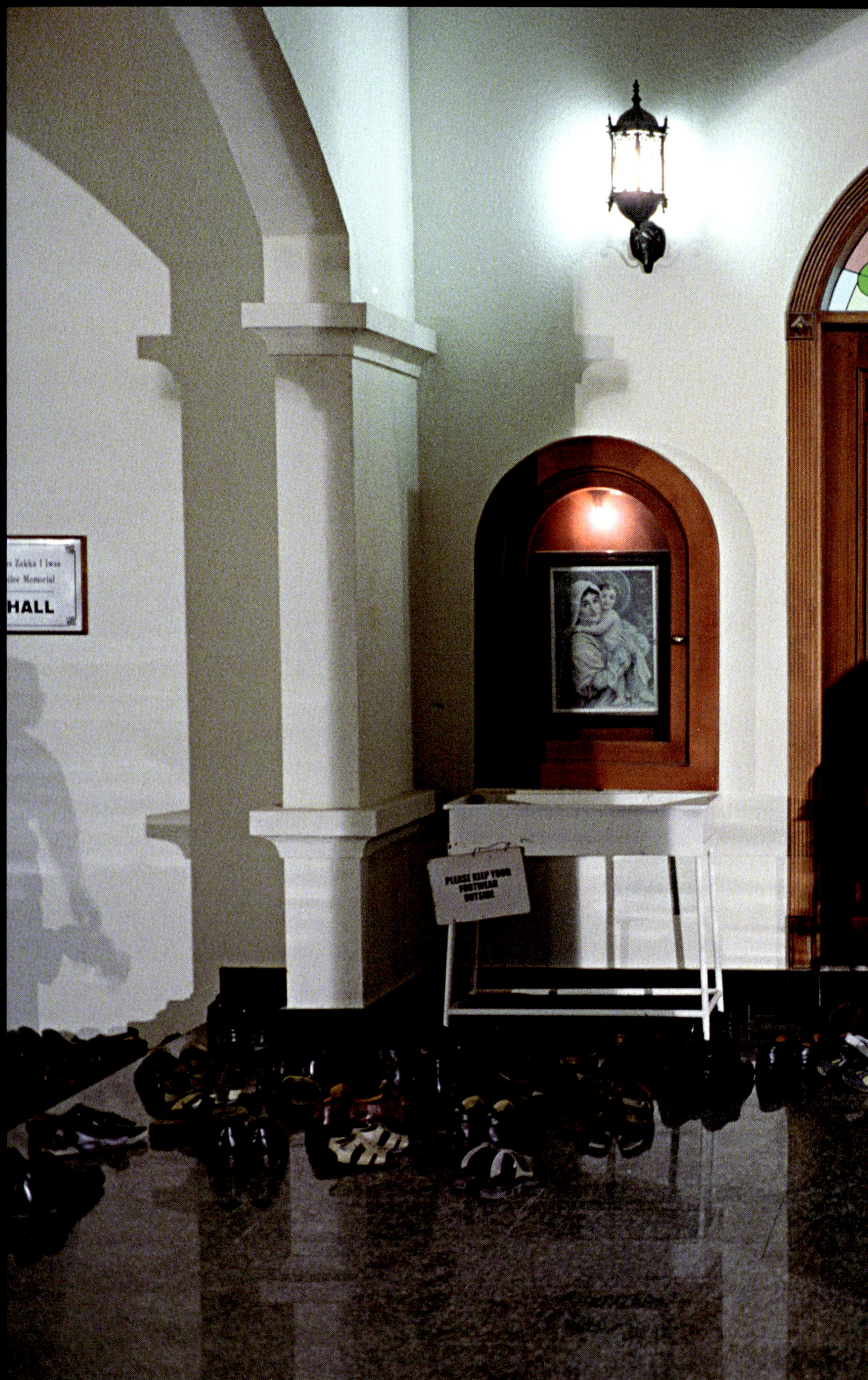
Zakka I Iwas
Memorial
HALL
PLEASE KEEP YOUR
FOOTWEAR
OUTSIDE

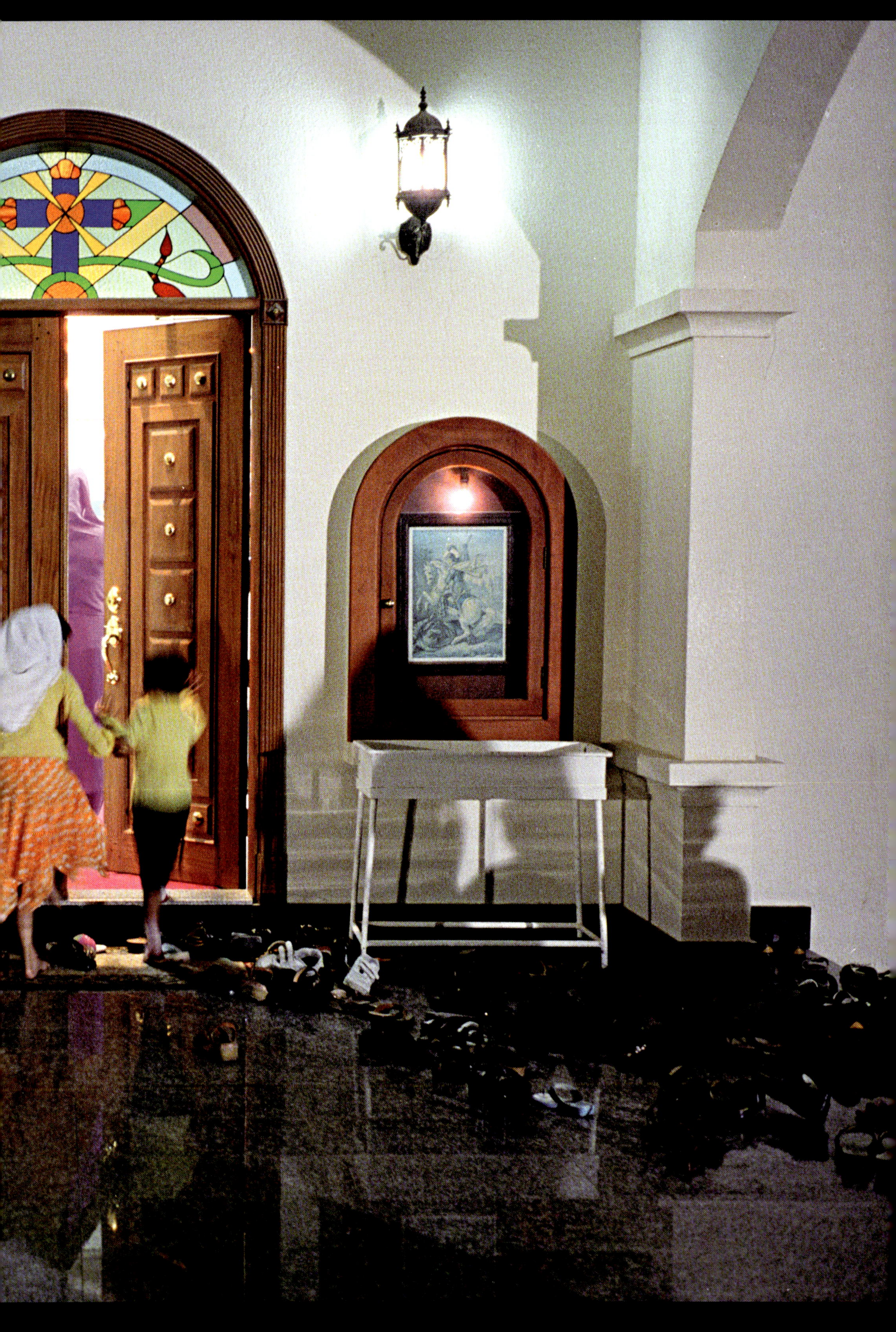

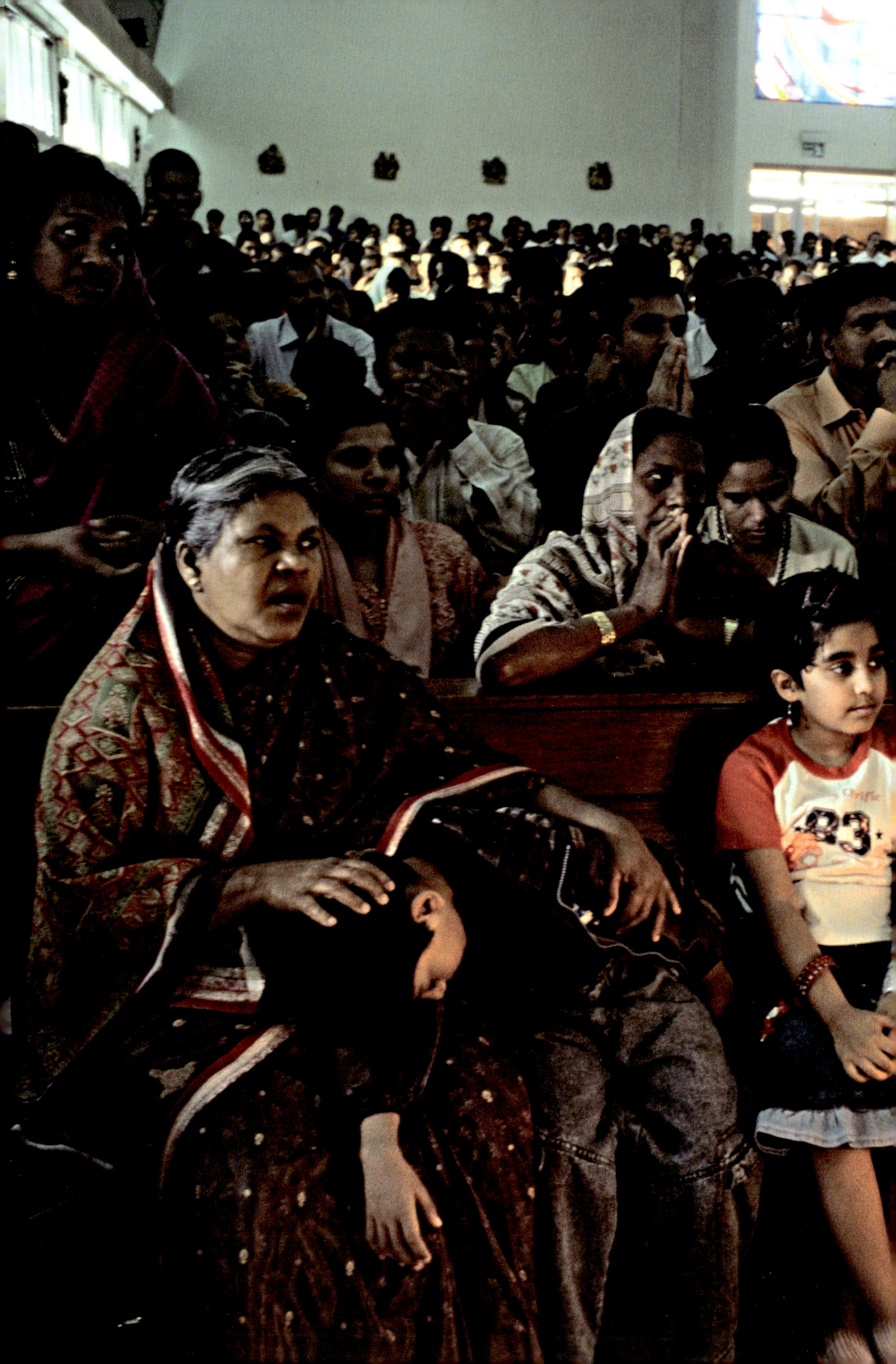
83

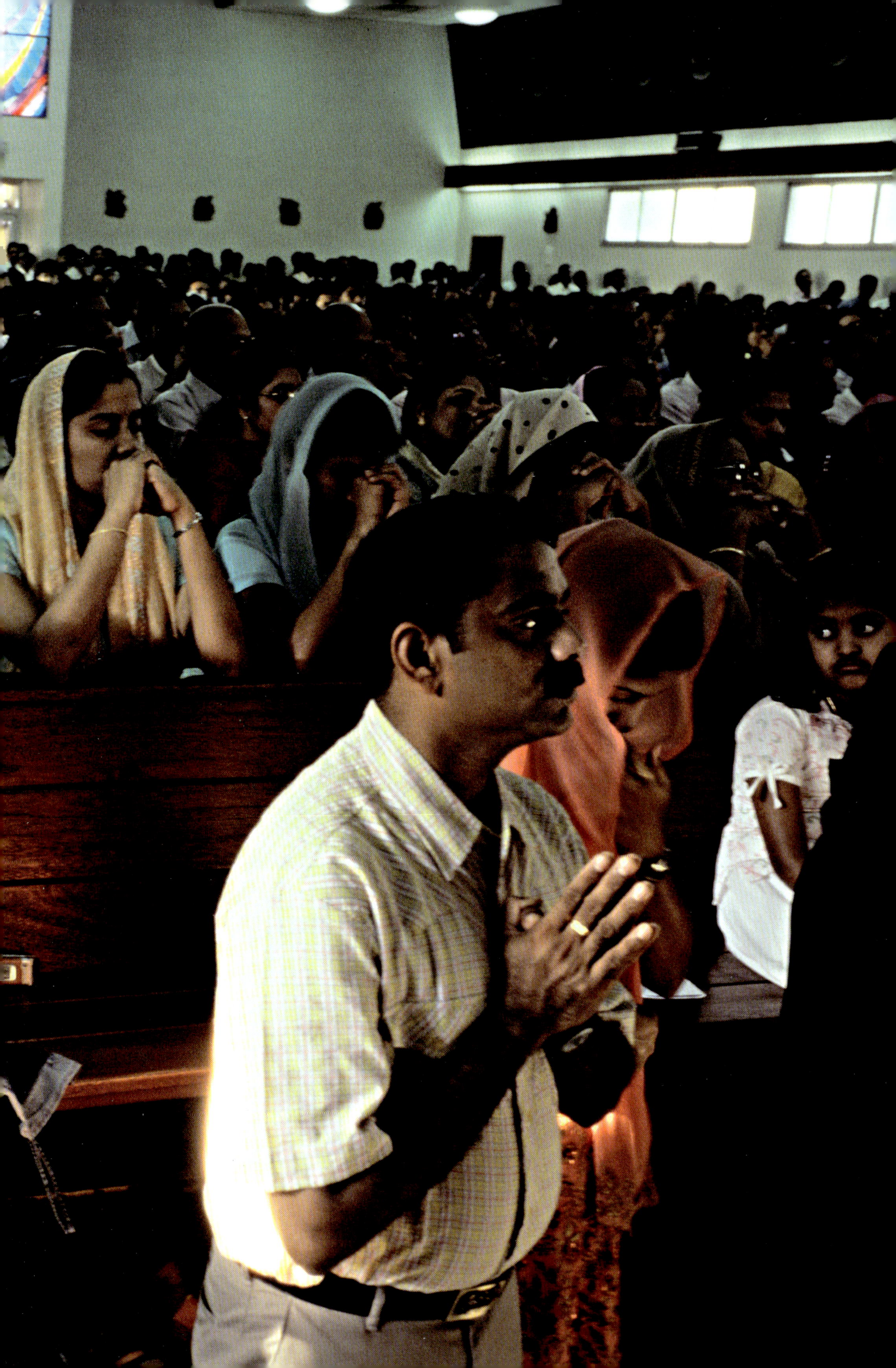

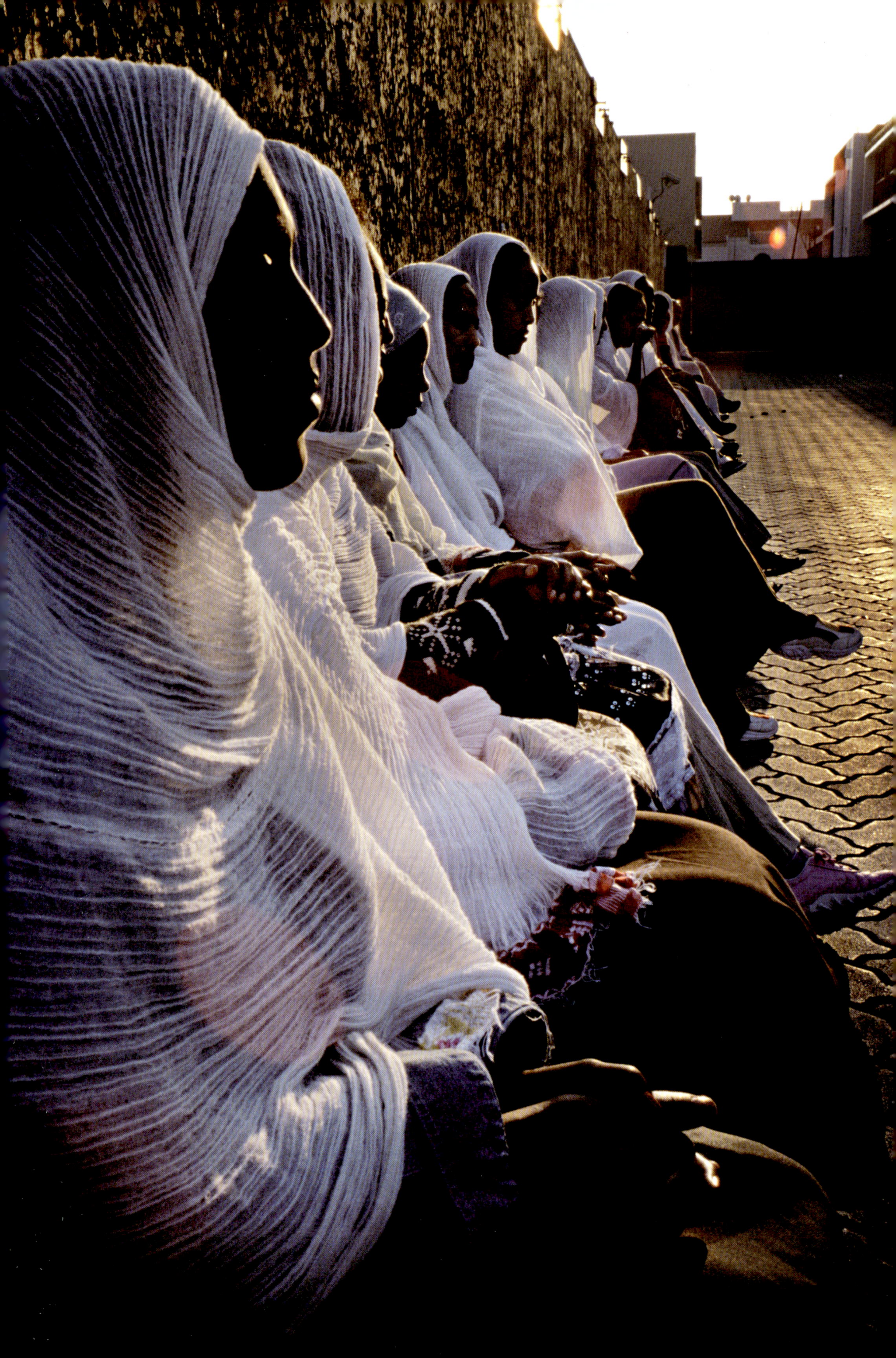

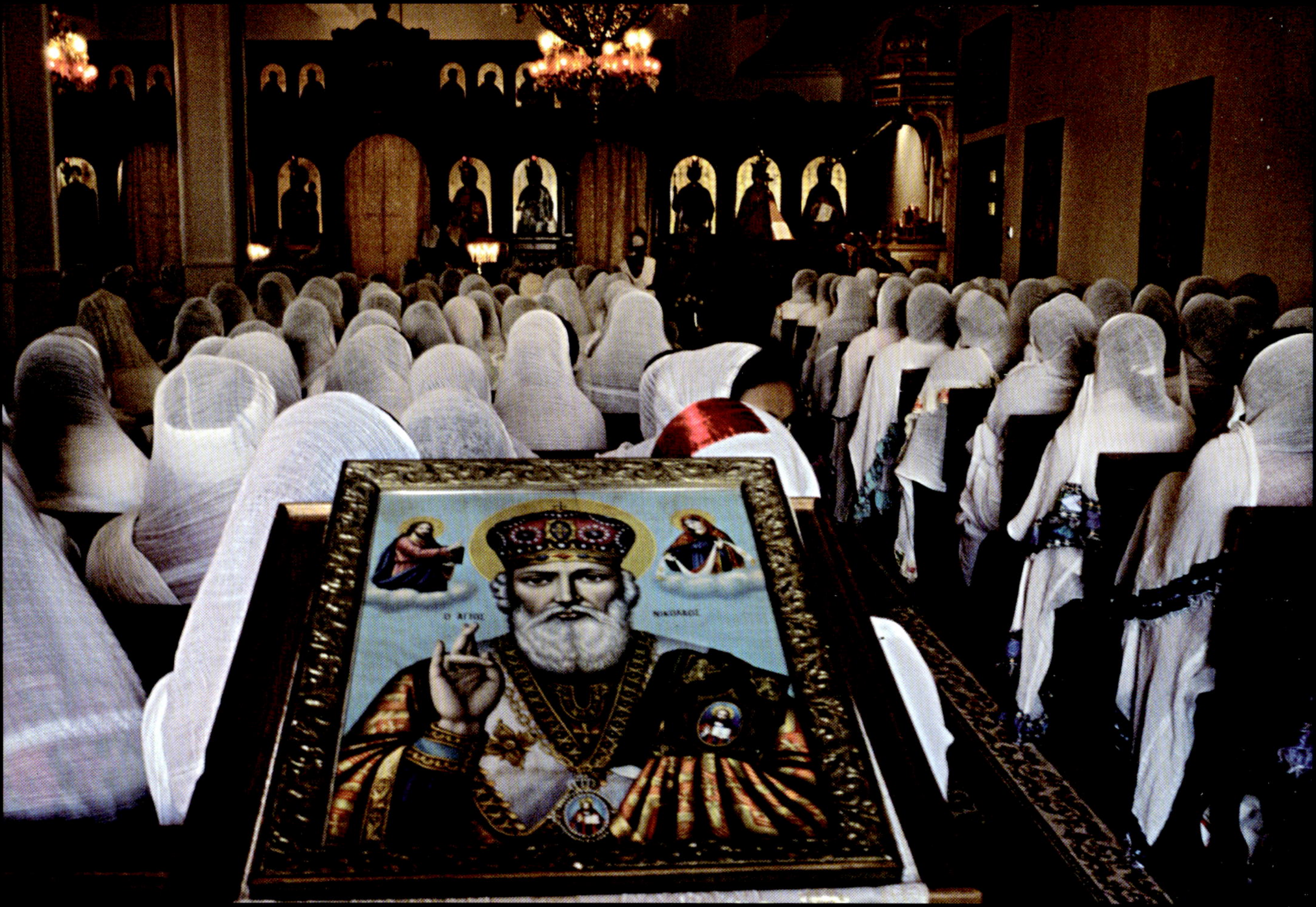

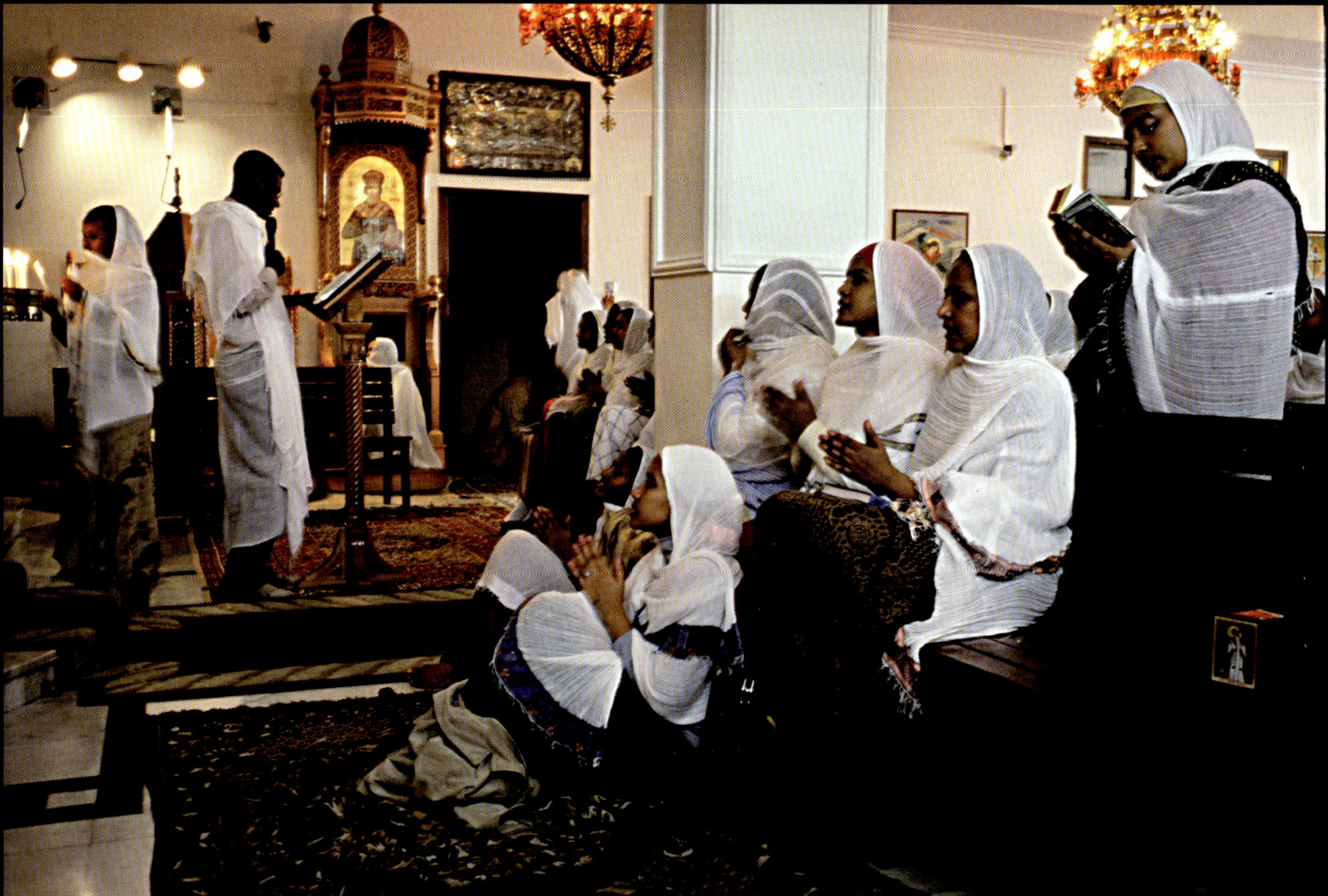

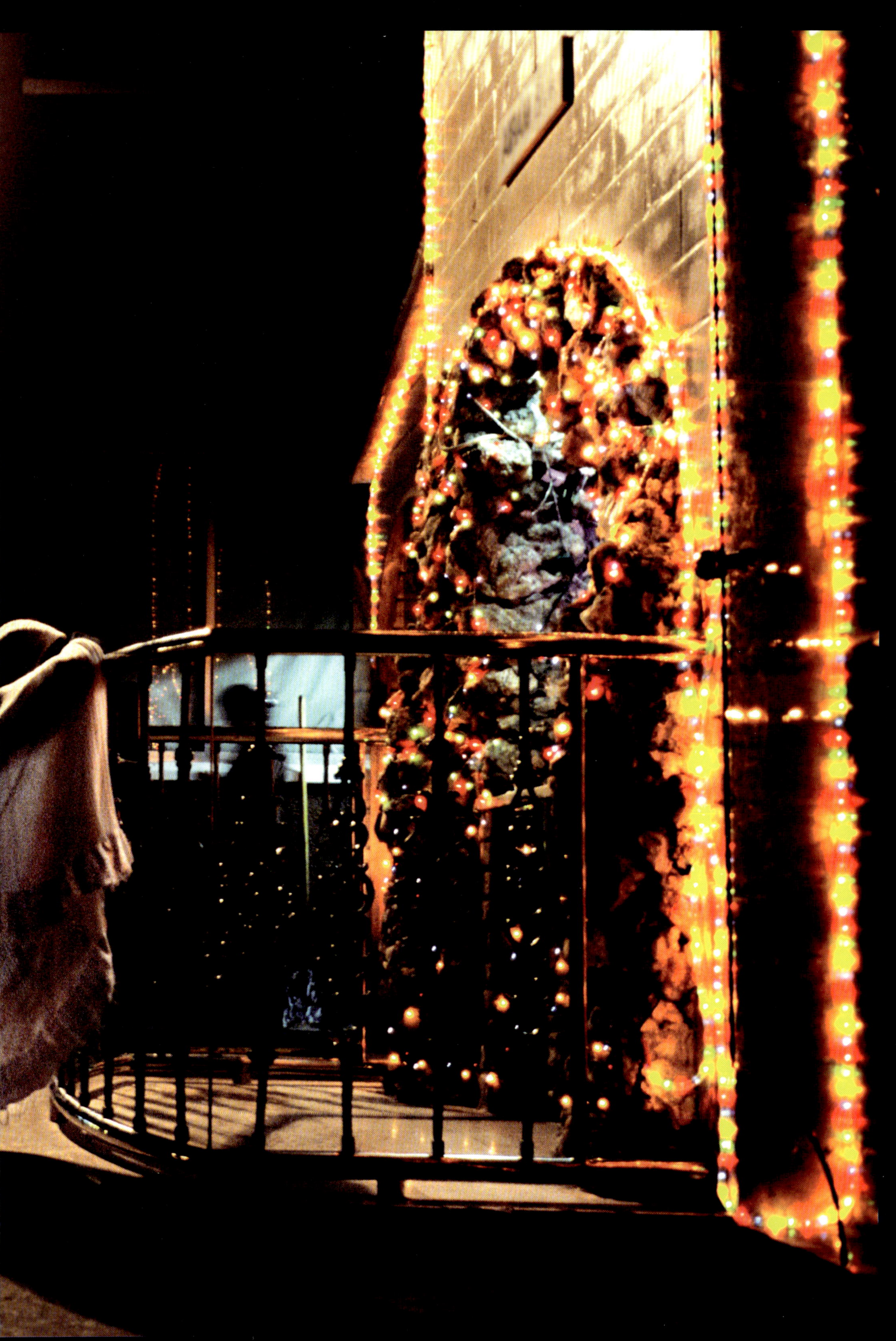

SOMMARIO FOTOGRAFICO

Israele, Territori Palestinesi

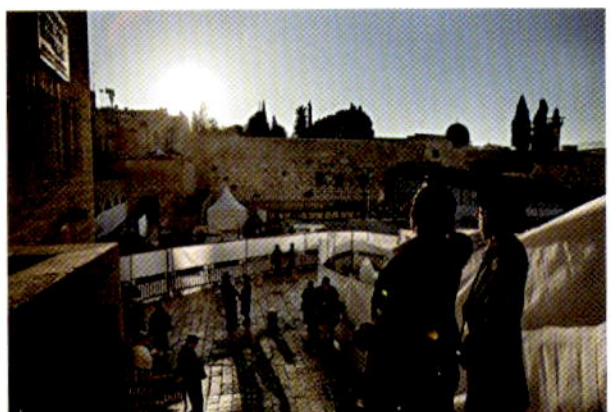

Giovani ebrei osservano il Muro occidentale e la Spianata delle Moschee a Gerusalemme (Israele, maggio 2009)

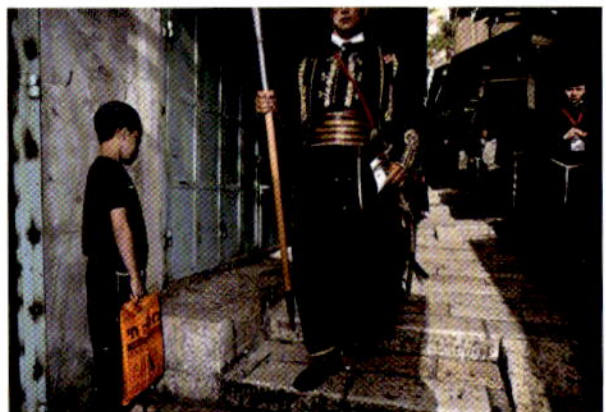

Bambino ebreo attende il passaggio della processione dei padri francescani diretti alla basilica del Santo Sepolcro a Gerusaleme (Israele, maggio 2009)

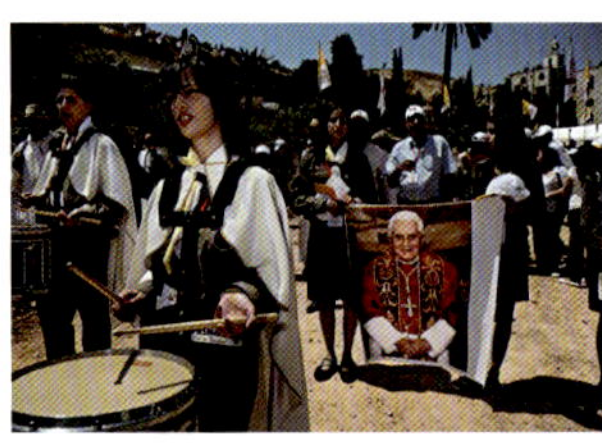

Scout cristiani palestinesi assistono alla Messa del Papa nella Valle del Cedron a Gerusalemme (Israele, 12 maggio 2009)

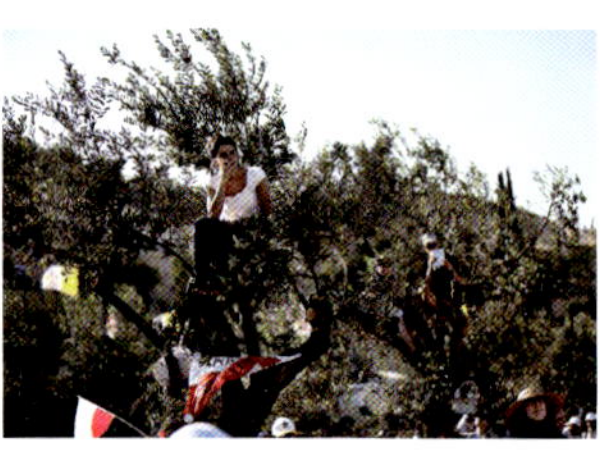

Pellegrini in attesa della Messa del Papa nella Valle del Cedron a Gerusalemme (Israele, 12 maggio 2009)

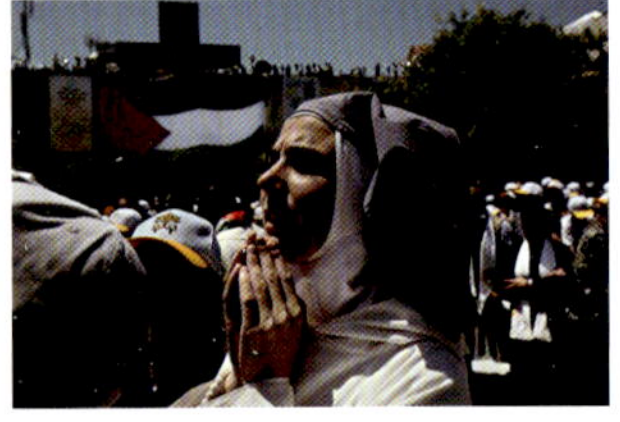

Suora in preghiera alla Messa del Papa a Betlemme durante la visita di Benedetto XVI (Territori Palestinesi, 13 maggio 2009)

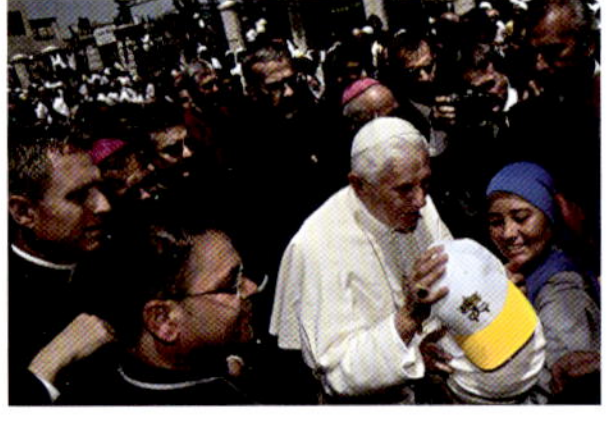

Il Papa incontra a Betlemme i piccoli ospiti dell'*Hogar del Niño Jesus*, una casa di accoglienza per disabili gravi gestita da una congregazione religiosa argentina (Territori Palestinesi, 13 maggio 2009)

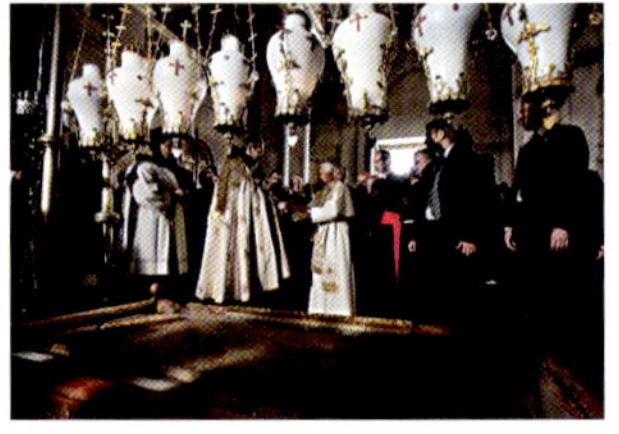

Benedetto XVI in preghiera sulla Pietra dell'Unzione nella basilica del Santo Sepolcro a Gerusalemme (Israele, 15 maggio 2009)

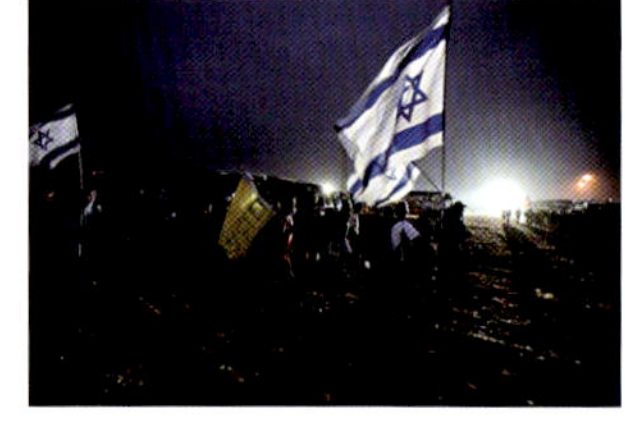

Pellegrini cattolici israeliani ebreofoni in cammino verso Nazaret dove verrà celebrata la Messa del Papa (Israele, 14 maggio 2009)

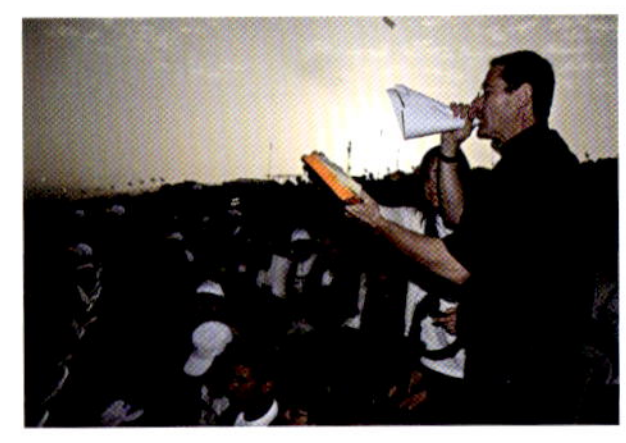

Pellegrini in preghiera alla Messa del Papa a Nazaret (Israele, 14 maggio 2009)

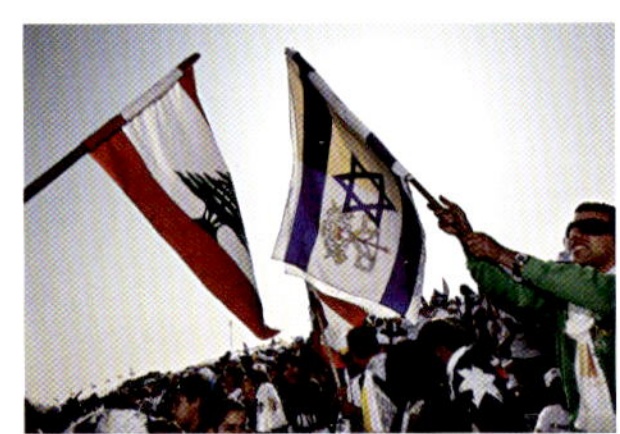

Cattolici libanesi ed ebreofoni partecipano alla Messa di Benedetto XVI a Nazaret (Israele, 14 maggio 2009)

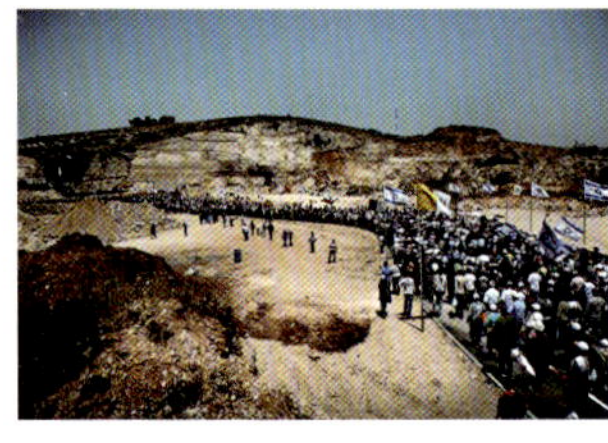

Pellegrini in cammino al termine della Messa del Papa a Nazaret (Israele, 14 maggio 2009)

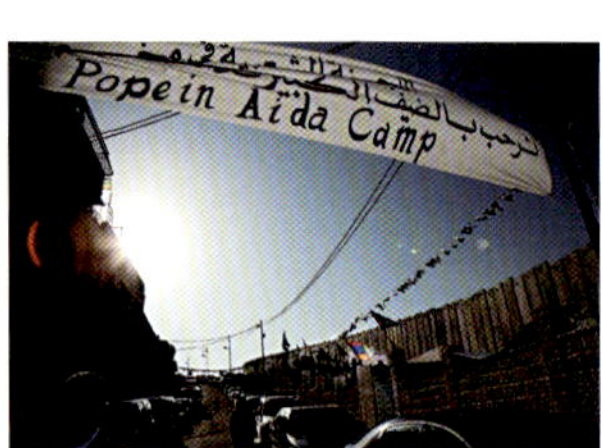

Il campo profughi di Aida (vicino a Betlemme) dà il benvenuto a Benedetto XVI (Territori Palestinesi, 13 maggio 2009)

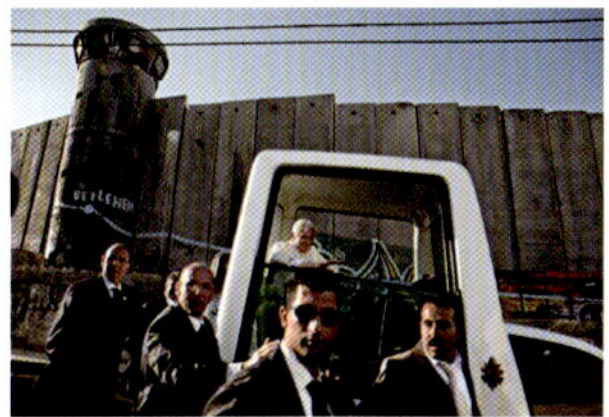

Benedetto XVI in visita al campo profughi di Aida, stretto dalla sagoma grigia del muro di separazione (Territori Palestinesi, 13 maggio 2009)

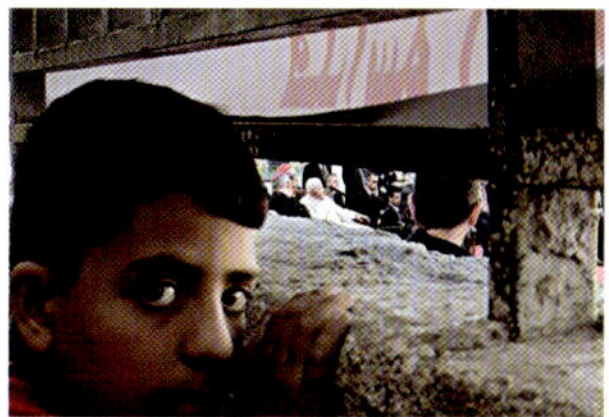

Un bambino palestinese osserva Benedetto XVI da una fessura nel campo profughi di Aida, Betlemme (Territori Palestinesi, 13 maggio 2009)

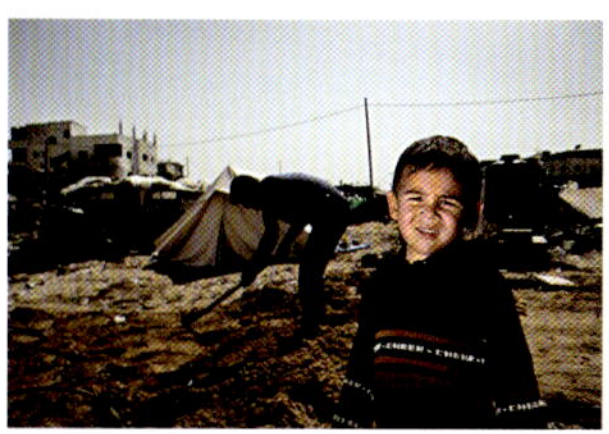

Famiglia palestinese nell'accampamento di Jabalia a nord di Gaza. Il quartiere è stato duramente bombardato dalle forze aeree e terrestri israeliane durante l'attacco militare «Piombo fuso» nel gennaio 2009 (Gaza, aprile 2009)

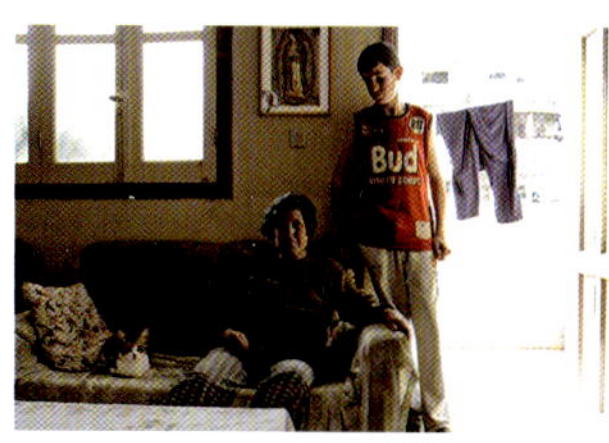

La famiglia Saba è ospitata in casa di parenti in attesa di trovare una nuova abitazione (Gaza, aprile 2009)

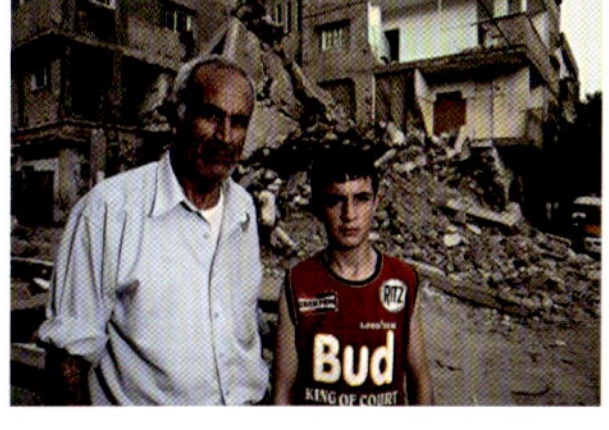

La famiglia Saba, palestinese cattolica, durante l'attacco militare israeliano «Piombo fuso» ha subito la distruzione della propria abitazione e l'uccisione del figlio primogenito (Gaza, aprile 2009)

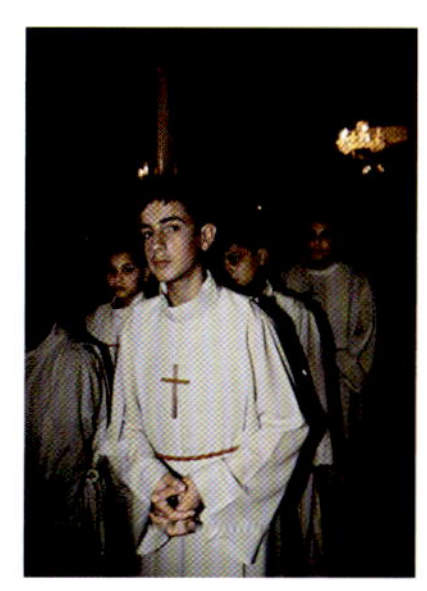

Il figlio superstite della famiglia Saba, in veste di chierichetto, a una celebrazione religiosa presso la chiesa cattolica di Gaza (Gaza, aprile 2009)

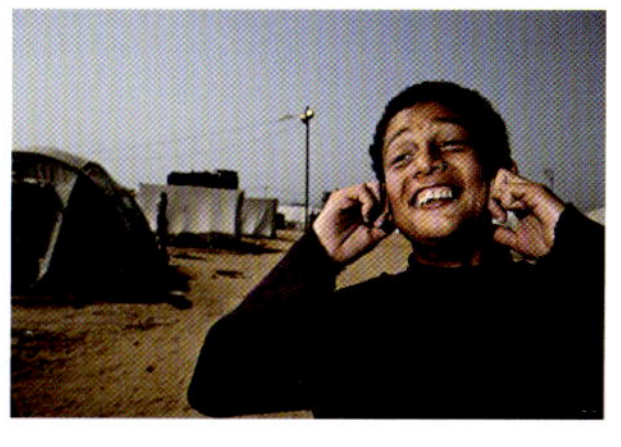

Nella tendopoli di Dahir Al-Balah, il sorriso di un bambino affetto da disordini post-traumatici (*Post-traumatic Stress Disorder*) a seguito dei bombardamenti israeliani nell'azione «Piombo fuso» (Gaza, aprile 2009)

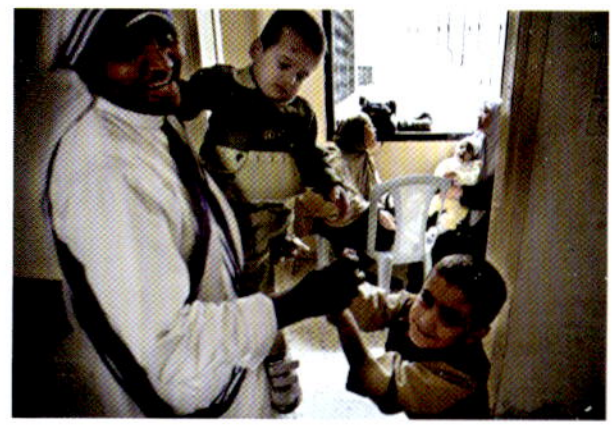

Le suore missionarie della carità di Madre Teresa di Calcutta assistono bambini e anziani con handicap e gravi problemi di salute. I continui bombardamenti delle forze militari israeliane hanno provocato traumi psicologici soprattutto a bambini e anziani (Gaza, aprile 2009)

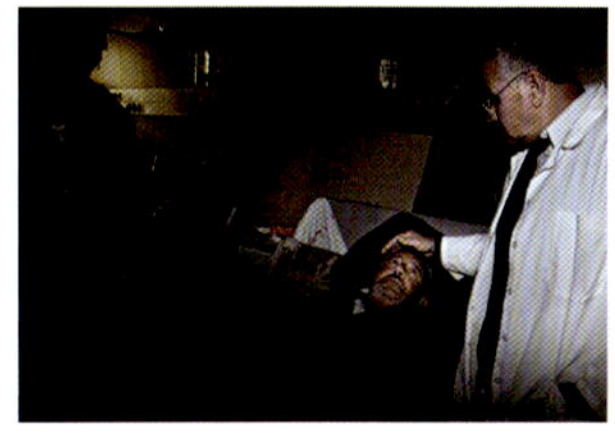

Il dottor Attallah H. Tarazi, chirurgo dell'ospedale Shiffa nella città di Gaza, in visita ai feriti dell'attacco israeliano «Piombo fuso» (Gaza, aprile 2009)

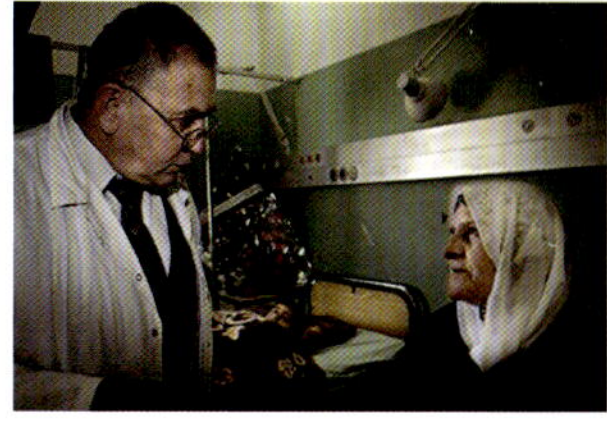

Il dottor Attallah H. Tarazi, chirurgo dell'ospedale Shiffa nella città di Gaza, in visita ai feriti dell'attacco israeliano «Piombo fuso» (Gaza, aprile 2009)

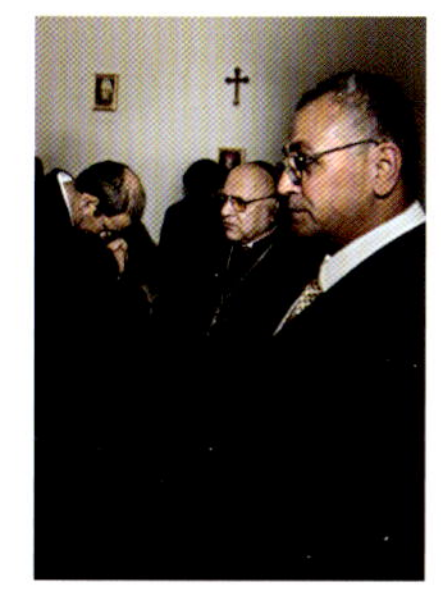

Dottor Attallah H. Tarazi, medico palestinese cattolico, incontra il Patriarca latino emerito di Gerusalemme Mons. Michel Sabbah (Gaza, aprile 2009)

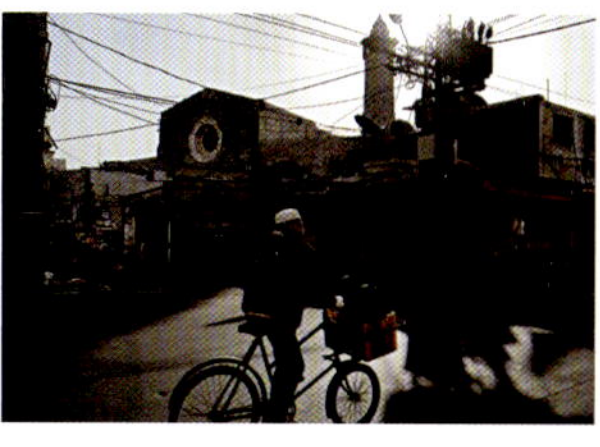

Un'antica chiesa cristiana trasformata in moschea nel centro della città di Gaza (Gaza, aprile 2009)

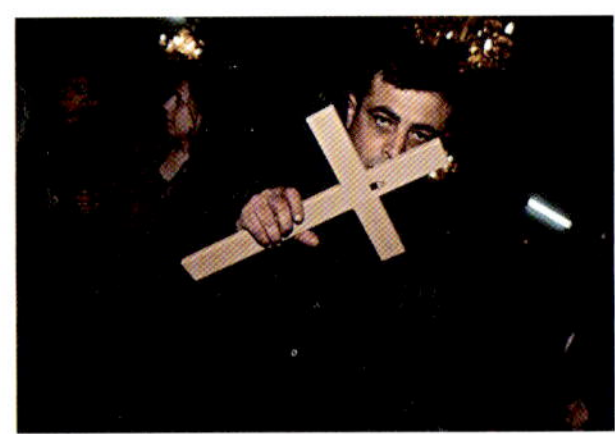

Un fedele palestinese cattolico durante l'azione liturgica del Venerdi Santo presso la chiesa cattolica di Gaza (Gaza, aprile 2009)

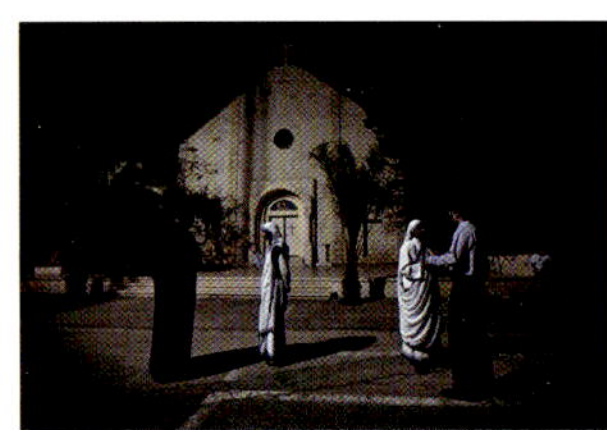

Padre Jorge, parroco di Gaza, dopo la Messa s'intrattiene sul sagrato con le suore Missionarie della Carità di Madre Teresa di Calcutta (Gaza, aprile 2009)

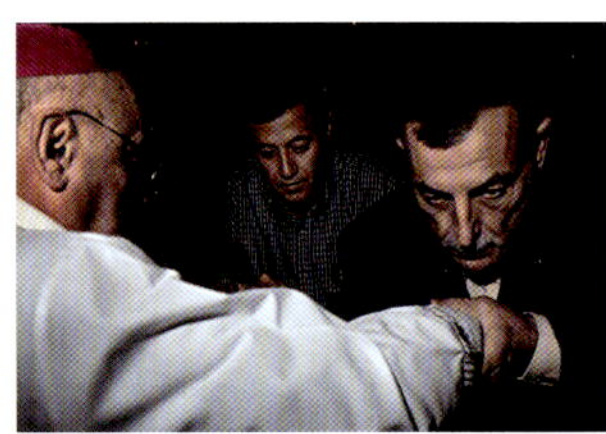

Il Patriarca emerito di Gerusalemme Mons. Michel Sabbah benedice i fedeli al termine della Messa pasquale nella chiesa cattolica di Gaza (Gaza, aprile 2009)

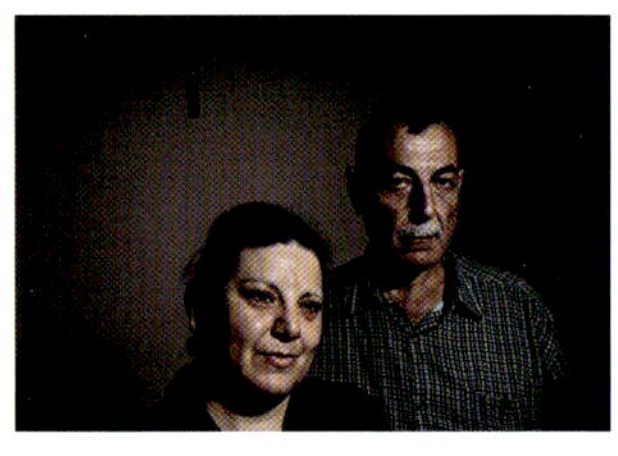

Coniugi palestinesi cattolici nella propria abitazione (Gaza, aprile 2009)

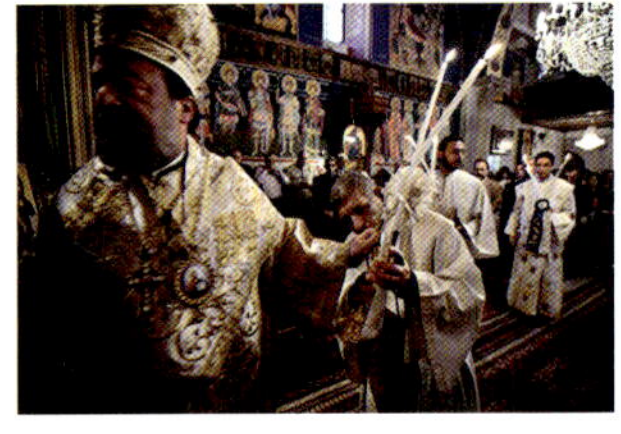

Sacerdote e fedeli ortodossi durante i riti della Settimana Santa (Gaza, aprile 2009)

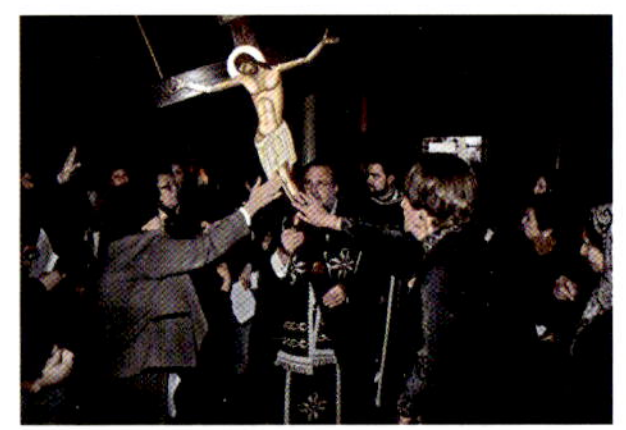

Fedeli ortodossi durante i riti della Settimana Santa (Gaza, aprile 2009)

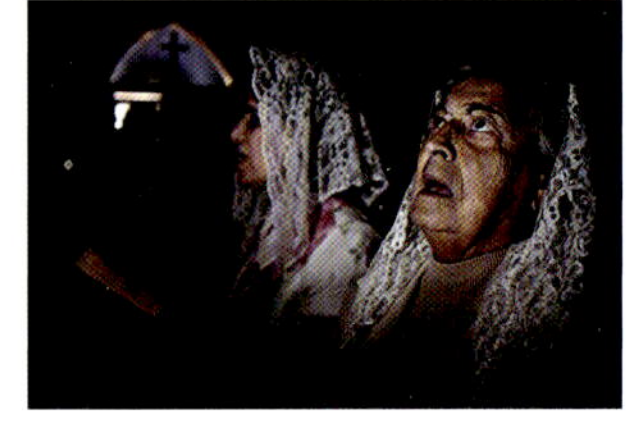

Donne ortodosse durante i riti della Settimana Santa (Gaza, aprile 2009)

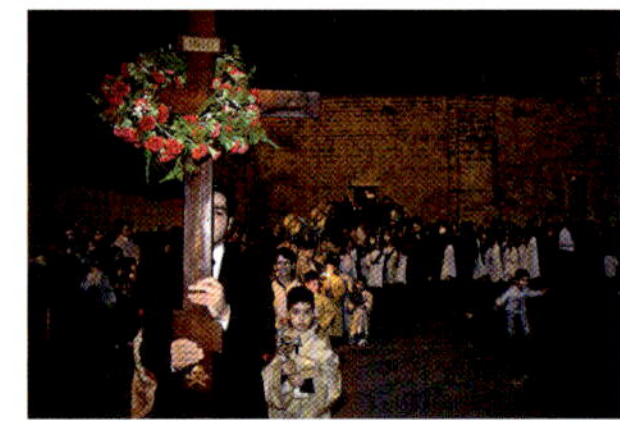

Fedeli ortodossi in processione dietro la croce, durante i riti della Settimana Santa (Gaza, aprile 2009)

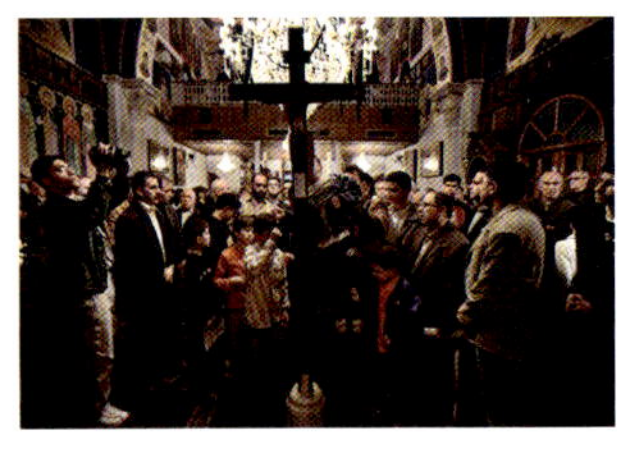

Fedeli stretti intorno alla croce nella chiesa ortodossa di Gaza durante la Settimana Santa (Gaza, aprile 2009)

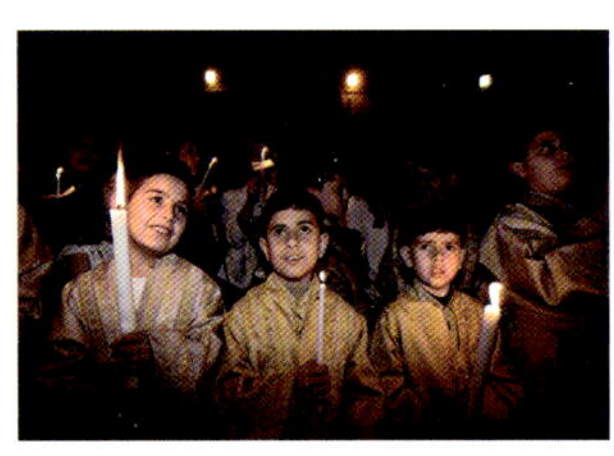

Bambini ortodossi coi ceri durante una processione della Settimana Santa (Gaza, aprile 2009)

Iran

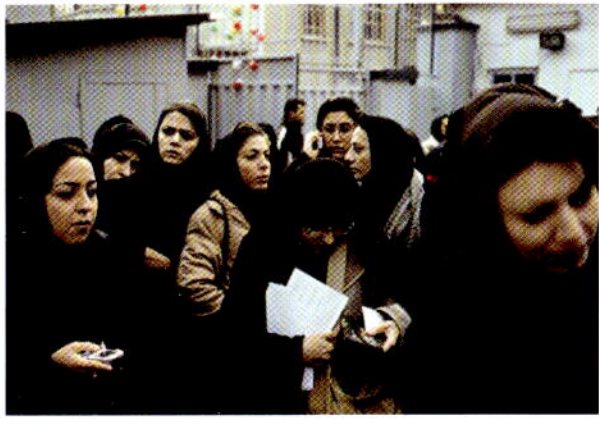

Studentesse all'entrata dell'Università di Teheran (Iran, gennaio 2008)

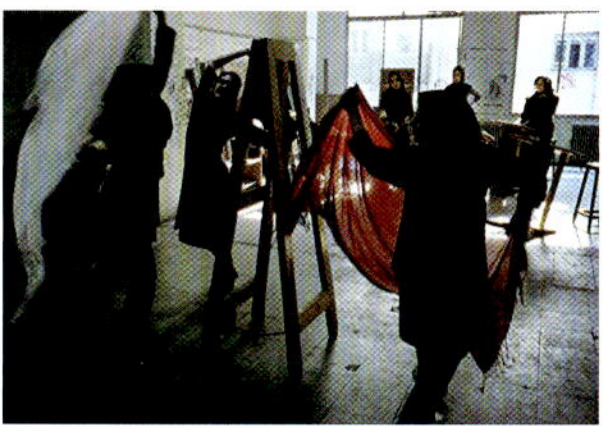

Studentesse impegnate in una performance artistica all'Università delle Belle Arti di Teheran (Iran, gennaio 2008)

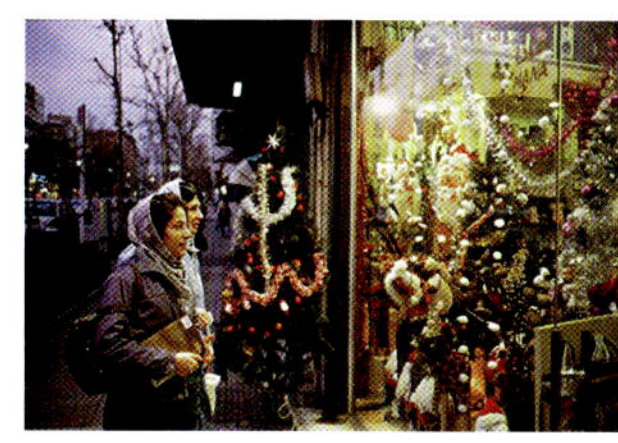

Ragazze cristiane a passeggio nelle strade di Teheran la vigilia di Natale (Iran, dicembre 2007)

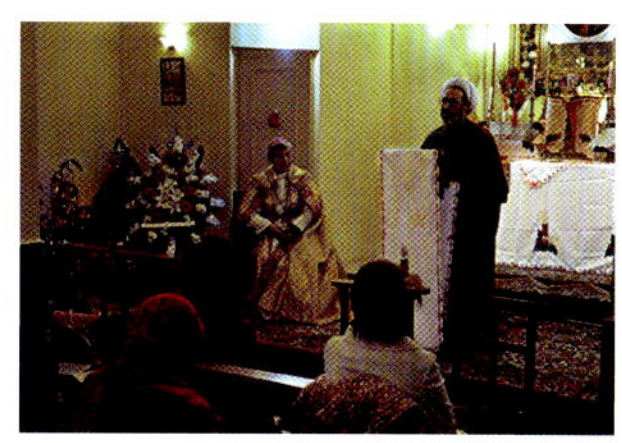

Il saluto dell'imam sciita, in occasione del Natale, in una chiesa caldea di Teheran alla presenza del vescovo monsignor Ramzi Garmou (Iran, gennaio 2008)

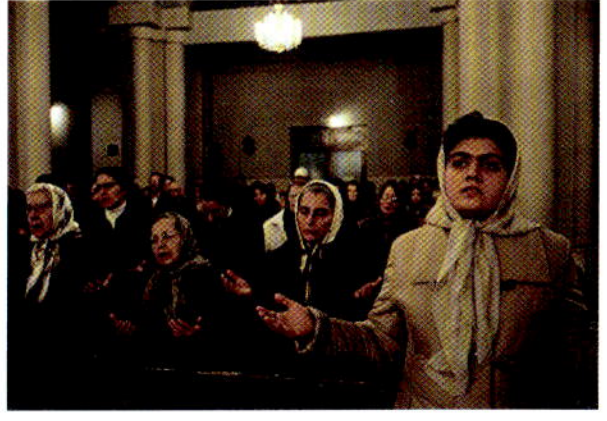

Fedeli in preghiera nella cattedrale caldea di Teheran (Iran, dicembre 2007)

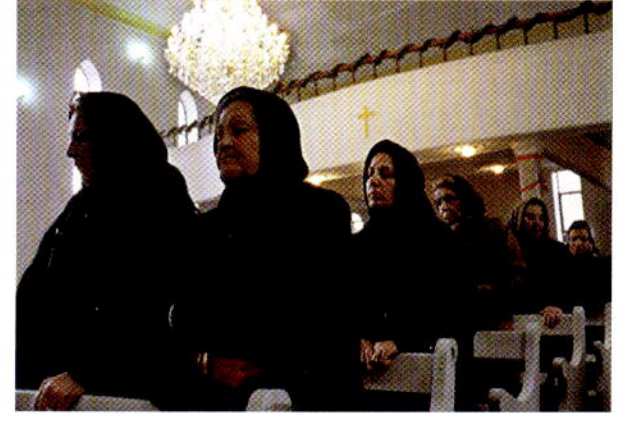

Donne cristiane in preghiera in una chiesa di Urmia nell'Azarbaijan occidentale (Iran, gennaio 2008)

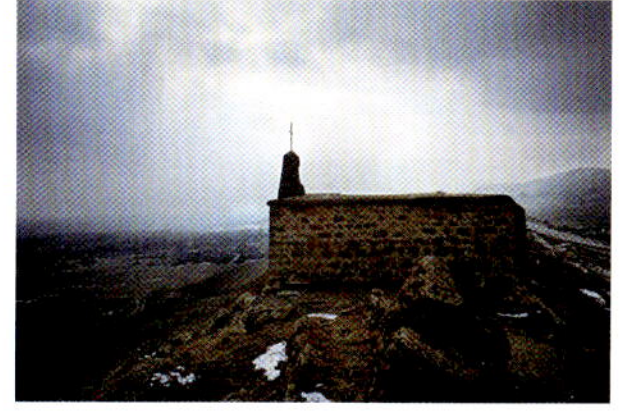

Antica chiesa cristiana sulle alture dell'Azarbaijan occidentale (Iran, gennaio 2008)

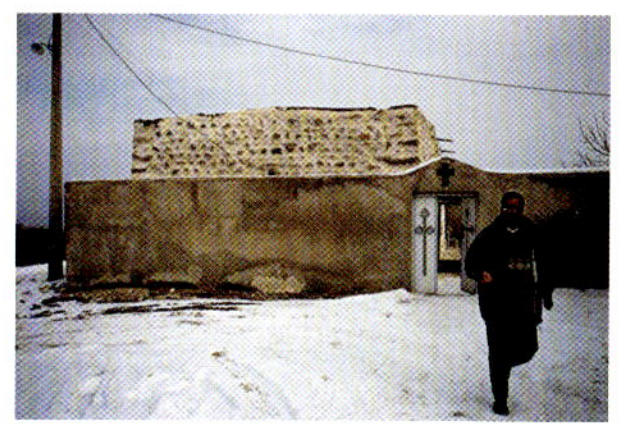

Le chiese cristiane nell'Azarbaijan occidentale sono spesso chiuse e poco utilizzate. La loro custodia è lasciata alle famiglie curde musulmane del luogo (Iran, gennaio 2008)

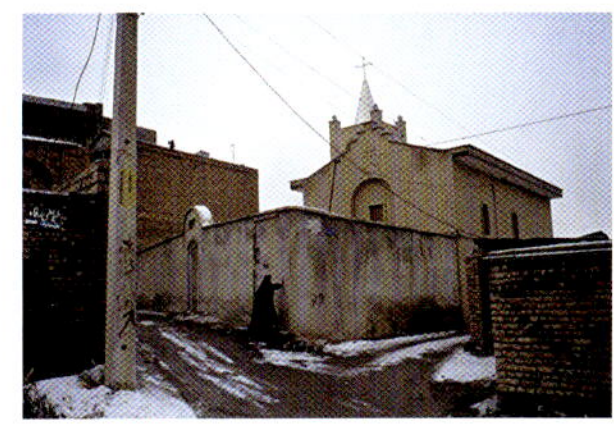

Una delle poche donne cristiane rimaste in un villaggio nei pressi di Koy, nell'Azarbaijan occidentale. Anziana, appoggiata con fatica al muro della chiesa, potrebbe essere un'immagine simbolo della minacciata presenza cristiana in Iran (Iran, gennaio 2008)

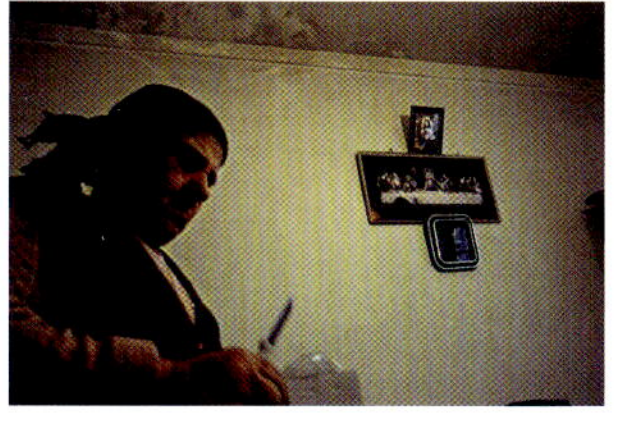

Ultima famiglia cristiana in un villaggio nei pressi di Urmia. Frutticoltori da generazioni i due anziani genitori stanno per essere abbandonati dal figlio che emigrerà a San José in California dove vive una delle più numerose comunità iraniane d'America (Iran, gennaio 2008)

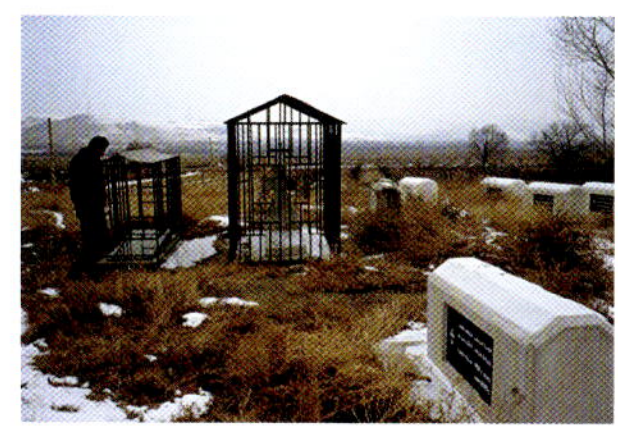

Cimitero cristiano nei pressi di Urmia, la città capitale dell'Azarbaijan occidentale (Iran, gennaio 2008)

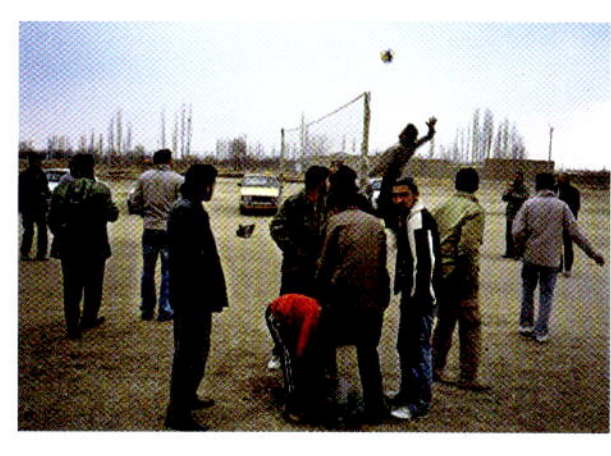

Giovani uomini giocano a pallavolo nella fredda pianura dell'Azarbaijan occidentale. L'embargo internazionale e la crisi economica hanno prodotto un altissimo livello di disoccupazione (Iran, gennaio 2008)

Penisola Arabica

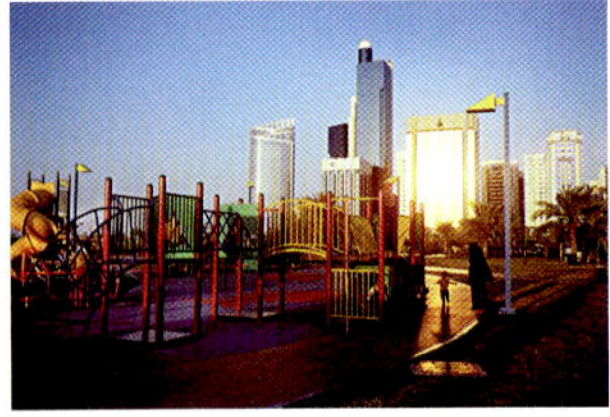

Una mamma araba musulmana con il figlioletto in un parco giochi di Abu Dhabi (Emirati Arabi Uniti, dicembre 2006)

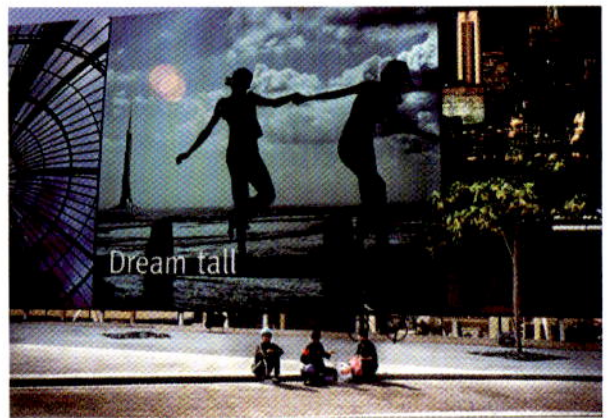

Operai stranieri al termine del loro turno di lavoro. Sullo sfondo le luci della megalopoli del Golfo, capitale del lusso e sede di società e imprese multinazionali (Emirati Arabi Uniti, gennaio 2007)

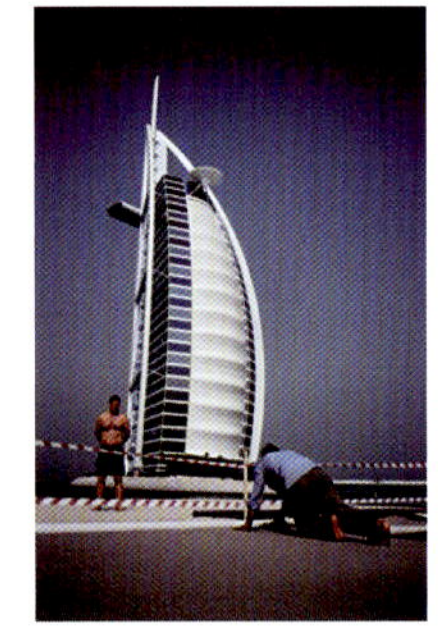

Immigrato al lavoro sotto lo sguardo incuriosito di un turista ai piedi del Burj Dubai Hotel (Emirati Arabi Uniti, gennaio 2007)

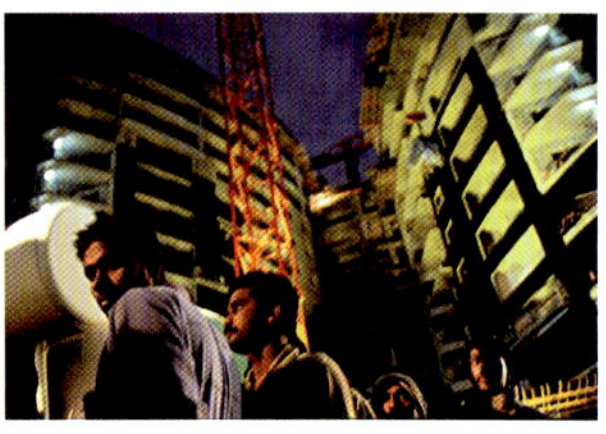

Cristiani egiziani al lavoro in un cantiere edile di Abu Dhabi (Emirati Arabi Uniti, dicembre 2006)

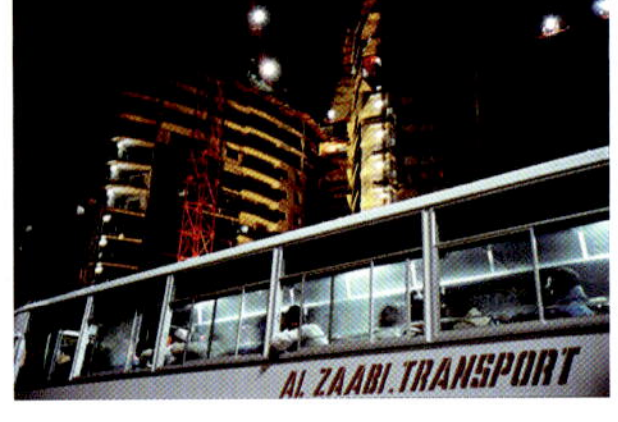

Gli operai dei cantieri edili sono tutti immigrati. Ogni sera vengono trasportati nei villaggi «dormitorio» situati nel deserto a diversi chilometri di distanza dai centri urbani. È una «massa umana» che compare e scompare ad intermittenza, assolutamente invisibile ai turisti di passaggio (Emirati Arabi Uniti, dicembre 2006)

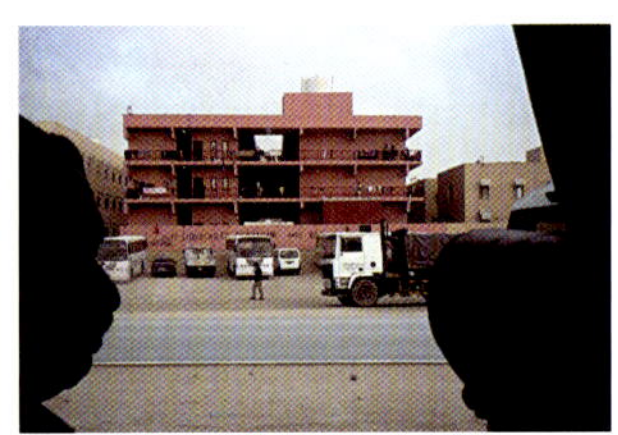

Villaggio «dormitorio» visto dal finestrino di un autobus che trasporta gli operai dai cantieri edili di Dubai (Emirati Arabi Uniti, gennaio 2007)

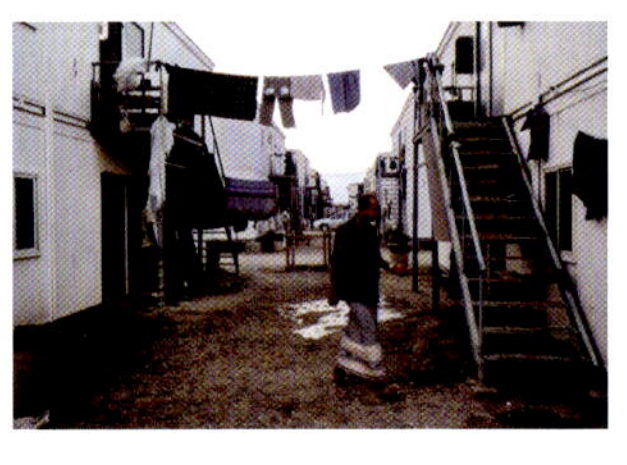

Un villaggio «dormitorio» abitato da soli uomini immigrati per lavorare nei cantieri edili di Dubai. La loro esistenza è segnata dall'assenza di diritti e dall'impossibilità di prendere la residenza (Emirati Arabi Uniti, gennaio 2007)

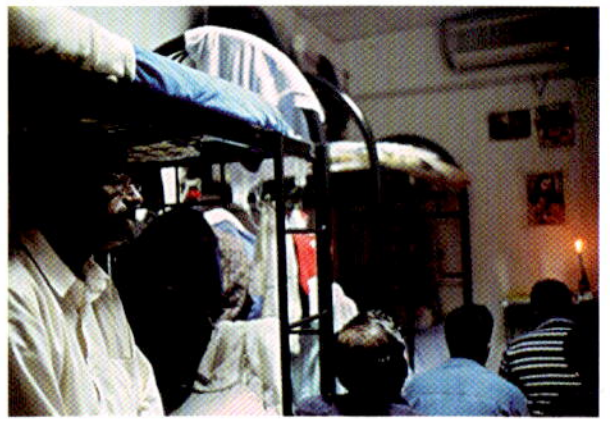

In un appartamento vivono stipati decine di lavoratori cristiani. La libertà di culto è consentita solo in ambiti «ufficiali», come le chiese riconosciute. Ma nei villaggi «dormitorio» non ce ne sono. Così si rischia, pregando nei propri spazi abitativi (Emirati Arabi Uniti, gennaio 2007)

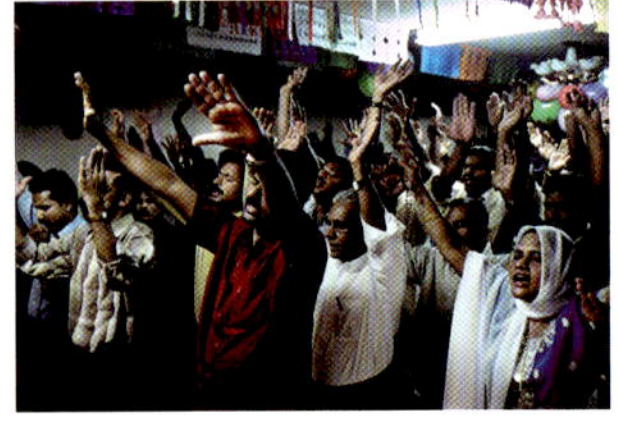

Immigrati dal Kerala (India) pregano nel garage di un villaggio «dormitorio» (Emirati Arabi Uniti, gennaio 2007)

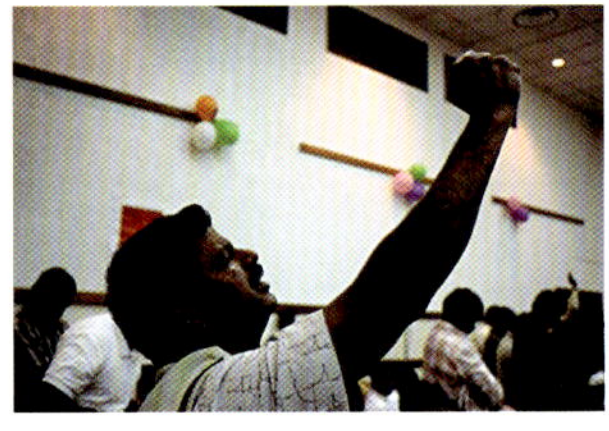

Immigrati dal Kerala (India) pregano nel garage di un villaggio «dormitorio» (Emirati Arabi Uniti, gennaio 2007)

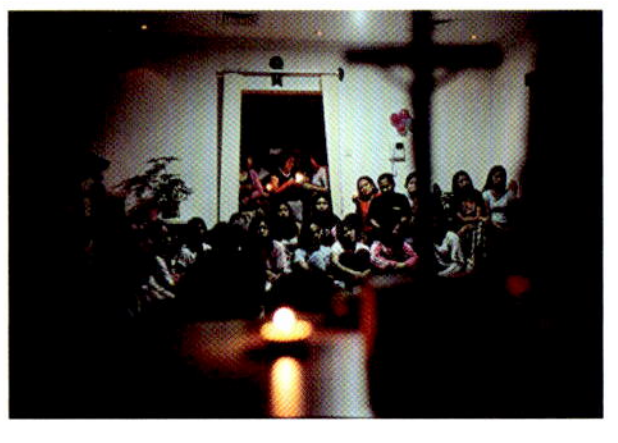

Ragazze filippine riunite in preghiera in una stanza del Consolato di Manila a Dubai. Sono rifugiate in attesa di processo per essere scappate dagli abusi delle famiglie arabe che le avevano assunte (Emirati Arabi Uniti, gennaio 2007)

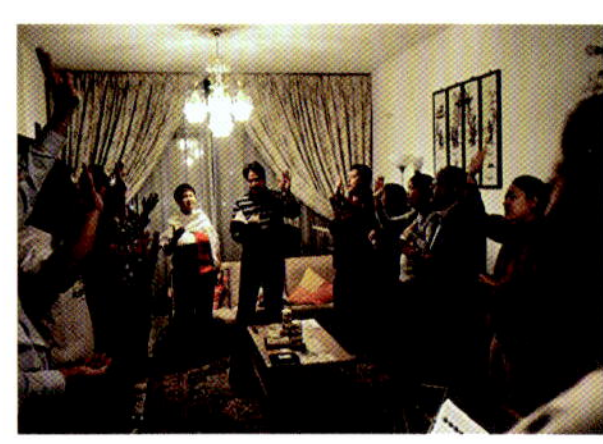

Filippini appartenenti al movimento *Legio Mariae*, raccolti in preghiera presso un'abitazione privata. Una pratica molto rischiosa, contraria alle regole imposte dalle autorità locali che limitano la libertà di culto ai siti ufficialmente riconosciuti (Emirati Arabi Uniti, gennaio 2007)

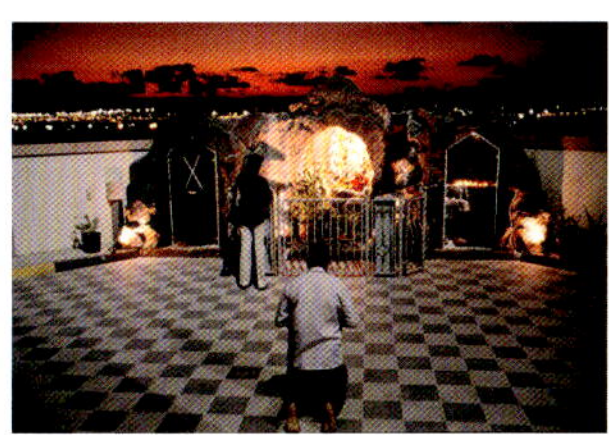

Immigrati di fede cristiana in preghiera presso la chiesa di Jumeira, nei sobborghi di Dubai (Emirati Arabi Uniti, gennaio 2007)

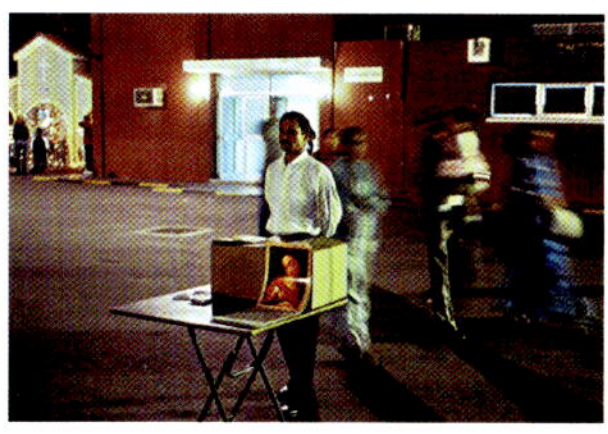

Immigrati di origine indiana in visita al centro parrocchiale San Giuseppe di Abu Dhabi (Emirati Arabi Uniti, dicembre 2006)

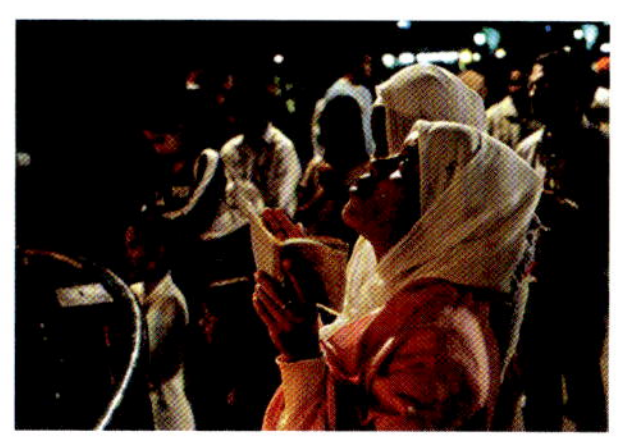

Ragazza etiope di confessione copta in preghiera presso la parrocchia cattolica di Abu Dhabi (Emirati Arabi Uniti, dicembre 2006)

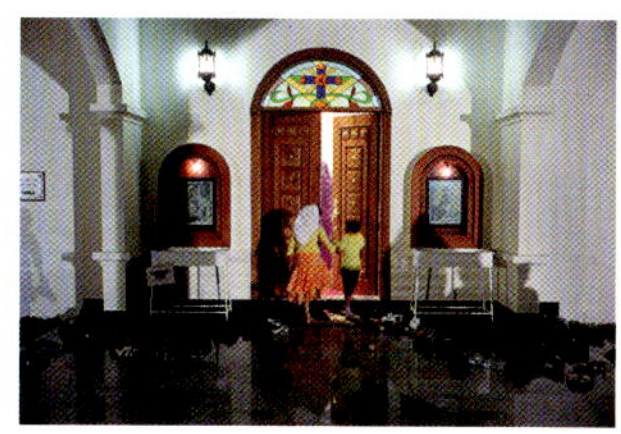

Giovani immigrati d'origine indiana all'entrata di una chiesa ortodossa siro-malankarese, nella periferia di Abu Dhabi (Emirati Arabi Uniti, dicembre 2006)

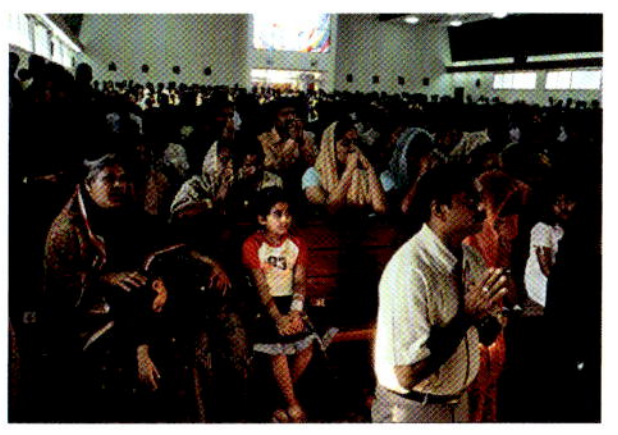

Fedeli immigrati dal Kerala (India) in preghiera nella chiesa cattolica di Dubai (Emirati Arabi Uniti, gennaio 2006)

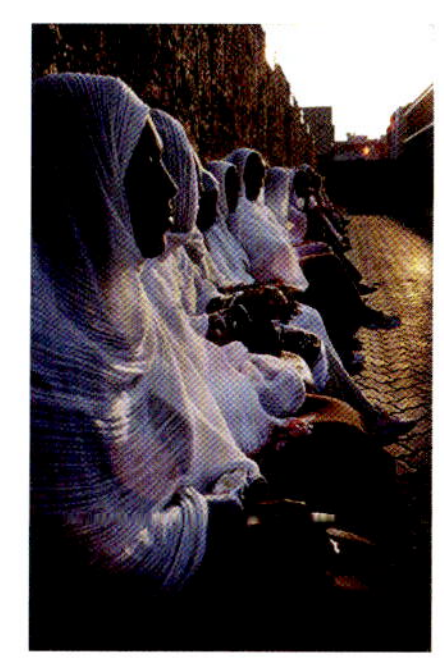

Donne etiopi riunite sul sagrato della chiesa copta di Abu Dhabi (Emirati Arabi Uniti, dicembre 2006)

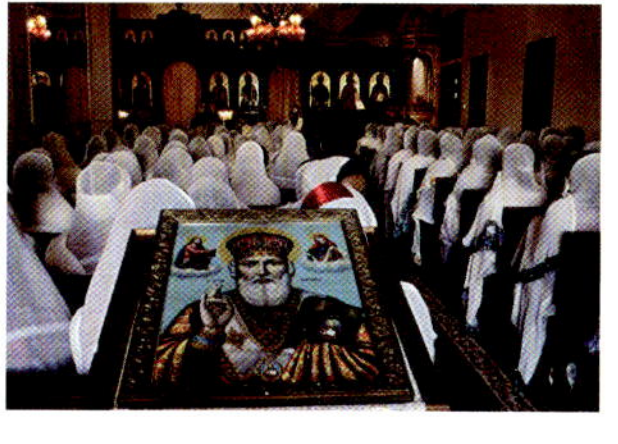

Fedeli etiopi alla Messa nella chiesa copta di Abu Dhabi. Le donne etiopi lavorano per la maggior parte come collaboratrici domestiche nelle case della borghesia araba. (Emirati Arabi Uniti, dicembre 2006)

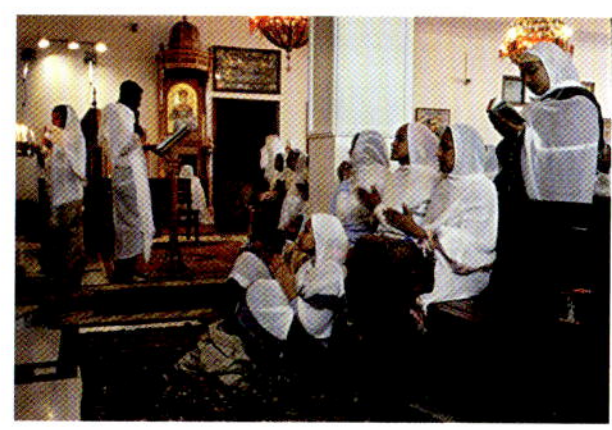

Fedeli etiopi alla Messa nella chiesa copta di Abu Dhabi. (Emirati Arabi Uniti, dicembre 2006)

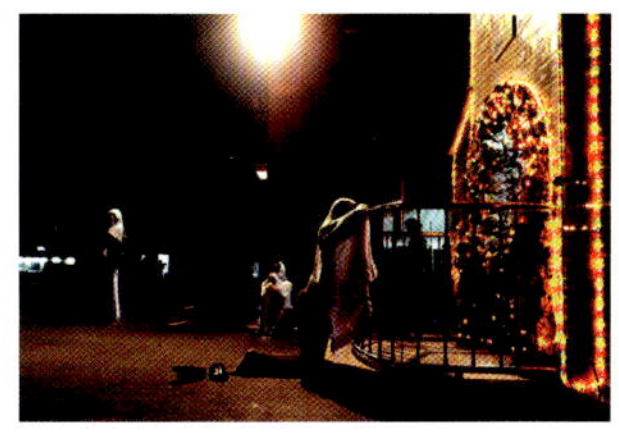

Donne etiopi di confessione copta in preghiera davanti alla statua della Vergine Maria nella parrocchia cattolica di Abu Dhabi (Emirati Arabi Uniti, gennaio 2007)

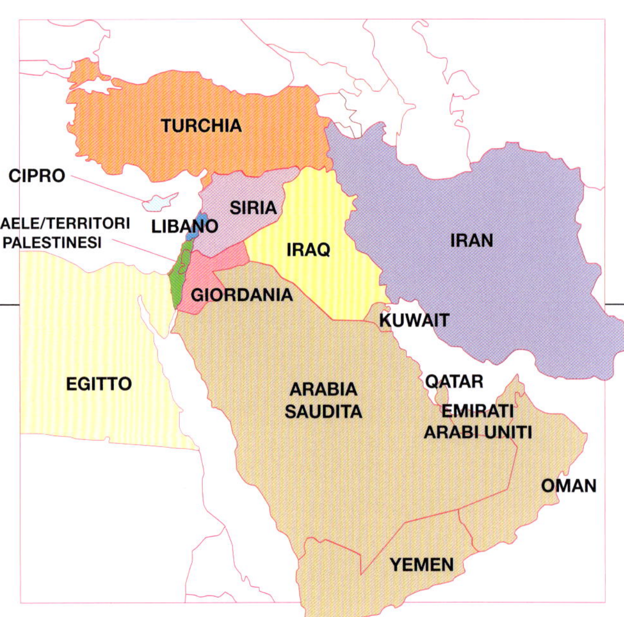

I NUMERI DELLA MINORANZA

di Carlo Giorgi

Ricostruire la consistenza numerica della minoranza cristiana in Medio Oriente e, al suo interno, della stessa minoranza cattolica, cosa che abbiamo cercato di fare in questo volume, non è impresa facile. A causa della frammentazione amministrativa della regione, non sempre infatti è possibile disporre di dati ufficiali. Occorre spesso rifarsi a fonti accreditate che propongono stime, per quanto motivate e credibili, necessariamente imprecise. Quando poi i dati ufficiali ci sono, si possono comprendere solo alla luce dei criteri di conteggio scelti dagli enti statistici che li erogano: criteri tutt'altro che scontati; e variabili, tra l'altro, di ente in ente.
Un grande aiuto nel conteggio dei cattolici del Medio Oriente è dato dall'*Annuario Statistico* della Santa Sede, che di anno in anno fornisce i dati sulla presenza di fedeli, sacerdoti e religiosi, in tutti gli stati del mondo. L'*Annuario Statistico*, nella sua versione più aggiornata (2008), è stato la nostra fonte principale. Va tenuto conto però che l'*Annuario* riporta i dati così come vengono forniti dalle singole diocesi. Talvolta, per il computo, le diocesi sembrano seguire un principio *de iure*, dando il numero dei battezzati, senza tener conto del consistente fenomeno dell'esodo che fa emigrare in Occidente i fedeli (come nel caso del Libano), altre volte seguono un principio *de facto*, considerando anche il gran numero di immigrati cattolici presenti, ma non battezzati in loco o residenti (come nel caso della Penisola Arabica o di Israele). Un problema dell'*Annuario Statistico* è poi dato dal fatto che non riporta alcun dato relativo ai Territori Palestinesi, non essendo internazionalmente riconosciuti come Stato. Anche per questo, per i cattolici dei Territori Palestinesi abbiamo potuto riportare solo una stima. Ancora più complicato è poi dare conto della complessiva presenza cristiana in Medio Oriente. Mancano statistiche ufficiali e unanimemente approvate sul numero dei cristiani. In alcuni casi l'incertezza è enorme. Un esempio è l'Egitto: qui la Chiesa copta ortodossa dichiara 12 milioni di fedeli mentre il governo egiziano ne conta solo 6. Uno scarto di 6 milioni; segno eloquente dell'incertezza in cui i cristiani del Medio Oriente conducono la loro esistenza.

PAESE	POPOLAZIONE TOTALE	CRISTIANI	% sul tot	CATTOLICI	% sul tot
Cipro	794 mila	700 mila	89%	25 mila	3,1%
Egitto	79,1 milioni	7 milioni *	8,8%	196 mila	0,2%
Giordania	5,7 milioni	340 mila	5,8%	109 mila	1,9%
Iran	72 milioni	100 mila	0,15%	19 mila	0,02%
Iraq	32 milioni	400 mila	1,2%	300 mila	1%
Libano	3,9 milioni	oltre 2 milioni *	50%	circa 2 milioni *	50%
Israele	7,5 milioni	152 mila *	2,1%	133 mila	1,8%
Territori Palestinesi	3,9 milioni	200 mila	5,1%	35 mila	0,9%
Siria	19,6 milioni	2 milioni	10%	428 mila	2,2%
Turchia	74,8 milioni	100 mila	0,13%	37 mila	0,05%
Penisola Arabica e Kuwait	60 milioni	3,5 milioni	5,8%	2,4 milioni	4%
MEDIO ORIENTE	circa 360 milioni	16,5 milioni	4,6%	5,7 milioni	1,6%

*Alcune precisazioni per meglio comprendere la tabella. Egitto: secondo il governo egiziano i cristiani copti sarebbero solo 6 milioni. Invece la Chiesa copta ne conta 12; la cifra di 7 milioni, indicata qui, è quindi prudenziale ed è la somma di 6 milioni di copti indicati dal governo e di un milione di cristiani di altre confessioni. Secondo il calcolo della Chiesa copta i cristiani in Egitto sarebbero invece 13 milioni. Libano: l'*Annuario Statistico della Santa Sede* 2008 conta oltre 2 milioni di cattolici; stime accreditate ne contano oggi solo 1 milione. Israele: secondo il l'Ufficio Centrale di Statistica di Israele, i cristiani nel Paese sono 152 mila. Il dato, che considera probabilmente solo i residenti, risulta sottostimato se si tiene conto dei migranti cristiani (russi, filippini, asiatici, religiosi) che ci vivono.

Appendici

I CRISTIANI IN TERRA SANTA

di Giuseppe Caffulli

La visita del Santo Padre Benedetto XVI in Giordania, Israele e Territori Palestinesi (dall'8 al 15 maggio 2009) ha posto per qualche giorno sotto i riflettori della cronaca la difficile situazione dei cristiani di Terra Santa. Il viaggio del Papa, come suo primo scopo, si prefiggeva di confortare e sostenere i cristiani che vivono nei luoghi che per primi hanno conosciuto la salvezza. Ma anche di chiedere la pace per una terra martoriata da troppe lacerazioni e conflitti. «Compirò un pellegrinaggio in Terra Santa per domandare al Signore, visitando i luoghi santificati dal suo passaggio terreno, il prezioso dono dell'unità e della pace per il Medio Oriente e per l'intera umanità», aveva annunciato il Santo Padre durante l'*Angelus* dell'8 marzo 2009.

Gli esiti del viaggio, con i suoi momenti pastorali - le tre celebrazioni pubbliche a Gerusalemme (al Getsemani), a Betlemme (sulla Piazza della Mangiatoia), a Nazaret (al Monte del Precipizio) - gli incontri interreligiosi con le autorità musulmane ed ebraiche, gli incontri ecumenici (con il patriarca greco-ortodosso Teofilo III e il patriarca armeno Torkom II Manoukian), gli incontri con i leader politici, necessitano di un arco temporale più lungo per essere colti nella loro intera portata. Ma l'evento del terzo Papa in Terra Santa (dopo Paolo VI e Giovanni Paolo II) ci può senz'altro stimolare a una presa di coscienza della situazione della Chiesa cattolica locale e delle varie confessioni cristiane.

Serve intanto dare qualche cifra[1], per avere un quadro complessivo della regione. E ricordare subito una realtà spesso dimenticata o misconosciuta: i cristiani di Terra Santa non sono un popolo a parte. Per la quasi totalità sono arabi, come i musulmani, sia che appartengano al contesto palestinese che a quello giordano. La loro lingua è l'arabo e il loro contesto culturale è lo stesso dei musulmani.

Al di là del Giordano

La Giordania è stata la prima meta del viaggio di Benedetto XVI. Retta dal giovane re Abdallah, tra i capi arabi più moderati e moderni, la Giordania ha una popolazione di 5.720.000 abitanti (molti dei quali di origine palestinese), dei quali 109 mila cattolici dei vari riti, l'1,9 per cento della popolazione locale. Le parrocchie sono 64, 4 i vescovi, 103 i sacerdoti, 266 tra religiose e religiosi, 7 seminaristi maggiori. Circa 20 mila i caldei cattolici di origine irachena affidati alle cure di un vicario patriarcale. Presenti e in rapida crescita anche i movimenti: Comunione e Liberazione, Focolarini, Neocatecumenali.

Fiore all'occhiello della Chiesa cattolica, qui come in Israele e Territori Palestinesi, il settore della scuola: oltre 30 mila alunni sia cristiani sia musulmani frequentano 123 scuole materne e primarie, medie inferiori e secondarie, dirette da enti religiosi.

Due gli ospedali, un ambulatorio, un consultorio familiare e tre centri speciali di assistenza sociale. Tra essi il Centro *Regina Pacis*, realtà al servizio dei disabili visitata anche dal Papa al suo arrivo nella capitale giordana Amman.

Oltre alla Chiesa cattolica sono presenti in Giordania le Chiese ortodosse (con almeno 60-70 mila fedeli) e, a partire dalla prima guerra del Golfo, una numerosissima comunità di cristiani iracheni. Complessivamente i cristiani in Giordania sono circa il 6 per cento circa della popolazione. Nel regno hashemita c'è rispetto e libertà di culto per le Chiese cristiane. Non mancano e non sono mancate le tensioni con alcune frange fondamentaliste islamiche, specie dopo l'11 settembre, ma il governo vigila e finora il clima complessivo è sereno. La Casa reale, che è anche la custode dei luoghi santi musulmani a Gerusalemme, ha sempre cercato di favorire il dialogo tra le varie componenti religiose del Paese.

Tra le emergenze pastorali della Chiesa giordana, comunque vivace, molto dinamica, dove è importante il ruolo dei laici, c'è l'assistenza alla famiglia (che anche qui comincia a risentire dei colpi della secolarizzazione), il problema dell'handicap fisico e psichico, il dialogo con il mondo musulmano, la salvaguardia dell'identità cristiana. Per questa ragione il Papa, oltre a visitare il Centro *Regina Pacis*, ha voluto posare la prima pietra della nuova Università cattolica di Madaba, che si propone come un centro di formazione cristiana ma anche di dialogo con il mondo musulmano attraverso la cultura. L'università sarà organizzata sul modello anglosassone: un grande campus con 7 *college*, per 34 settori di specializzazione diversi che potranno accogliere un numero di circa 8 mila studenti. I *college* saranno quelli di ingegneria, economia e commercio, medicina, informatica, scienze, lingue e comunicazione, arte & design. Lo staff sarà costituito da circa 500 tra docenti e tecnici e 350 amministrativi.

Nella terra segnata dal conflitto

Molto diversa, e decisamente più complessa, la realtà in Israele e Territori Palestinesi.

Qui vivono complessivamente 11,4 milioni di persone. I cristiani di tutta la regione (comprese le Chiese ortodosse, protestanti e anglicane) sono circa 350 mila, mentre i cattolici circa 170 mila. Distinguendo Israele dai Territori Palestinesi, in Israele la popolazione è di 7,5 milioni di persone, di cui 130 mila cattolici, l'1,8 per cento della popolazione. Le circoscrizioni ecclesiastiche sono 9, le parrocchie 78 e 3 i centri pastorali di altro tipo. Attualmente vi sono 11 vescovi, 406 sacerdoti, 1.171 religiosi, un missionario laico, 14 seminaristi minori e 110 seminaristi maggiori. Nei 192 centri di istruzione della Chiesa cattolica, che vanno dalle scuole materne all'università, studiano 43.876 alunni. I centri caritativi e sociali in Israele e nei Territori Palestinesi comprendono 11 ospedali, 10 ambulatori, 9 case per anziani, invalidi e disabili, 11 orfanotrofi e asili nido, 4 centri speciali di educazione o rieducazione sociale e 2 istituzioni di altro tipo.

Per i Territori Palestinesi non esistono dati ufficiali rispetto alla presenza cristiana. La stima più accreditata è di circa 200 mila cristiani, di cui 35 mila cattolici. I cristiani palestinesi da decenni sopportano una pesante emigrazione, fattasi drammatica dopo lo scoppio della seconda Intifada, tanto che in alcune città sono diventati minoranza. Betlemme è un esempio: all'interno della municipalità (escludendo quindi i campi di Aida e Deheishe) i cristiani sono meno del 40 per cento dei 32 mila betlemmiti residenti. Fino al 2000 la popolazione cristiana e musulmana all'incirca si equivaleva.

Per capire meglio la situazione dei cristiani arabi in Terra Santa occorre però separare i contesti molto differenti nei quali si trovano a vivere.

Innanzitutto i cristiani che abitano in Israele si trovano in una condizione certamente più favorevole. La maggior parte dei cristiani all'interno dello Stato d'Israele vive in Galilea. Le varie Chiese cristiane sono presenti in maniera capillare con parrocchie, strutture caritative e scuole. La comunità cattolica più numerosa è quella melchita, retta dall'arcivescovo di Akko e di tutta la Galilea mons. Elias Chacour. Non ci sono problemi di libertà religiosa o di discriminazione (seppure, essendo arabi, i cristiani sono guardati con una certa dose di sospetto dalle autorità israeliane, alla stregua degli altri palestinesi). Una questione che davvero tormenta oggi i cristiani di Galilea è quella dell'identità: vivendo immersi in un mondo culturalmente diverso dal loro (musulmano da una parte, ebraico dall'altra), frequentando scuole con programmi previsti dal ministero dell'Istruzione d'Israele, parlando ormai più l'ebraico che non l'arabo, abitando in città sempre più grandi e secolarizzate (pensiamo ad Haifa), questi cristiani si sentono quasi estranei nella loro terra. Estranei al contesto arabo islamico, estranei al contesto ebraico. Di qui il ruolo ancora fondamentale della parrocchia e della scuola cristiana. Anche per questa ragione nel contesto del suo viaggio, il Papa ha benedetto la prima pietra di una seconda università cattolica, quella della Galilea appunto, che gli sarà intitolata. La sfida, ad Akko, ad Haifa come a Nazaret, è quella di offrire ai giovani cristiani luoghi per la formazione integrale della persona. E far crescere una generazione di giovani pronti a inserirsi nella società come lievito nella pasta.

La situazione dei cristiani di Gerusalemme è invece molto diversa. Intanto Gerusalemme stessa è un contesto unico: è la città delle tre religioni (cristianesimo, islam, ebraismo), ma è soprattutto la città dei confini invisibili. Quelli lasciati dalle ferite della storia (i conflitti del 1948 e 1967) che permangono; quelli nuovi, aperti dalla costruzione del muro che separa Israele e Territori Palestinesi.

I cristiani a Gerusalemme sono oggi circa 10 mila; la maggior parte di loro sono cattolici di rito latino, raccolti attorno alla parrocchia francescana di San Salvatore della città vecchia e nella succursale di Beit Hanina. Molti di questi 10 mila cristiani non hanno ancora una precisa identità nazionale: non essendo ancora definito lo status di Gerusalemme,

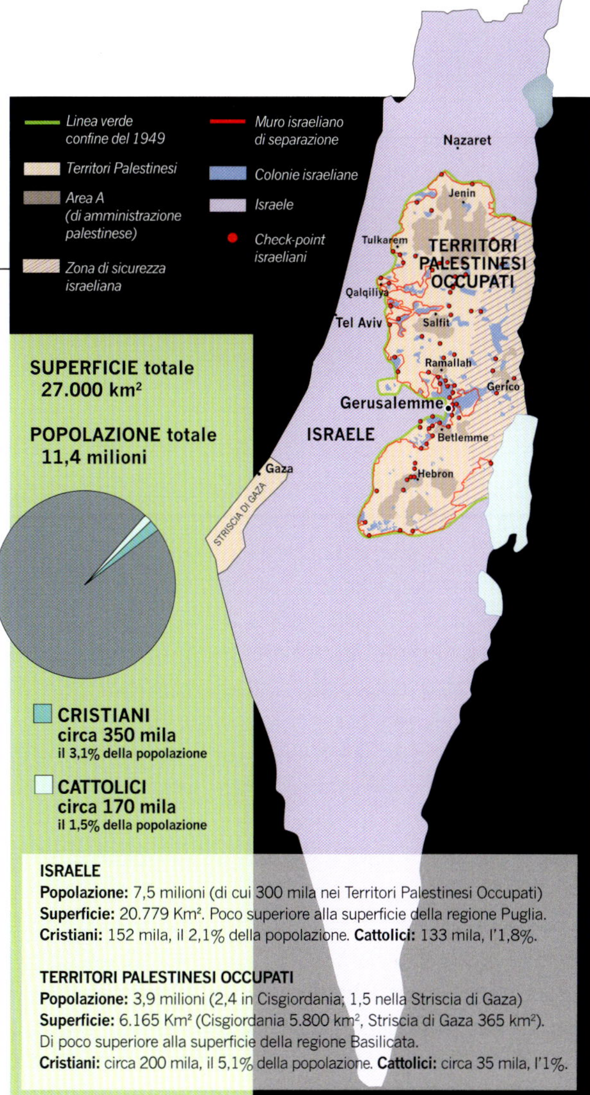

i più anziani hanno ancora passaporto giordano (fino al 1967 la città vecchia di Gerusalemme era territorio giordano), qualcuno ha il passaporto israeliano, la maggior parte una sorta di carta d'identità che non definisce la nazionalità, ma solo la residenza a Gerusalemme. Nella città vecchia uno dei principali problemi è legato alle abitazioni, che sono fatiscenti e sovrappopolate. Dalla costruzione del muro ad oggi, vista la difficoltà degli spostamenti, anche molti possessori della carta di Gerusalemme che da tempo vivevano fuori città, sono rientrati in famiglia. Il risultato è che in molte case convivono più nuclei familiari, con gravi problemi di promiscuità. Le giovani coppie rimandano spesso per anni il matrimonio, aspettando di trovare casa. Gli affitti sono salatissimi, e costringono i coniugi al doppio (e talvolta triplo) lavoro, con una pesante ripercussione sulla cura dei figli. La Custodia di Terra Santa, per cercare di mitigare questo problema, ha costruito a Betfage un complesso abitativo per i cristiani di Gerusalemme e altri ne sta progettando. Ma la realtà dei cristiani a Gerusalemme è quella di una comunità strozzata tra Israele e Territori Palestinesi, tra le ragioni degli uni e le rivendicazioni degli altri.

La situazione dei cristiani nei Territori Palestinesi occupati è ancora diversa. E ben più drammatica. L'ha stigmatizzata il patriarca latino Fouad Twal nel discorso di benvenuto al Papa a Betlemme: «Santissimo Padre, questa terra dove Gesù ha scelto di vivere per salvare il mondo, ha bisogno di pace, di giustizia e di riconciliazione. Le nostre ferite hanno bisogno di essere guarite, i prigionieri d'essere rilasciati, i nostri cuori d'essere purificati dall'odio, e il nostro popolo di vivere in pace e in sicurezza. Il nostro popolo soffre e continua a soffrire l'ingiustizia, la guerra (la guerra di Gaza è ancora una ferita aperta per centinaia di migliaia di persone), l'occupazione e la mancanza di speranza in un avvenire migliore».

Benedetto XVI nella sua omelia in piazza della Mangiatoia, nei suoi interventi al palazzo presidenziale e nel campo profughi di Aida, dove vivono oltre 5 mila persone strette dal muro di separazione costruito da Israele per combattere il terrorismo (ma che di fatto separa famiglie dai propri campi, sottrae terra ai palestinesi e impedisce relazioni normali tra villaggi vicini), ha portato la sua solidarietà al popolo palestinese, invitando però soprattutto i cristiani a guardare avanti per costruire un futuro diverso: «Non abbiate paura! Contate sulle preghiere e sulla solidarietà dei vostri fratelli e sorelle della Chiesa universale, e adoperatevi con iniziative concrete per consolidare la vostra presenza e per offrire nuove possibilità a quanti sono tentati di partire. Siate un ponte di dialogo e di collaborazione costruttiva nell'edificare una cultura di pace che superi l'attuale stallo della paura, dell'aggressione e della frustrazione. Edificate le vostre Chiese locali facendo di esse laboratori di dialogo, di tolleranza e di speranza, come pure di solidarietà e di carità pratica».

Oggi i cristiani che vivono in questi territori soffrono soprattutto a causa dell'occupazione militare israeliana e a causa della costruzione del muro, con l'impossibilità di ottenere permessi di lavoro. La strada che molte famiglie intraprendono è quella dell'emigrazione, massiccia negli ultimi dieci anni, che ha impoverito in maniera significativa la società palestinese cristiana. Le Chiese stanno mettendo in campo ogni sforzo per trattenere le famiglie e so-

prattutto i più giovani. Ma solo la soluzione pacifica del conflitto, con la creazione di due Stati per due popoli, potrà creare le condizioni economiche e culturali perché anche i cristiani rimangano.
Cresce il fondamentalismo islamico anche nei Territori Palestinesi e la scena politica vede protagonista *Hamas*. Pur non essendo mancati episodi d'intolleranza, i rapporti tra musulmani e cristiani dentro i Territori sono sostanzialmente tranquilli. Il problema nasce piuttosto sotto l'aspetto della tutela dei diritti: non essendoci di fatto un'organizzazione statale funzionante, gli abusi sono molteplici. E può succedere che tra le ragioni di un cristiano e quelle di un musulmano, finiscano per essere tutelate (a volte arbitrariamente) quelle di quest'ultimo.

Nuove frontiere

Come abbiamo visto, la situazione dei cristiani in Terra Santa, piccola minoranza fragile e dispersa, è problematica, anche se qualche segnale di speranza non manca. La visita del Papa ha infuso coraggio e ha offerto sostegno e comprensione delle difficoltà. Il sostegno delle Chiese d'Occidente e delle comunità cristiane può certamente aiutare a «condividere» il peso della croce.
Ma ci sono altri tre aspetti che vanno segnalati per avere un panorama del cristianesimo in Terra Santa: in primo luogo la presenza di una piccola comunità cattolica ebreofona (qualche centinaio di fedeli), che conta quattro comunità in tutto il Paese. Sono ebrei convertiti o comunque persone che provengono dal contesto culturale ebraico. Figure eminenti di questa comunità sono stati padre Bruno Hussar, Rina Gefman, padre Michel Dubois, mons. Jean-Baptiste Gurion. La liturgia è in ebraico e costituiscono indubbiamente un ponte con il mondo dell'ebraismo.
Altro aspetto di novità è la sempre più massiccia presenza di immigrati cattolici. Si tratta di una realtà nel complesso recente, che però sta inserendo spunti nuovi (e nuove problematiche) nella prassi pastorale. Il gruppo maggioritario dei cattolici immigrati è costituito dai filippini (40 mila), al 95 per cento cattolici. Finora sono pochi i sacerdoti che possono offrire assistenza pastorale a queste nuove comunità (anche per questioni linguistiche), ma le necessità sono in aumento. Sono però sostanzialmente «cristiani con la valigia»: immigrati economici (che dopo la seconda Intifada hanno sostituito la manodopera palestinese) che hanno un permesso di soggiorno che dura al massimo 5 anni. Capita che qualcuno rimanga (specie le ragazze che sposano un ebreo o un arabo israeliano), ma nella maggior parte dei casi c'è grande ricambio nelle comunità. Tra gli immigrati cattolici vi sono anche indiani, soprattutto del Kerala, e sudanesi (di lingua araba).
Una presenza che non è transitoria, e che è destinata a lasciare un segno, è invece quella dei cristiani russi. Arrivati in massa dopo la caduta del muro di Berlino, i russi costituiscono oggi una comunità di oltre 1 milione di persone. Sono formalmente ebrei (hanno potuto entrare in Israele in virtù della «legge del ritorno», che consente agli ebrei di tutto il mondo di poter ottenere la cittadinanza dello Stato), ma tra questi vi sono moltissime persone di cultura cristiana, quando non già cristiane (soprattutto ortodosse). Una delle principali sfide delle Chiese (cattoliche e ortodosse) è proprio quella di offrire assistenza pastorale a questi «cristiani in incognito», che spesso non si dichiarano per non perdere i privilegi della «legge del ritorno». La presenza di questi cristiani di origine russa e di cittadinanza israeliana, certamente diverse decine di migliaia, cambierà probabilmente nel giro di qualche anno il volto della Chiesa di Terra Santa.

[1] I dati sono stati forniti dal *Vatican Information Service* alla vigilia del viaggio del Papa in Terra Santa o sono tratti dall'*Annuario Statistico della Santa Sede* 2008.

I CRISTIANI NELLA PENISOLA ARABICA

di Giuseppe Caffulli

Paradossi del nostro tempo. Da quasi tre decenni la terra che ha dato i natali all'islam e al suo Profeta è in testa alla classifica delle aree del mondo dove la presenza del cristianesimo sta conoscendo il massimo incremento. Non si tratta però di un aumento legato a conversioni: in queste terre la possibilità di abbracciare la fede cristiana continua a essere illegale. L'incremento ha le sue origini in un imponente flusso migratorio che interessa tutti i Paesi del Golfo.
In Arabia Saudita su una popolazione di 27 milioni

e mezzo di abitanti, si stima che gli immigrati siano oltre 8 milioni. Se si allarga lo sguardo agli Emirati Arabi Uniti (Eau, una federazione di sette emirati: Abu Dhabi, Ajman, Dubai, Al-Fujayrah, Ras al-Khaimah, Sharjah e Umm al-Qaiwain, situati lungo la costa centro-orientale della penisola arabica), il quadro è ancora più impressionante: su circa 6 milioni di abitanti, la popolazione locale non è più del 12-14 per cento. Di questi immigrati, provenienti soprattutto dall'Estremo Oriente, fanno parte cristiani appartenenti all'intero arcobaleno confessionale. In termini numerici i cattolici sono oggi la maggioranza tra i cristiani presenti nei Paesi della Penisola arabica.

Le origini del fenomeno

L'immigrazione in Arabia Saudita e nei Paesi del Golfo (oltre ad Arabia ed Eau, il fenomeno interessa Bahrain, Oman e Qatar) nasce con il boom petrolifero. A partire dagli anni Sessanta la sempre crescente richiesta di greggio e la necessità di sfruttare in maniera sempre più massiccia i pozzi di petrolio, rendono necessario l'impiego di manodopera proveniente dall'estero. I primi lavoratori stranieri impiegati in questo nuovo miracolo economico provengono principalmente dal vicino Yemen, il Paese che ancora oggi, con i suoi 23 milioni di abitanti, è il vero colosso demografico della regione.

Fino agli anni Ottanta, i lavoratori yemeniti in Arabia Saudita superano probabilmente il milione. Le rimesse in denaro di questi immigrati costituiscono una parte importante del bilancio dello Stato yemenita. Con la prima Guerra del Golfo lo scenario cambia radicalmente. Il governo dello Yemen si schiera a sostegno di Saddam Hussein (che invade il Kuwait) e improvvisamente Riyad e Sana'a si ritrovano nemiche. Nel 1991 almeno 800 mila lavoratori yemeniti vengono espulsi perché considerati una minaccia per la sicurezza nazionale. Da allora nessun lavoratore yemenita può più ottenere un permesso di lavoro in Arabia Saudita. Amareggiati e disoccupati, gli yemeniti espulsi diventano vittime di un'altra discutibile politica saudita: l'esportazione della dottrina islamica sunnita wahhabita. Con il moltiplicarsi nello Yemen di scuole coraniche wahhabite (volute e finanziate appunto dall'Arabia Saudita), cresce anche in maniera significativa il coinvolgimento dei giovani yemeniti nelle organizzazioni jihadiste, con una ricaduta nefasta sul fenomeno del terrorismo internazionale di matrice islamica. Un terzo dei detenuti nella base americana di Guantanamo è yemenita. Yemenita è anche la famiglia di Osama Bin Laden, capo di *Al Qaeda*.

Con la cacciata dei lavoratori yemeniti, si aprono nel sistema economico dell'Arabia Saudita (e di riflesso nei Paesi del Golfo, ugualmente schierati in politica estera su posizioni filo-occidentali) enormi falle. Dai primi anni Novanta il governo di Riyad si vede costretto, per garantire il livello di produzione del greggio (la voce petrolifera costituisce ancora oggi l'88 per cento delle entrate dello Stato e il 90 per cento delle esportazioni) a favorire l'immigrazione di un numero sempre crescente di lavoratori stranieri dai Paesi dell'Estremo Oriente, soprattutto India, Filippine, Pakistan.

L'accelerazione dell'economia dei Paesi del Golfo (gli Eau nel 2008 hanno conosciuto una crescita del Prodotto interno lordo del 6,8 per cento; l'Arabia Saudita del 4,2), con la pianificazione di grandi infrastrutture e con una imponente crescita del settore immobiliare, rendono la Penisola arabica una delle aree di più forte immigrazione a livello planetario.

La presenza cristiana

La Penisola arabica ricade sotto la giurisdizione del vicariato d'Arabia, la circoscrizione ecclesiastica più amplia del mondo: sei nazioni che si estendono su oltre 3 milioni di chilometri quadrati (Arabia Saudita, Bahrain, Emirati Arabi Uniti, Oman, Qatar e Yemen), con una popolazione di oltre 60 milioni di persone. Retto dal 2005 da mons. Paul Hinder, cappuccino svizzero, succeduto al confratello italiano mons. Bernardo Gremoli, il vicariato d'Arabia ha superato abbondantemente i cent'anni di vita (la sede di Aden risale al 1888). L'attuale sede si trova ad Abu Dhabi, moderna capitale degli Emirati Arabi Uniti e può contare su 61 sacerdoti e un centinaio di suore di sei differenti congregazioni. Oltre all'assistenza pastorale diretta, la Chiesa gestisce otto scuole (per un totale di 16 mila studenti, il 60 per cento dei quali musulmani), orfanotrofi e case per disabili.

Fino a pochi decenni fa, il vicariato d'Arabia si occupava principalmente dell'assistenza pastorale di poche migliaia di stranieri che si trovavano a lavorare nella Penisola: personale delle ambasciate, impiegati e funzionari di aziende straniere.
Con l'arrivo dei lavoratori stranieri, a partire dagli anni Novanta, tutto è cambiato. Non ci sono cifre ufficiali, ma le stime del vicariato di Abu Dhabi (sulla base delle indicazioni delle ambasciate in loco), parlano di circa 1 milione e 400 mila filippini nel solo territorio dell'Arabia Saudita, per l'85 per cento cattolici. Non si conosce con esattezza quanti siano gli immigrati indiani. Il numero dei cattolici nel solo regno saudita, secondo l'*Annuario Statistico* della Santa Sede è di 1 milione e 250 mila. Secondo gli ultimi dati, gli abitanti degli Emirati Arabi Uniti sono circa 6 milioni, di cui 5 costituiti da lavoratori stranieri. La stragrande maggioranza di questi immigrati professa l'islam (circa 3 milioni e 200 mila), ma i cristiani sarebbero oltre un milione e mezzo, di cui 580 mila cattolici. Un buon numero è di lingua araba (oltre 100 mila, 12 mila solo ad Abu Dhabi) e proviene da Libano, Siria, Giordania, Territori Palestinesi e Iraq. Sono presenti decine di migliaia di cattolici di rito orientale: maroniti, melchiti, armeni, siriani, siro-malabaresi, siro-malankaresi. Le celebrazioni si svolgono oltre che in inglese e in arabo, in *malayalam*, *konkani*, *tagalog*, francese, italiano, tedesco, cingalese e *tamil*.
In Barhain, su una popolazione di circa un milione di abitanti, i cattolici sono 65 mila. In Oman, su 3 milioni e 200 mila abitanti, i cattolici sono 120 mila. Nel Qatar, dove è stata consacrata nel 2008 la prima chiesa cattolica, su un milione e 200 mila abitanti i cattolici sono 110 mila.
Difficile dare statistiche attendibili sulla globalità del fenomeno. Secondo fonti giornalistiche, negli Emirati Arabi Uniti sarebbero presenti circa 750 mila lavoratori provenienti dall'India, 250 mila dal Pakistan, 500 mila dal Bangladesh. Un milione d'immigrati è costituito da iraniani, afghani, malaysiani, indonesiani, cinesi e giapponesi. Mezzo milione sarebbero i filippini. Un altro mezzo milione è formato da africani e sudamericani (*Gulf News*, 7 ottobre 2009).
Anche per le Chiese cristiane presenti in loco non è facile offrire dati attendibili a causa della grande mobilità della popolazione cattolica (alcuni lavoratori hanno permessi molto brevi); molti cattolici si trovano poi a lavorare in zone lontanissime dalla parrocchia o dalla comunità cristiana, o vivono in campi di lavoro che impediscono libertà di movimento.

Condizioni sociali

Le condizioni dei lavoratori stranieri nella Penisola arabica non sono tra le più rosee. In Arabia Saudita, uno dei regimi più repressivi del mondo, la quotidianità dei lavoratori cristiani deve fare i conti - oltre che con la crisi economica che ha segnato anche qui una diminuzione dei posti di lavoro e del livello retributivo - con la polizia religiosa (*mutawwa*), che non tollera manifestazioni pubbliche della fede. Una situazione che viene costantemente denunciata dagli organismi internazionali che si occupano di diritti umani e libertà religiosa. Non è infrequente che nelle maglie della polizia cadano con accuse il più delle volte false o pretestuose, i cristiani meno tiepidi che si adoperano per tenere viva la fede nelle comunità cristiane (vedi il caso di Brian Savio O'Connor, un indiano imprigionato nel 2004 per essere stato trovato in possesso di Bibbie e libri religiosi).
A differenza di altri contesti, i lavoratori stranieri in Arabia Saudita e nei Paesi del Golfo non cercano di integrarsi. Si trovano in queste terre con l'intenzione di tornare un giorno a casa o di emigrare nuovamente verso Usa, Canada o Australia. Una norma prevede poi che non venga rinnovato il permesso di soggiorno per i lavoratori che abbiano compiuto i 60 anni. Ne consegue che la Chiesa d'Arabia non ha un nucleo stabile. È formata oggi da fedeli, in massima parte giovani, che nella migliore delle ipotesi restano cinque, dieci o al massimo vent'anni nel Paese.
Ci sono poi gravi situazioni di squilibrio sociale. Tra i cristiani ci sono pochi facoltosi e una grande massa di poveri, senza alcuna sicurezza sociale. I lavoratori delle fasce più basse hanno scarse tutele, anche se gli Eau, all'inizio di novembre 2009, hanno firmato con il governo di Manila un protocollo d'intesa che offre maggiori protezioni ai lavoratori filippini e Peter Sutherland, speciale rappresentante del segretario delle Nazioni Unite al Forum mondiale su migrazione e sviluppo che si è tenuto ad Atene il 4-5 novembre 2009, ha lodato i passi

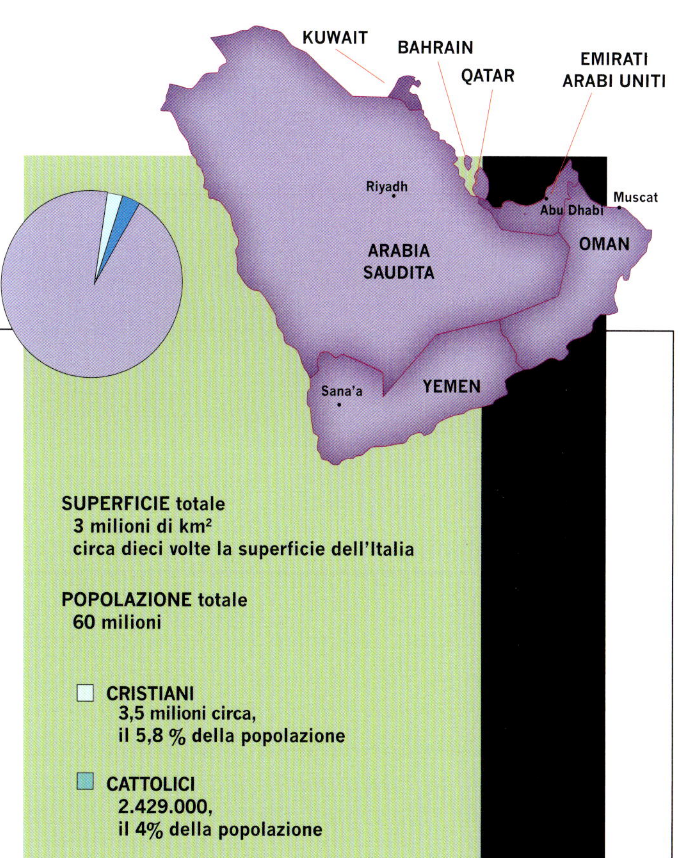

avanti di Abu Dhabi in materia. C'è poi un vero e proprio traffico di braccia: lavoratori che vengono portati nel Golfo clandestinamente dalle organizzazioni criminali. E ancora la tratta delle donne, specie dalle Filippine e dall'Europa orientale, per la prostituzione. Molte vengono illuse con la promessa di un lavoro e poi si ritrovano schiave. Quelle che fuggono trovano spesso rifugio presso le organizzazioni caritative della Chiesa cattolica, che offre un servizio di assistenza psicologica e legale per chi desideri rientrare nel proprio Paese.

La crisi sta comunque toccando anche la Penisola arabica, con un rallentamento generalizzato dell'economia. Dopo anni d'inflazione intorno all'1 per cento, nel 2008 in Arabia Saudita si è verificata un'impennata dei prezzi che ha portato l'inflazione oltre l'11 per cento. Il governo di Riyad sta tentando di risolvere questa crisi con un progetto di «saudizzazione». Si vorrebbe limitare per il futuro l'ingresso di nuovi immigrati (favorendo nei fatti anche l'espulsione di milioni di operai presenti nel Paese illegalmente) per sostituirli con maestranze locali. Costretti dalla crisi, molti sauditi stanno tornando a svolgere lavori che fino a poco tempo fa ritenevano indegni o troppo faticosi, e che erano quindi affidati a lavoratori stranieri. Questa «saudizzazione» ha un risvolto anche religioso: limitare al massimo l'accesso di immigrati musulmani appartenenti allo sciismo, la confessione musulmana da sempre in contrasto con quella sunnita praticata in maniera maggioritaria nella Penisola arabica.

Libertà religiosa

Quello della libertà religiosa è il tasto dolente in Arabia Saudita. Secondo l'annuale rapporto sulla libertà religiosa pubblicato il primo maggio 2010 dalla Commissione Usa sulla libertà religiosa internazionale (Uscirf), l'Arabia Saudita rientra nei cosiddetti Paesi che destano «particolare preoccupazione» (Paesi Cpc, dall'inglese «*Countries of Particular Concern*»). Tra i meno attenti alla libertà religiosa ci sono anche Myanmar, Cina, Corea del Nord, Eritrea, Iran, Iraq, Nigeria, Pakistan, Sudan, Turkmenistan, Uzbekistan, Vietnam.

Per quanto concerne l'Arabia Saudita, il Rapporto riconosce qualche limitata riforma e qualche timida apertura sul versante del dialogo religioso. Ciononostante, il governo vieta ancora ogni forma di espressione religiosa pubblica che non rientri nella dottrina islamica sunnita e non ossequi la particolare interpretazione dell'islam wahhabita. La Commissione ha accusato inoltre le autorità saudite di sostenere, a livello internazionale, gruppi che promuovono «un'ideologia estremista che contempla, in qualche caso, violenze contro i non islamici e contro i musulmani di diversa osservanza».

Negli Emirati e negli altri Paesi del Golfo il panorama è però diverso. La situazione è di sostanziale tolleranza religiosa, pur in un quadro di regole ben definite. Testimonianza di questa apertura sono le comunità che il vicariato d'Arabia può contare nell'area: una parrocchia nel Bahrain e una in Qatar; sette negli Emirati Arabi: due ad Abu Dhabi, due a Dubai, una a Sharjah, una a Fujairah e una a Ras-al-Khaimah; quattro parrocchie sono nell'Oman (due delle quali a Muscat). Poi ci sono quattro comunità nello Yemen, un Paese che registra progressi ma dove sono ancora aperte le ferite degli episodi di violenza nei confronti dei cristiani (basti pensare all'assassinio di tre suore di Madre Teresa il 27 luglio 1998 - ndr).

Sostanzialmente ogni emiro è libero di condurre la propria politica religiosa, e i cristiani si trovano a vivere in condizioni diverse a seconda dell'entità politica in cui operano. Non bisogna pensare che la tolleranza religiosa e la libertà di culto siano paragonabili a quelle dell'Occidente: tutto si concentra

negli spazi concessi alla parrocchia, senza possibilità di esporre simboli all'esterno né di fare attività pubblica. Ma per la Chiesa d'Arabia, che per bocca del suo vescovo si definisce «pellegrina», quella vissuta negli Emirati e nei Paesi del Golfo è una situazione di privilegio.
Viceversa, in Arabia Saudita l'assistenza pastorale è praticamente impossibile. I milioni di fedeli che si trovano al di là della cortina di ferro dell'islam sono raggiunti di tanto in tanto, in maniera spesso rocambolesca, da qualche sacerdote in incognito che assicura la consacrazione del pane eucaristico distribuito poi dai laici nelle varie comunità.

Emergenze pastorali
Sul piano pastorale l'emergenza principale della Chiesa d'Arabia è legata alla carenza di strutture. Si contano parrocchie con 40 mila, perfino 100 mila fedeli. Spesso è impossibile accogliere tutti coloro che desiderano assistere alle celebrazioni o chiedono assistenza pastorale. È poi difficile districarsi tra gli interessi e le sensibilità dei diversi gruppi nazionali – almeno 90 – senza provocare tensioni e incomprensioni. I sacerdoti sono pochi ed è assai difficile ottenere nuovi visti per aumentarne il numero. Non è nemmeno facile trovare preti adatti alla missione in quest'area particolare: uno dei requisiti fondamentali è che parlino diverse lingue. Inoltre i fedeli vivono dispersi, lontani dalle parrocchie; molti lavorano nei villaggi che sorgono in pieno deserto, oppure sulle piattaforme petrolifere, in zone dove non è assolutamente possibile raggiungerli. La maggior parte non ha mezzi di trasporto o non è in grado di pagare il biglietto o non ottiene il permesso dai rispettivi datori di lavoro. Una delle questioni cruciali – fa sovente notare mons. Paul Hinder – è proprio quella di proteggere questi fedeli dalla tentazione di farsi assorbire dall'islam. Cosa che effettivamente capita: se chi è musulmano trova posti di lavoro migliori e meglio pagati, la conversione diventa per molti una strada comoda e facile di promozione sociale.
Quale sarà la sorte di questi lavoratori cristiani nei prossimi anni? Difficile dirlo. Intanto la loro presenza, a livello numerico, dipende dalla situazione politica ed economica che si andrà profilando nell'area. Il mondo in cui vivono – non lo possiamo dimenticare – è totalmente imperniato sull'islam. Tanto che allo stato attuale è difficile pensare a un'apertura sul versante dei diritti umani e della libertà religiosa, anche se la gran massa di lavoratori non musulmani nella Penisola arabica è un dato che non si può più tacere o negare. E, presto o tardi, è necessario che qualcuno inizi a tener conto delle esigenze non solo economiche di questi cristiani con la valigia.

I saggi, riattualizzati per questa pubblicazione, sono già apparsi su *Vita e Pensiero*, rivista dell'Università Cattolica del Sacro Cuore di Milano: *Cristiani in Terra Santa, una realtà dimenticata*, n. 3/2009; *Cristiani con la valigia*, n. 1/2010. Per gentile concessione dell'Editore.

I CRISTIANI IN IRAN

di Giuseppe Caffulli

Ai lati dell'abside della cattedrale caldea di Teheran, due angeli dalle ali enormi reggono tra le mani pesanti candelabri che diffondono una luce giallognola. I fedeli riuniti in chiesa, per la maggior parte donne, pregano e cantano in aramaico, la lingua parlata anche da Gesù. Oltre le vetrate, la vita scorre come sempre: il frastuono delle auto, la folla di operai, studenti e donne velate alle prese con mille occupazioni.
La domenica a Teheran, come negli altri Paesi a maggioranza islamica, apparentemente è un giorno come gli altri. Negozi aperti, uffici stracolmi di gente, studenti che affollano gli autobus per recarsi a scuola. Ma per la piccola comunità cristiana è il giorno in cui marcare la propria differenza. Gli uomini e i giovani si alzano presto, per prender messa prima di recarsi al lavoro o a scuola. Per le mamme e le nonne, in gran parte casalinghe, la partecipazione alla celebrazione eucaristica può avvenire anche più tardi.
«Molta gente in Europa ignora del tutto la nostra stessa esistenza. Si parla di Iran solo quando il presidente Mahmoud Ahmadinejad prende la scena... Men che meno si parla di noi cristiani e del fatto che il nostro numero diventi sempre più esiguo. Tanto che tra noi serpeggia questa domanda: quale sarà il futuro del cristianesimo nel nostro Paese?».
A parlare è mons. Ramzi Garmou, 65 anni, originario di Mossul (Iraq), vescovo caldeo di Teheran, pa-

Teheran

IRAN

SUPERFICIE
1.648.195 km²
oltre cinque volte
la superficie dell'Italia

POPOLAZIONE totale
72 milioni

CRISTIANI
200 mila
lo 0,3% della popolazione

di cui CATTOLICI
circa 19 mila
lo 0,03% della popolazione

store di una piccola comunità cattolica che conta appena 3 mila battezzati divisi in sei parrocchie. Mentre la popolazione iraniana è raddoppiata in trent'anni, raggiungendo i 72 milioni, la percentuale dei cristiani delle varie confessioni è drasticamente calata. Oggi le stime (ottimistiche) parlano di poco più di 100 mila fedeli, di cui 80 mila armeni gregoriani e 8 mila caldei ortodossi. E poi ancora 5 mila cristiani protestanti. Secondo l'*Annuario Statistico* della Santa Sede i cattolici sono circa 19 mila di cui 7 mila latini, 8 mila armeni e 4 mila caldei. Sono sei le diocesi dei differenti riti cattolici presenti nel Paese. «Un rapido sguardo alle statistiche dà la dimensione del nostro dramma: sempre meno battesimi, sempre meno matrimoni, sempre più funerali... Siamo una comunità a rischio d'estinzione».

Il declino della presenza cristiana nel Paese degli *ayatollah* ha cause diverse. C'è una ragione interna, dovuta alla crisi economica che sta sempre più indebolendo la società iraniana. «Ma l'esodo è provocato anche dalle minacce americane», spiega mons. Garmou. «Qui c'è chi pensa che sia meglio andarsene prima di fare la fine dell'Iraq. Molti di noi hanno parenti all'estero, specie negli Usa. La capacità di attrazione che l'Occidente e il benessere esercitano, contribuiscono a svuotare le nostre chiese. Come dare torto ai nostri giovani?».

L'Iran non è l'Arabia Saudita, questo va precisato. La Costituzione garantisce alle minoranze religiose riconosciute (zoroastriani, ebrei, cristiani) la libertà di culto nei luoghi assegnati; non ci sono particolari ostacoli alla diffusione della letteratura religiosa e alla predicazione (tranne che in lingua farsi, parlata dalla maggioranza sciita); ci sono scuole gestite dalle Chiese dove studiano insieme sia cristiani sia musulmani, anche se il controllo del ministero dell'Istruzione e del Culto (islamico) si fa sentire; i visti d'ingresso per i sacerdoti vengono oggi concessi senza grandi difficoltà, anche se vige il numero chiuso. «Sulle nostre chiese la croce è ben visibile. Ma viviamo in un Paese musulmano, non dobbiamo mai dimenticarlo», dice il vescovo con uno sguardo eloquente.

Cosa fare oggi per aiutare il piccolo gregge dell'Iran a non estinguersi?

«Per noi sparire sarebbe una sciagura. Ma ancor più lo sarebbe per la cattolicità d'Oriente e il suo patrimonio di storia e tradizioni», afferma senza mezze misure uno studente appartenente alla piccola Chiesa armeno-cattolica. «La Chiesa di Persia fu fondata dai primi missionari provenienti da Antiochia e fu tra le prime a conoscere il martirio sotto la dinastia sasanide. I missionari persiani furono i primi a giungere in Cina, in Giappone e in Corea... Il nostro contributo dato alla diffusione del Vangelo non è da poco. E crediamo che anche oggi il nostro ruolo all'interno della società persiana vada difeso».

Ma la ricetta per salvaguardare le comunità cristiane dell'Iran non è facile da trovare. «Abbiamo bisogno di sostegno spirituale, ma soprattutto di un'informazione serena e veritiera sulla situazione dei nostri Paesi – aggiunge mons. Garmou –. Abbiamo bisogno che il clima internazionale sia improntato al rispetto e non metta in forse, a ogni piè sospinto, l'integrità territoriale del Paese. Ogni volta che gli Usa minacciano l'Iran, la situazione interna si radicalizza». L'allusione, neppure troppo velata, è all'ultima tornata elettorale che ha visto la vittoria della destra conservatrice di Ahmadinejad controllata dai religiosi sciiti. «La storia ci insegna che quando un regime non ha rispettato il popolo e le sue aspirazioni di giustizia, questo regime è stato rovesciato», dice a mezza voce il vescovo di Teheran.

È capitato in passato con la rivoluzione degli *ayatollah* che spazzò via il regime dello Scià. E a trent'anni di distanza, proprio ai danni dei nuovi oligarchi, la storia potrebbe anche ripetersi.

LA CHIESA CATTOLICA IN MEDIO ORIENTE

di Giulia Ceccutti

I cristiani del Medio Oriente, presenti nei vari Paesi, si stimano in circa 16 milioni; di questi i cattolici sono circa 6 milioni. Secondo alcune statistiche i cristiani erano 50 milioni alla fine della seconda guerra mondiale. La diminuzione drastica della presenza cristiana in Medio Oriente è dovuta alle difficoltà politiche, sociali ed economiche della regione; una situazione che determina una pesante e costante diaspora, soprattutto verso Europa e Americhe, dove oggi si trovano consistenti comunità di cristiani mediorientali appartenenti ai diversi riti e confessioni. La dispersione dei cristiani del Medio Oriente porta con sé la non facile sfida dell'assistenza pastorale in diaspora, un fenomeno che tocca sia le Chiese ortodosse sia quelle cattoliche.

Tra le principali tradizioni religiose vive in Medio Oriente in seno all'ortodossia ricordiamo la Chiesa bizantina (con il patriarcato ecumenico di Costantinopoli), la Chiesa armena apostolica, la Chiesa ortodossa siriaca, la Chiesa copto-ortodossa d'Egitto, la Chiesa assira.

Nella regione sono radicate anche sette Chiese cattoliche appartenenti a differenti riti (di cui diamo di seguito una sintesi)[1]. Tratti comuni a queste Chiese sono: la fedeltà alle antiche tradizioni locali, l'inserimento nel territorio e fra la gente, la partecipazione alla vita sociale e culturale dei singoli Paesi, uno stretto rapporto con il mondo occidentale.

Chiesa latina

È una delle Chiese più numerose in Terra Santa. Accanto all'apostolato parrocchiale, la Chiesa latina che fa capo al patriarcato di Gerusalemme (la cui giurisdizione si estende su Israele, Territori Palestinesi, Giordania e Cipro), ha creato una rete di servizi educativi, assistenziali, culturali. Il rito è quello latino; la lingua usata nella liturgia l'arabo. Arcidiocesi e vicariati latini, con vescovi titolari, sono presenti in Egitto, Siria (Aleppo), Turchia (Istanbul, Smirne, Anatolia), Iran, Iraq (Baghdad), Libano, Kuwait, Penisola arabica (dove il vicariato d'Arabia comprende Arabia Saudita, Emirati Arabi Uniti, Qatar, Barhain, Yemen e Oman).

A Gerusalemme, in seno al patriarcato, esiste anche un vicariato di rito latino per i cattolici ebreofoni: una piccola comunità che prega e celebra in ebraico, e che conta alcune centinaia di fedeli.

Chiesa cattolica armena

In Armenia il cristianesimo viene dichiarato religione di Stato già nel 301. Nei secoli successivi i rapporti tra la Chiesa locale e quella di Roma sono segnati da distacchi e avvicinamenti. Ma è solo nel 1742 che il papa riconosce un patriarcarcato cattolico armeno, che oggi ha sede a Bzommar, vicino a Beirut. Questa Chiesa conta circa 350 mila membri, tra la madrepatria e l'ampissima diaspora. Sono raggruppati nelle grandi città (Istanbul, Aleppo, Beirut, Amman). In Terra Santa è presente un piccolo gruppo di poche centinaia di fedeli. All'interno delle mura di Gerusalemme si trova ancora oggi un quartiere armeno.

Chiesa caldea

Nel 1445 papa Eugenio IV usò l'appellativo di «Chiesa caldea» per indicare una colonia di siro-orientali di Cipro che aveva accettato l'obbedienza pontificia. Ma la sua nascita «ufficiale» avviene nel 1553, quando papa Giulio III consacra patriarca «di Babilonia dei Caldei» col nome di Simone VIII, l'abate Giovanni Saluqa della Chiesa assira, superiore di un monastero vicino a Mosul, nell'attuale Iraq. Oggi la maggior parte dei fedeli si trova in Iraq (250 mila) e Iran (4 mila). In Giordania si registra una forte crescita del numero di fedeli, profughi dall'Iraq. La sede patriarcale è a Baghdad. La liturgia ha mantenuto la tradizione siriaca orientale. La lingua liturgica è l'aramaico, idioma parlato da Gesù.

Chiesa cattolica copta

Nata in Egitto nel I secolo d.C., la Chiesa copta dà vita alla straordinaria esperienza del monachesimo orientale, che ha regalato alla Chiesa figure di grande rilievo (basti citare Antonio e Pacomio). La Chiesa copta nei secoli successivi risente dell'avanzata araba nel Nord Africa. Attualmente il patriarca copto-ortodosso governa tra gli 6 e i 12 milioni di fedeli. Al Cairo esiste anche un patriarcato copto-cattolico, con sette eparchie (diocesi) suffraganee. L'erezione della gerarchia ecclesiastica copto-cattolica risale alla fine dell'Ottocento, ma le prime comunità cattoliche di rito copto sono frutto della predicazione dei francescani e dei gesuiti nel Seicento. La Chiesa cattolica copta in Egitto conta circa 200 mila fedeli.

Chiesa maronita

Sorta nel IV secolo, prende il nome dal fondatore, san Marone, eremita vissuto nel nord della Siria. La sua organizzazione in sei arcivescovadi e sette vescovadi risale al 1736. In Libano costituisce la maggiore fra le Chiese e conta almeno un milione di fedeli residenti. La liturgia è di tradizione siro-antiochena, ma ha assunto elementi anche dalla tradizione siro-orientale e latina. La lingua liturgica è l'arabo. Il monachesimo è da sempre un aspetto fondamentale di questa Chiesa. Il patriarcato di Antiochia dei Maroniti ha sede a Bkerké, in Libano.

Chiesa cattolica greco-melchita

La sua storia risale al concilio di Calcedonia (451), ma solo dalla metà del XVII secolo sorsero comunità cattoliche di rito bizantino ad Aleppo, Damasco e dintorni, ad opera di missionari gesuiti e cappuccini. Nel 1724 la Chiesa melchita in Siria si divise in ortodossa e cattolica, e Roma riconobbe un patriarcato cattolico melchita di lingua araba. Questa Chiesa si diffuse in Libano, in Palestina e in Giordania. Con piccole presenze anche in Egitto e in altri Paesi del Medio Oriente, oggi costituisce, dopo la Chiesa maronita, la più consistente comunità cattolica nella regione, con più di mezzo milione di fedeli. I cattolici melchiti di Terra Santa (a Gerusalemme si trova il vicariato patriarcale, una sede arcivescovile si trova ad Akko) formano una comunità rilevante, che ha circa 95 mila fedeli e un clero completamente arabo. In Giordania sono circa 30 mila. Il patriarca risiede a Damasco; in Siria i cattolici melchiti sono circa 350 mila.

Chiesa cattolica sira

Risale al 1782, anno in cui l'arcivescovo siro-ortodosso di Aleppo, Michele Jarweh, passato segretamente al cattolicesimo nel 1774, fu eletto patriarca. La sede del patriarcato si trova a Beirut (dove Jarweh dovette rifugiarsi dopo essersi apertamente dichiarato cattolico). La maggior parte dei fedeli vive in Iraq (circa 53 mila) e in Siria (57 mila). Sono presenti comunità siriache in Turchia e Kuwait. In Terra Santa questa Chiesa non raggiunge i 400 fedeli.

La Custodia di Terra Santa

Non è una Chiesa, ma una provincia religiosa che, in virtù del suo particolare mandato, si trova inserita in gran parte dei Paesi del Medio Oriente. L'Ordine dei Frati minori, fondato da san Francesco d'Assisi nel 1209, si aprì subito all'evangelizzazione missionaria. Nel 1217, quando l'Ordine fu suddiviso in varie giurisdizioni, denominate Province, nacque anche la Provincia d'Oltremare, che si estendeva a tutte le regioni del bacino sud-orientale del Mediterraneo, dall'Egitto fino alla Grecia e oltre.
Anche durante il periodo delle Crociate e il dominio musulmano sui Luoghi Santi i frati continuarono ad attuare ogni forma possibile di presenza in Gerusalemme e nelle altre zone dei santuari palestinesi. È certa la loro presenza al Santo Sepolcro nel periodo fra il 1322 e il 1327.
Il ritorno definitivo dei Frati minori in Terra Santa si deve all'intervento dei Reali di Napoli, Roberto d'Angiò e Sancia di Maiorca. Nel 1333 essi acquistarono dal sultano d'Egitto il Santo Cenacolo e il diritto di svolgere celebrazioni al Santo Sepolcro. Nel 1342 papa Clemente VI, con le bolle *Gratias agimus* e *Nuper carissimæ*, riconobbe il ruolo e la missione dei Frati minori in Terra Santa, affidando loro la cura e la difesa dei santuari della redenzione cristiana.
La Custodia di Terra Santa è una realtà internazionale presente in Egitto, Israele, Territori Palestinesi, Siria, Giordania, Libano, Cipro e isola di Rodi (Grecia).

[1] I dati statistici sono stati verificati con *l'Annuario Pontificio* 2010. Tra i testi utilizzati come fonti: Alberto Elli, *Breve storia delle Chiese cattoliche orientali*, Edizioni Terra Santa, Milano, 2010; Pier Giorgio Gianazza, *Guida alle comunità cristiane di Terra Santa*, EDB, Bologna, 2008.